U0453003

本书得到"中央高校基本科研业务费专项资金资助",系陕西师范大学博士研究生自由探索项目"唐代礼仪制度发展变迁轨迹研究"(项目编号:2020TS064)

陈飞飞 ○ 著

Military and Sacrifice:
A Study of Military Rites in Tang Dynasty

戎祀之间

唐代军礼研究

中国社会科学出版社

图书在版编目（CIP）数据

戎祀之间：唐代军礼研究/陈飞飞著 . —北京：中国社会科学出版社，2021.7（2021.12 重印）

ISBN 978-7-5203-8469-8

Ⅰ. ①戎⋯ Ⅱ. ①陈⋯ Ⅲ. ①军礼—研究—唐代 Ⅳ. ①K892.98

中国版本图书馆 CIP 数据核字（2021）第 096519 号

出 版 人	赵剑英
责任编辑	宋燕鹏
责任校对	赵雪姣
责任印制	李寡寡

出　　版	中国社会科学出版社
社　　址	北京鼓楼西大街甲 158 号
邮　　编	100720
网　　址	http://www.csspw.cn
发 行 部	010-84083685
门 市 部	010-84029450
经　　销	新华书店及其他书店
印　　刷	北京明恒达印务有限公司
装　　订	廊坊市广阳区广增装订厂
版　　次	2021 年 7 月第 1 版
印　　次	2022 年 4 月第 2 次印刷
开　　本	710×1000　1/16
印　　张	19.5
插　　页	2
字　　数	290 千字
定　　价	98.00 元

凡购买中国社会科学出版社图书，如有质量问题请与本社营销中心联系调换
电话：010-84083683
版权所有　侵权必究

目　录

绪　论 ……………………………………………………………（1）
　一　选题缘起 …………………………………………………（1）
　二　唐代五礼制度研究综述 …………………………………（3）
　三　唐代军礼的研究目标与思路、意义与研究价值 ………（22）

上编　唐代军礼研究——以《大唐开元礼》为中心

第一章　唐代皇帝及其大将的出征礼仪研究 ………………（27）
　第一节　唐代皇帝的亲征活动与亲征礼仪 …………………（27）
　　一　唐代皇帝的亲征活动 …………………………………（27）
　　二　唐代皇帝的亲征礼仪 …………………………………（32）
　第二节　唐代制遣大将出征及其礼仪 ………………………（39）
　第三节　唐代军人武将社会地位的变迁 ……………………（44）
　小　结 …………………………………………………………（49）

第二章　唐代的宣露布与劳军将之礼 ………………………（51）
　第一节　唐代露布的内容、撰作、行用与性质 ……………（51）
　第二节　唐代军礼中的宣露布、劳军将之礼 ………………（76）
　　一　宣露布之礼 ……………………………………………（76）
　　二　劳军将之礼 ……………………………………………（81）
　小　结 …………………………………………………………（84）

第三章 阅武练兵：唐代皇帝讲武、田狩礼仪研究 (85)

第一节 唐代讲武礼的发展与具体实践 (85)

第二节 唐代皇帝田狩礼仪的发展与具体实践 (100)

第三节 唐代讲武、田狩与时代变迁 (111)

 一 唐玄宗骊山讲武与唐绍之死 (111)

 二 唐后期地方节度使的田狩礼仪
  ——以贞元六年郓州的田狩礼仪为例 (115)

小 结 (120)

第四章 庆赐之间：唐代皇帝射礼研究 (123)

第一节 唐代大射活动的渊源与实施情况 (123)

第二节 唐朝大射礼仪的程序及变化 (131)

第三节 唐代的射箭与社会生活 (140)

小 结 (145)

第五章 唐代的马政与祭马之礼 (146)

第一节 唐代的马政 (146)

第二节 唐代马神的祭祀及其礼仪 (157)

小 结 (160)

附论 唐代银川监设立小考 (161)

第六章 举国之礼：唐代中央及地方的合朔伐鼓与大傩礼仪 (166)

第一节 唐代日食的认知应对与合朔伐鼓之礼 (166)

第二节 唐代大傩礼仪的发展与实践 (178)

小 结 (189)

下编 礼典内外——唐代军礼杂论

第一章 先秦至两宋军礼内容的演变与发展 …………………… (193)
- 第一节 隋唐以前的军礼 ………………………………… (193)
- 第二节 隋唐之际的军礼巅峰 …………………………… (199)
- 第三节 隋唐之后的军礼 ………………………………… (203)
- 小 结 ………………………………………………………… (204)

第二章 礼典之外：唐代誓师、献俘、饮至、鼓吹礼研究 …… (208)
- 第一节 唐代誓师、献俘礼考论 ………………………… (208)
  - 一 誓师礼 ……………………………………………… (208)
  - 二 献俘礼 ……………………………………………… (211)
- 第二节 唐代饮至、鼓吹礼再考 ………………………… (213)
  - 一 饮至礼 ……………………………………………… (213)
  - 二 鼓吹礼 ……………………………………………… (215)
- 小 结 ………………………………………………………… (221)

第三章 以兵入礼：唐代班剑、棨戟制度考论 ……………… (222)
- 第一节 唐代班剑制度考释 ……………………………… (222)
- 第二节 唐代棨戟制度考释 ……………………………… (227)
- 余论 兵、礼之辩与唐代社会的变迁 …………………… (234)

第四章 唐代军法与军礼的辩证关系研究 …………………… (237)
- 第一节 唐代军法的内容、实施与特点 ………………… (237)
- 第二节 唐代军礼与军法的辩证关系 …………………… (248)
- 小 结 ………………………………………………………… (253)
- 附论 唐代军礼与军乐的辩证关系略考 ………………… (253)

第五章　唐代军礼诸问题杂论 …………………………………（258）
  第一节　唐代军礼中的车服问题考述 ………………………（258）
  第二节　唐代军礼中的官僚群体研究 ………………………（264）
  第三节　唐代军礼中的杂糅现象考论 ………………………（271）
  第四节　唐代军礼的实施范围与特点 ………………………（275）
  小　结 …………………………………………………………（280）

结　语 ……………………………………………………………（281）

参考文献 …………………………………………………………（288）

后　记 ……………………………………………………………（302）

表 目 录

表 1　唐代皇帝亲征情况表 …………………………………………（28）
表 2　唐代皇帝亲征礼仪一览表 ……………………………………（33）
表 3　唐代史籍所见露布简表 ………………………………………（52）
表 4　《新唐书》与《兵部奏桂州破西原贼露布》对比表 ……（64）
表 5　《神机制敌太白阴经》中《露布篇》的结构与内容 ……（74）
表 6　唐代皇帝讲武礼仪实施情况简表 ……………………………（93）
表 7　唐代皇帝田狩礼实施简表 ……………………………………（107）
表 8　唐代大射礼仪实施简表 ………………………………………（125）
表 9　唐代诸史料记载日食情况对照表 ……………………………（170）
表 10　北齐、隋、唐三朝宫廷傩礼对比表 ………………………（180）
表 11　唐代诸史籍所载军礼内容对照表 …………………………（201）
表 12　先秦至两宋军礼的继承与发展简表 ………………………（206）
表 13　碑志资料中的唐代鼓吹记录 ………………………………（218）
表 14　唐代班剑制度实施一览表 …………………………………（223）
表 15　唐代棨戟规格表（《唐六典》所载开元八年） ……………（228）
表 16　唐代墓葬壁画列戟情况表 …………………………………（231）
表 17　《唐律疏议》所见军礼条目表 ……………………………（238）
表 18　《李卫公兵法》与《神机制敌太白阴经》所见军令对照表 ……………………………………………………………（241）
表 19　唐代军礼中的皇帝车服 ……………………………………（259）
表 20　唐代军礼的内容及其参加官员 ……………………………（265）
表 21　唐代军礼的实施情况表 ……………………………………（275）

绪　　论

一　选题缘起

国之大事，在祀与戎。春秋战国时期，诸侯割据争霸，征战不休，军事活动非常频繁，相关礼仪也备受重视。《周礼》则分礼仪制度为吉、凶、军、宾、嘉五礼，其中以吉礼最为繁密，因此，军事与礼仪是这一时期国家政治活动的主题。秦汉统一之后，礼仪再兴，直至魏晋南北朝时期，才重新重视并确立了五礼制度，隋唐袭之不改。唐代自高祖李渊晋阳起兵，到攻入长安建立政权，前后经历了数次大战，甚至几近功败垂成，但最终仍凭借塑造的奇异故事与军事战略坚持下来，攻入长安。之后便凭借武力四处征伐，削平割据势力，统一寰宇，在隋朝旧制的基础上开国建制，在关陇之地遍设府兵以强干弱枝、居重御轻，并建立郊庙祭祀系统，以宣扬政权的合法地位。在维持国内稳定秩序的同时，面对强势外蕃的骚扰，唐朝先是主动求和以恢复社会生产，养精蓄锐，等到国力强盛之后便挥剑出击，先后击败突厥、吐蕃、契丹、回鹘等游牧帝国，建立胡汉一家的大唐帝国，并主动出兵解决了自隋朝遗留下来的高丽问题，形成全新的以唐为中心的东北亚政治格局。

军事上的强盛在礼仪制度上也有所反映，自唐太宗完善军礼内容并撰成《贞观礼》到《显庆礼》《大唐开元礼》的相继修成，标志着唐代礼乐盛世的高峰。帝国的礼典之中将军礼作为浓墨重彩的一笔进行记录，军礼内容的丰富程序与精致细节，均为空前绝后之作。《大唐开元礼》所撰定的五礼制度，是自魏晋南北朝以来五礼制度确立并完善的最终定本，不仅有关军事，还夹杂有相关祭祀活动，并集祀、戎于一体，颇具特色。除此之外，唐前期的社会尚武之风盛行，军事层面的器物与制度均在日常的社会生活中有所反映，成为人们追求与钦慕的荣耀象征。可以说，唐代前期，无论是统治疆域、财政经济还是艺术文化、礼仪制度，均取得了令人瞩目的成就，并且随着文献的记载与流传，深远地影响着后世的国家制度与社会文化，也成为许多人魂牵梦绕的盛世记忆。

但随着府兵制的瓦解与节度使募兵制度的盛行，唐朝的军事体制结构开始发生改变，再加上盛世之下的松懈与放纵，助长了节度使的跋扈与反叛，最终酿成了长达八年的"安史之乱"，彻底颠覆了唐朝的生存状态与精神面貌。唐中晚期的君主们面对林立的地方藩镇军事集团，不得不以延续统治作为最重要的政治主题，通过神策军的建立，不断提高与强化中央政府自身的军事实力，并利用藩镇之间的不同关系与政治诉求来建立短暂的和平共处统治局面，但随着唐朝统治秩序的逐渐崩溃与地方势力的再度膨胀，统治了二百八十九年的唐王朝最终被朱温、李克用等藩镇武力推翻与瓦解，从而开启了五代十国的纷争局面。

在这一漫长的历史过程中，唐朝的政治、经济、军事、文化等层面都发生了巨变，国家礼仪，尤其是军礼也随之有所改变。唐朝盛世及其光彩下修撰的军礼日益萎缩，伴随着国家军事活动的衰弱与实用主义的盛行最终消磨殆尽，唐代的军礼开始呈现出前后不同的发展状态与实施情况，这引起了笔者的研究兴趣与讨论。笔者自进入研究生学习阶段研习隋唐史以来，通过不断地阅读史籍与前人研究成果，一时惑于众说，不知所从。在阅读到唐代前期帝国军事活动的强盛之时，赞叹不已；当看到唐安史之乱以后，处处受限，屡生危机，又十分惋惜。礼仪亦是如此，自《大唐开元礼》修撰完成之后，唐中晚期未能再有类似的礼典诞生，这种礼仪上的变化与军事活动的变化之间究竟有何关联，引起了笔者的兴趣与思考，于是逐渐将个人关注的焦点集中于唐代礼仪制度与军事活动方面的研究，而在具体的研究讨论过程中，笔者发现在唐代五礼制度中，军礼的讨论与研究成果明显不足,但其重要性又不容忽视,有进一步深入研究的意义与价值,故而在经过前期的研究综述与粗略的文献整理工作之后,笔者将唐代的军礼作为本书的选题,希望通过本书研究工作的开展,能以一家之言补充当前学界研究成果的不足,推动和促进唐代军礼的深层研究,并由此纵观唐代五礼制度的发展状况与特点,借以窥探唐代政治、经济、军事、文化等各方面社会生活的具体展现。

二 唐代五礼制度研究综述

"圣人惧其邪放,于是作乐以和其性,制礼以检其情,俾俯仰有容,周旋中矩。故肆觐之礼立,则朝廷尊;郊庙之礼立,则人情肃;冠婚之礼立,则长幼序;丧祭之礼立,则孝慈著;蒐狩之礼立,则军旅振;享宴之礼立,则君臣笃。是知礼者,品汇之璿衡,人伦之绳墨,失之者辱,得之者荣,造物已还,不可须臾离也。"① 中古礼制经过魏晋南北朝的变迁发展,五礼系统逐渐定型②,因此,隋唐时代就成为五礼体系的第一个发展高峰,同时也为后世的礼制发展奠定了基础。有关唐代礼制的研究成果与讨论,学界已有人进行总结论述③,颇具研究意义与价值,而且从相关论著中可以看到,关于唐代五礼制度的研究成果分布极不均匀,多侧重于吉礼、凶礼,军礼研究成果严重不足(杨英之文有相同见解),故而先分述唐代四礼制度研究成果如下,然后再重点讨论唐代军礼的研究情况。

(一) 唐代吉礼研究成果综述

唐代吉礼的内容主要包括祀圆丘、享明堂、祀五方帝、蜡百神、朝日、夕月、祀风师、雨师、灵星、司中、司命、司人、司禄、祭方丘、神州社稷、五岳四镇、四海四渎、禘祫太庙、拜陵、享先农、先蚕、耕藉、亲桑、享先代帝王、荐新太庙、祭中霤、司寒、兴庆宫五龙坛、太学释奠、巡狩、封禅、时旱祈雨、久雨禜国门、州县祭社

---

① 《旧唐书》卷二十一《礼仪志》,中华书局1975年标点本,第815页。
② 梁满仓:《论魏晋南北朝时期的五礼制度化》,《中国史研究》2001年第4期。
③ 代表性成果有朱溢:《隋唐礼制史研究的回顾和思考》,《史林》2011年第5期;杨英《改革开放四十年来的中古礼学和礼制研究》,《文史哲》2020年第5期。

稷、州县学释奠、学生束脩、祭祀家庙等礼仪，由上可知，唐代的吉礼就是祭祀从中央到州县各个层面、囊括各个方面的神祇，实施主体包括皇帝、皇后、太子、摄事官员、州县长官、学生，还有众多官员负责具体礼仪程序或者陪同。在一百五十卷《大唐开元礼》（其中序例三卷）中，有吉礼七十五卷，约占全书的51%。主要与唐王朝的祭祀活动有关，内容丰富，涉及面广，研究成果也最多，可分为九类，主要有：

1. 关于唐代郊祀礼研究的有盖金伟的《唐代郊祀制度初论》[①]《论郊祀与唐代儒学宗教化倾向的加深》[②]《论郊祀与唐代社会生活》[③]等一系列论文，从唐代郊祀的制度、文化倾向及其社会生活方面展开了讨论；杨晓霭的《试论唐、宋郊祀声诗所呈现的时代特质》[④]主要研究了唐宋时期的郊祀声诗及其特点；张树国的《汉至唐郊祀制度沿革与郊祀歌辞研究》[⑤]主要研究了由汉至唐郊祀制度的沿革及其歌辞；冯茜的《〈开元礼〉与郑王之争在礼制层面的消亡——以郊祀为中心讨论》[⑥]认为唐代郊祀礼制的变动与郑王学说的争论随着《开元礼》的确定而消亡；甘怀真的《中国中古郊祀礼的源流与特质》[⑦]论证了中国古代郊祀礼的源流与特质；冯茜的《中晚唐郊庙礼制新变中的儒学色彩——礼制意义上的"太祖"在唐代郊庙中的出现及其地位

---

① 盖金伟：《唐代郊祀制度初论》，《新疆师范大学学报》（哲学社会科学版）1998年第3期。
② 盖金伟：《论郊祀与唐代儒学宗教化倾向的加深》，《昌吉师专学报》1999年第2期。
③ 盖金伟：《论郊祀与唐代社会生活》，《新疆师范大学学报》（哲学社会科学版）2000年第1期。
④ 杨晓霭：《试论唐、宋郊祀声诗所呈现的时代特质》，《西北师范大学学报》（社会科学版）2013年第5期。
⑤ 张树国：《汉至唐郊祀制度沿革与郊祀歌辞研究》，《陕西师范大学学报》（哲学社会科学版）2008年第1期。
⑥ 冯茜：《〈开元礼〉与郑王之争在礼制层面的消亡——以郊祀为中心讨论》，《中国典籍与文化》2011年第4期。
⑦ 甘怀真：《中国中古郊祀礼的源流与特质》，载余欣《中古时代的礼仪、宗教与制度》，上海古籍出版社2012年版，第3—18页。

的凸显》①认为中晚唐郊庙礼制中"太祖"地位的凸显反映了礼制中的儒学色彩得到彰显；田有前的《唐长安城方丘位置考》②主要推测了唐代祭地的方丘位置；吴丽娱的《从郊礼"奠玉帛"的文字看〈开元礼〉的制作——〈大唐开元礼札记之二〉》③从郊祀礼仪中"奠玉帛"的文字繁简写法和方式探讨出《大唐开元礼》对《贞观礼》《显庆礼》二礼礼仪的吸收和折中。

2. 关于唐代明堂礼研究的有张一兵的《明堂制度研究》④，主要研究了明堂制度的渊源、型制、发展、意义、礼仪等内容，对唐代的明堂礼仪有所涉及；李文才的《明堂创制的构想与唐高宗的政治心态》⑤认为唐高宗推动明堂创制在一定程度上体现了他试图实现超越唐太宗功业的政治心态；吕博的《唐初明堂设计理念的变化》⑥主要研究了唐初明堂设计理念的变化及其背后蕴含的政治意义。

3. 关于唐代岳镇海渎祭祀礼仪的研究有贾二强的《论唐代的华山信仰》⑦，其主要利用笔记小说研究了唐代民间的华山信仰；雷闻的《五岳真君祠与唐代国家祭祀》⑧主要讨论了唐代五岳的祭祀问题；张目的《古代国家镇山祭祀格局初探》⑨对于中国古代的镇山祭祀格局进行了研究，并涉及唐代的镇山祭祀系统；鲁玉洁的《唐代祭海相关问题研究》⑩认为唐代的祭海活动空前发展，祭海礼仪也不断

---

① 冯茜：《中晚唐郊庙礼制新变中的儒学色彩——礼制意义上的"太祖"在唐代郊庙中的出现及其地位的凸显》，《文史》2014年第3辑。
② 田有前：《唐长安城方丘位置考》，《陕西历史博物馆馆刊》2017年第24辑。
③ 吴丽娱：《从郊礼"奠玉帛"的文字看〈开元礼〉的制作——〈大唐开元礼札记之二〉》，《隋唐辽宋金元史论丛》2018年第8辑。
④ 张一兵：《明堂制度研究》，中华书局2005年版。
⑤ 李文才：《明堂创制的构想与唐高宗的政治心态》，《陕西师范大学学报》（哲学社会科学版）2015年第2期。
⑥ 吕博：《唐初明堂设计理念的变化》，《魏晋南北朝隋唐史资料》2018年第37辑。
⑦ 贾二强：《论唐代的华山信仰》，《中国史研究》2000年第2期。
⑧ 雷闻：《五岳真君祠与唐代国家祭祀》，载荣新江《唐代宗教信仰与社会》，上海辞书出版社2003年版，第62—64页。
⑨ 张目：《古代国家镇山祭祀格局初探》，硕士学位论文，暨南大学，2011年。
⑩ 鲁玉洁：《唐代祭海相关问题研究》，硕士学位论文，陕西师范大学，2017年。

完善；荣毅伟的《浅析唐代岳镇海渎祭祀礼仪的变化》① 认为唐代岳镇海渎祭祀礼仪由唐初御署祝版变为只署不拜，再发展为皇帝遣使进行，表明了唐代皇权的加强。

4. 关于唐代宗庙礼仪的研究有日本户崎哲彦的《唐代太庙制度之变迁》②，其解决了太庙中开国皇帝的祖先地位问题；台湾甘怀真的《唐代家庙礼制研究》③ 则以唐代家庙为中心，论证了隋唐国家如何利用儒家礼制来调和私家与皇权统治，对于唐代宗庙礼仪也有所涉及；香港章群的《宗庙与家庙·宗庙篇》④ 对唐代太庙祭祀的各种类型进行了介绍；郭善兵的《汉唐皇帝宗庙制度研究》⑤《中国古代帝王宗庙礼制研究》⑥ 都涉及了唐代的宗庙制度；台湾高明士的《礼法意义下的宗庙——以中古中国为主》⑦ 从礼与法的角度探讨了魏晋至隋唐宗庙存在的历史意义，其中对庙数、祭礼等问题论述颇详；朱溢的《唐至北宋时期太庙祭祀中私家因素的成长》⑧ 主要讨论了唐至北宋时期太庙祭祀中私家因素的成长；张华的《唐代太庙禘祫祭祀相关问题研究》⑨ 研究阐述了唐代太庙禘祫制度的渊源、祭祀的神主位次、祭祀的时间、太庙配享功臣、祭祀的程序及仪节等问题；王鹤鸣的《唐代家庙研究》⑩ 认为唐代家庙对宋代家祠、明清祠堂产生了重要影响，标志着中国的祠堂发展到了一个重要的历史阶段；顾玲的

---

① 荣毅伟：《浅析唐代岳镇海渎祭祀礼仪的变化》，《文物鉴定与鉴赏》2019 年第 12 期。
② ［日］户崎哲彦：《唐代太庙制度之变迁》，《彦根论坛》1989 年第 262、263 卷。
③ 甘怀真：《唐代家庙礼制研究》，台湾商务印书馆 1991 年版。
④ 章群：《宗庙与家庙·宗庙篇》，载郑学檬、冷敏述《唐文化研究论文集》，上海人民出版社 1994 年版，第 154—173 页。
⑤ 郭善兵：《汉唐皇帝宗庙制度研究》，博士学位论文，华东师范大学，2005 年。
⑥ 郭善兵：《中国古代帝王宗庙礼制研究》，人民出版社 2007 年版。
⑦ 高明士：《礼法意义下的宗庙——以中古中国为主》，载高明士《东亚传统家礼、教育与国法一：家族、家礼与教育》，台湾大学出版中心 2005 年版，第 35—44 页。
⑧ 朱溢：《唐至北宋时期太庙祭祀中私家因素的成长》，《台大历史学报》2012 年第 46 期。
⑨ 张华：《唐代太庙禘祫祭祀相关问题研究》，硕士学位论文，陕西师范大学，2010 年。
⑩ 王鹤鸣：《唐代家庙研究》，《史林》2012 年第 6 期。

《唐代皇室宗庙研究》①，主要研究了唐代皇室宗庙的建置、祭祀制度、管理制度和社会功能；吴丽娱的《也谈唐代郊庙祭祀中的"始祖"问题》②认为唐代太庙与始祖庙的建立证明了唐代在郊庙实践和儒学理念上的变革与完善，及皇权在国家祭祀中的凸显。

5. 关于唐代封禅礼仪的研究有刘影的《论唐代封禅的变革》③，他认为唐代的封禅活动既有对传统的继承，又有对时代变革的反映；介永强的《唐代帝王的封禅》④描述了唐代的三次封禅活动；方百寿的《唐代封禅活动特点述评》⑤对唐代封禅的仪注、实践和规模进行了讨论；张敏的《唐代封禅研究》⑥结合唐高宗、武则天、唐玄宗三朝的封禅活动，论证了唐代封禅的特点、功能和影响；汪海的《汉唐封禅比较研究》⑦对汉唐时期的封禅活动进行了比较研究；周善策的《封禅礼与唐代前半期吉礼的变革》⑧通过封禅礼仪的改变来阐述唐代前半期吉礼的变革；赵东的《唐代封禅考略》⑨对唐代封禅的一些问题进行了考证。

6. 关于唐代耕藉、亲桑礼仪的研究有日本学者新城理惠的《先蚕仪礼与唐代的皇后》⑩《绢与皇后——中国的国家仪礼和养蚕》⑪，都是较早研究唐代皇后与先蚕礼的论文；郝二旭的《唐五代敦煌农业祭祀礼仪浅论》⑫在研究唐五代敦煌农业祭祀礼仪时，提到了籍田

---

① 顾玲：《唐代皇室宗庙研究》，硕士学位论文，陕西师范大学，2016年。
② 吴丽娱：《也谈唐代郊庙祭祀中的"始祖"问题》，《文史》2019年第1辑。
③ 刘影：《论唐代封禅的变革》，《复旦大学学报》（社会科学版）1998年第4期。
④ 介永强：《唐代帝王的封禅》，《华夏文化》1999年第2期。
⑤ 方百寿：《唐代封禅活动特点述评》，《华侨大学学报》（哲学社会科学版）2000年第1期。
⑥ 张敏：《唐代封禅研究》，硕士学位论文，山东师范大学，2007年。
⑦ 汪海：《汉唐封禅比较研究》，硕士学位论文，华东师范大学，2008年。
⑧ 周善策：《封禅礼与唐代前半期吉礼的变革》，《历史研究》2015年第6期。
⑨ 赵东：《唐代封禅考略》，《乾陵文化研究》2016年第1期。
⑩ ［日］新城理惠：《先蚕仪礼与唐代的皇后》，《史论》1993年第46卷。
⑪ ［日］新城理惠：《绢与皇后——中国的国家仪礼和养蚕》，载网野善彦《岩波讲座：天皇与王权的思考》，岩波书店2002年版，第141—160页。
⑫ 郝二旭：《唐五代敦煌农业祭祀礼仪浅论》，《农业考古》2014年第4期。

礼；范芷萌的《唐代先蚕礼探析》①讨论了唐代先蚕礼的施行及与后庭政治的关系；王田田的《唐及唐以前籍田奏议辑证》②主要考查唐及唐以前臣子所上籍田奏议，讨论籍田礼是否实施及其实施背景和效果。

7. 关于唐代社稷祭祀礼仪的研究有余和祥的《略论中国的社稷祭祀礼仪》③，其中略微论及了中国社稷祭祀礼仪的产生及其发展，并对唐代社稷祭祀礼有所涉及；吕灵巧的《唐代春秋两社的礼俗活动》④运用文献法，以唐代春秋两社为考察对象，论述了唐代春秋两社礼俗之间的互动关系及其共同的文化时间特征；王美华的《唐宋时期地方社稷与城隍神之间纠葛探析》⑤认为，唐宋时期地方社稷与城隍神祭祀之间的纠葛是唐宋政府对地方社会加强管控的体现；褚叶儿的《社稷祭祀及其礼义研究》⑥主要研究社稷祭祀问题上郑王学说的差异及其礼仪。

8. 关于唐代时旱祈雨礼仪的研究有张一平的《唐王室雩雨考述》⑦，其认为唐代的雩礼更加完善，充满了迷信和愚昧，另外也是唐王室与百姓矛盾冲突的缓冲剂；赵玉平的《唐代敦煌地区"雩礼"考述》⑧主要结合敦煌文书对唐代敦煌地区的雩礼进行了研究；孙军辉的《唐代社会祈雨活动探析》⑨描述了唐代祈雨活动的规模、参加阶层及其社会经济背景和影响；杜斗城、李艳的《唐代佛教与祈

---

① 范芷萌：《唐代先蚕礼探析》，《淮北职业技术学院学报》2016年第4期。
② 王田田：《唐及唐以前籍田奏议辑证》，硕士学位论文，东北师范大学，2017年。
③ 余和祥：《略论中国的社稷祭祀礼仪》，《中央民族大学学报》2002年第5期。
④ 吕灵巧：《唐代春秋两社的礼俗活动》，硕士学位论文，浙江师范大学，2011年。
⑤ 王美华：《唐宋时期地方社稷与城隍神之间纠葛探析》，《求是学刊》2016年第3期。
⑥ 褚叶儿：《社稷祭祀及其礼义研究》，《首都师范大学学报》（社会科学版）2019年第2期。
⑦ 张一平：《唐王室雩雨考述》，《山西师范大学学报》（社会科学版）2000年第3期。
⑧ 赵玉平：《唐代敦煌地区"雩礼"考述》，《兰台世界》2009年第10期。
⑨ 孙军辉：《唐代社会祈雨活动探析》，《湖北社会科学》2009年第10期。

雨》①认为在唐代佛教仪式开始进入国家祈雨活动中,并逐渐制度化;王梦的《唐代官方祈雨制度研究》②研究了唐代祈雨制度的产生及其对后世的影响。

9. 关于唐代释奠礼仪的研究有高明士的《中国中古的教育与学礼》③,主要研究了唐代的教育与学礼;盖金伟、孙钰华的《论"释奠礼"与唐代文化权威的构建》④认为唐代释奠礼的定型与推崇是唐代文化权威构建的重要部分;盖金伟的《论"释奠礼"与唐代学校教育》⑤通过对唐代释奠礼的考察,认为唐代地方官学教育实际并不发达,私学反而占有重要地位;朱溢的《唐代孔庙释奠礼仪新探——以其功能和类别归属的讨论为中心》⑥认为,唐代孔庙释奠礼仪的功能和归属较之前代发生了很大的变化,儒家学术传统成为孔庙释奠礼仪的重心;白雪松的《浅谈〈大唐开元礼〉中的释奠礼》⑦主要结合《大唐开元礼》对唐代释奠礼的发展与变化进行了研究;朱溢的《论唐宋时期的武庙释奠礼仪》⑧中涉及了唐代的武庙释奠礼仪。

其他综合性代表论著如日本学者金子修一的《论唐代的大祀、中祀、小祀》⑨,《关于魏晋到隋唐的郊祀、宗庙研究》⑩主要研究了唐代的郊庙祭祀体系,并指出其发展脉络,主要成果集中于《古代中国

---

① 杜斗城、李艳:《唐代佛教与祈雨》,《社会科学战线》2010年第11期。
② 王梦:《唐代官方祈雨制度研究》,硕士学位论文,陕西师范大学,2016年。
③ 高明士:《中国中古的教育与学礼》,台湾大学出版中心2005年版。
④ 盖金伟、孙钰华:《论"释奠礼"与唐代文化权威的构建》,《新疆大学学报》(哲学人文社会科学版)2007年第1期。
⑤ 盖金伟:《论"释奠礼"与唐代学校教育》,《新疆师范大学学报》(哲学社会科学版)2007年第4期。
⑥ 朱溢:《唐代孔庙释奠礼仪新探——以其功能和类别归属的讨论为中心》,《史学月刊》2011年第1期。
⑦ 白雪松:《浅谈〈大唐开元礼〉中的释奠礼》,《理论界》2011年第3期。
⑧ 朱溢:《论唐宋时期的武庙释奠礼仪》,载余欣《中古时代的礼仪、宗教与制度》,上海古籍出版社2012年版,第179—193页。
⑨ [日]金子修一:《论唐代的大祀、中祀、小祀》,《高知大学学术研究报告》1976年第55卷。
⑩ [日]金子修一:《关于魏晋到隋唐的郊祀、宗庙研究》,载刘俊文《日本中青年学者论中国史》六朝隋唐卷,上海古籍出版社1995年版,第337—386页。

与皇帝祭祀》①《中国古代皇帝祭祀的研究》②二书，现都已翻译出版，见《古代中国与皇帝祭祀》③《中国古代皇帝祭祀研究》。④ 美国学者 Howard J. Wechsler（魏侯玮）的《玉帛之奠：唐王朝正统化过程中的仪礼和象征》⑤，探讨唐代前三朝皇帝如何运用礼制祭祀和历法、童谣之类的象征事物，来体现李唐王朝的统治合法性。朱溢曾撰文评价过此书，褒贬中肯，也很有参考价值。⑥ 国内主要有雷闻于2009年出版的专著《郊庙之外——隋唐国家祭祀与宗教》⑦，该书全面研究了隋唐制度、宗教、社会与国家祭祀之间的关系和地方祭祀的实践活动，视角新颖，论证翔实，尤其是将礼制研究由中央扩展至地方，引起了众多学者的留意⑧；朱溢的《唐至北宋时期的大祀、中祀和小祀》⑨研究了唐宋时期的三祀制度，指出这一时期祭祀的等级性逐步落实到斋戒、祭品和祭祀人员等环节上，更多的吉礼仪式有了祭祀等级。后收入其专著《事邦国之神祇：唐至北宋吉礼变迁研究》。⑩

（二）唐代凶礼研究成果综述

唐代凶礼的主要内容包括凶年振抚、劳问疾苦、丧礼五服制度和仪程，共二十卷，约占 13.6%。主要研究重点集中在丧礼服制与法

---

① ［日］金子修一：《古代中国与皇帝祭祀》，汲古书院2001年版。
② ［日］金子修一：《中国古代皇帝祭祀的研究》，岩波书店2006年版。
③ ［日］金子修一：《古代中国与皇帝祭祀》，肖圣中等译，复旦大学出版社2017年版。
④ ［日］金子修一：《中国古代皇帝祭祀研究》，徐璐等译，西北大学出版社2018年版。
⑤ Howard J. Wechsler, *Offerings of Jade and Silk*: *Ritual and Symbol in the Legitimation of the T'ang Dynasty*: Yale University Press, 1985.
⑥ 朱溢：《隋唐礼制史研究的回顾和思考》，《史林》2011年第5期。
⑦ 雷闻：《郊庙之外——隋唐国家祭祀与宗教》，生活·读书·新知三联书店2009年版。
⑧ 吴丽娱：《书评：雷闻〈郊庙之外——隋唐国家祭祀与宗教〉》，《汉学研究》第28卷第1期；孙英刚：《评雷闻〈郊庙之外：隋唐国家祭祀与宗教〉》，《中华文史论丛》2011年第1辑；许凯翔：《雷闻〈郊庙之外——隋唐国家祭祀与宗教〉评介》，载《中国中古史研究：中国中古史青年学者联谊会会刊》第二卷，中华书局2011年版，第294—307页；游自勇、邓庆平：《评〈郊庙之外——隋唐国家祭祀与宗教〉》，《中国史研究》2012年第2期；王志跃：《评雷闻〈郊庙之外——隋唐国家祭祀与宗教〉》，《中国史研究动态》2012年第5期。
⑨ 朱溢：《唐至北宋时期的大祀、中祀和小祀》，《清华大学学报》2009年第2期。
⑩ 朱溢：《事邦国之神祇：唐至北宋吉礼变迁研究》，上海古籍出版社2014年版。

律制度方面，如齐东方的《唐代的丧葬观念习俗与礼仪制度》①，结合唐代的丧葬观念和礼仪制度，分析了唐代墓葬的发展变迁；赵澜的《唐代丧服制度研究》②对唐代的丧服制度进行了意识形态、国家制度和社会生活方面的系统研究；吴丽娱的《唐代的皇帝丧葬与山陵使》③研究了唐代的皇帝丧葬、负责使职山陵诸使的设立及其角色、职能；吴丽娱的《关于唐〈丧葬令〉复原的再检讨》④在复原《天圣令》中《丧葬令》的同时探讨了唐宋时期的丧葬制度；吴丽娱的《对〈贞观礼〉渊源问题的再分析——以贞观凶礼和〈国恤〉为中心》⑤以《贞观礼》中的凶礼和《国恤》为例，研究认为唐代贞观之际的礼仪借鉴和吸收了南北两方的礼制成果；日本学者江川式部的《唐代の上墓仪礼——墓祭习俗の礼典编入とその意义について》⑥主要研究唐代的上墓礼仪；吴丽娱的《临终关怀与告别之仪——唐朝皇帝对官员病重及丧亡的凶礼慰问》⑦考察了唐代皇帝对于病重官员的临终关怀与慰问；吴丽娱的著作《终极之典：中古丧葬制度研究》⑧是作者多年来研究中古时期丧葬制度的集大成之作，对前述成果进行了收录补充；邓玮光的《唐人丧葬用车小考——兼论唐代"凶礼"中的"吉仪"、"凶仪"》⑨对唐代丧礼中的丧葬用车进行了考证；武莹

---

① 齐东方：《唐代的丧葬观念习俗与礼仪制度》，《考古学报》2006年第1期。
② 赵澜：《唐代丧服制度研究》，博士学位论文，福建师范大学，2008年。
③ 吴丽娱：《唐代的皇帝丧葬与山陵使》，《魏晋南北朝隋唐史资料》2008年第1期。
④ 吴丽娱：《关于唐〈丧葬令〉复原的再检讨》，《文史哲》2008年第4期。
⑤ 吴丽娱：《对〈贞观礼〉渊源问题的再分析——以贞观凶礼和〈国恤〉为中心》，《中国史研究》2010年第2期。
⑥ [日] 江川式部：《唐代の上墓仪礼——墓祭习俗の礼典编入とその意义について》，《东方学》2010年第120辑。中译本为周东平、方海龙译《唐代的上墓礼仪——墓祭习俗编入礼典及其意义》，载周东平、朱腾《法律史译评》（2013年卷），中国政法大学出版社2014年版，第121—136页。
⑦ 吴丽娱：《临终关怀与告别之仪——唐朝皇帝对官员病重及丧亡的凶礼慰问》，《隋唐辽宋金元史论丛》2012年第1期。
⑧ 吴丽娱：《终极之典：中古丧葬制度研究》，中华书局2012年版。
⑨ 邓玮光：《唐人丧葬用车小考——兼论唐代"凶礼"中的"吉仪"、"凶仪"》，《苏州文博论丛》2013年。

莹的《唐代公主丧葬礼俗研究》①，主要研究了唐代公主的丧葬礼俗；郭潇博的《唐宋五服制度变革研究》②主要探究了唐宋时期五服制度变革的具体表现及其原因，并指出是唐宋时期家庭制度的变化导致了五服制度的变革；张剑光的《礼缘人情：唐代民间的丧祭礼仪——以宋代笔记为核心的考察》③主要利用宋代笔记小说来研究唐代民间的丧葬礼仪；崔世平的《中古丧葬艺术、礼俗与历史研究》④对唐代的丧葬礼俗有所研究；吴凌杰的《国恤：唐代帝王丧葬礼制研究的回顾与反思》⑤对于唐代帝王丧葬礼仪的研究成果进行了回顾与反思。

（三）唐代宾礼研究成果综述

唐代宾礼的主要内容有蕃国王来朝以束帛迎劳、遣使戒蕃王见日、蕃王奉见、受蕃国使表及币、皇帝燕蕃国王、皇帝燕蕃国使，共二卷，约占《大唐开元礼》的1.4%，主要是唐王朝与各蕃国外交礼仪，受史料记载缺失的影响，唐代宾礼研究成果主要有何春明的《唐朝四方馆研究——兼论其在处理中外民族关系中的地位和作用》⑥，其认为唐代的四方馆是一个兼具礼仪功能的涉外机构；杨阳的《唐代宾礼研究》⑦分析了唐代宾礼制定的原因并概括了唐代宾礼的内容和特征，阐明了唐代宾礼的功效和意义；李丽艳的《唐代宾礼研究——以〈大唐开元礼〉为研究视角》⑧，以《大唐开元礼》为中心，主要讨论了唐代宾礼的仪制、实际遵循状况与特点，并且补充了未被记录的宾礼礼仪；王贞平的《唐代宾礼研究：亚洲视域中的外交信息传递》⑨

---

① 武莹莹：《唐代公主丧葬礼俗研究》，《碑林集刊》2013年第19辑。
② 郭潇博：《唐宋五服制度变革研究》，硕士学位论文，广西师范大学，2014年。
③ 张剑光：《礼缘人情：唐代民间的丧祭礼仪——以宋代笔记为核心的考察》，《社会科学动态》2017年第4期。
④ 崔世平：《中古丧葬艺术、礼俗与历史研究》，中国社会科学出版社2018年版。
⑤ 吴凌杰：《国恤：唐代帝王丧葬礼制研究的回顾与反思》，《天中学刊》2019年第5期。
⑥ 何春明：《唐朝四方馆研究——兼论其在处理中外民族关系中的地位和作用》，博士学位论文，中央民族大学，2011年。
⑦ 杨阳：《唐代宾礼研究》，硕士学位论文，陕西师范大学，2014年。
⑧ 李丽艳：《唐代宾礼研究——以〈大唐开元礼〉为研究视角》，硕士学位论文，辽宁大学，2015年。
⑨ 王贞平：《唐代宾礼研究：亚洲视域中的外交信息传递》，中西书局2017年版。

分六章，从不同角度考察了唐代宾礼的渊源、意识形态基础，描述其主要礼节，探讨礼仪动作背后的政治寓意，并特别将唐代宾礼的"虚名化"置于亚洲地缘政治格局"多元化"这一广阔的历史背景中加以解读，进一步解释唐代宾礼嬗变的根本原因，颇有新意。关于此书，另有书评两篇，见屈蓉蓉的《王贞平〈唐代宾礼研究〉》①、李鸿宾的《礼典规约下多重视角的互动——王贞平教授〈唐代宾礼研究〉书后》② 可供参考。

（四）唐代嘉礼研究成果综述

唐代嘉礼的主要内容有皇帝加元服、纳后、元正冬至受朝贺，皇帝于明堂读时令，皇帝养老于太学，册命皇后、皇太子、诸王大臣、内命妇，皇太子加元服、纳妃、元正冬至受群臣、宫臣贺，亲王、品子冠、婚，朝集使礼见，京兆河南牧、万年长安河南洛阳县令初上，乡饮酒、正齿位、宣赦书、群臣诣阙上表、奉参起居，皇帝遣使宣抚诸州、蕃，诸州上表等礼，共四十卷，约占《大唐开元礼》的27.2%。学界的研究重点主要在朝贺、册命、婚、朝集使、乡饮酒等礼仪内容上，如有关唐代朝贺礼的研究有日本学者新城理惠的《唐代的国家礼仪与皇太后》③，主要研究了唐宪宗至文宗时期皇太后受朝贺的现象，并与这一阶段的皇位继承联系起来；吴丽娱的《朝贺皇后：〈大唐开元礼〉的则天旧仪》④ 研究了《大唐开元礼》中的朝贺皇后礼仪；金子修一的《唐代长安的朝贺之礼》⑤《唐代后半期的朝贺之礼》⑥ 这两篇文章综合探讨了唐代长安举行朝贺之礼的方式及意义；杜文玉的《唐大明宫含元殿与外朝朝会制度》⑦ 也涉及了唐朝的朝贺礼仪。

---

① 屈蓉蓉：《王贞平〈唐代宾礼研究〉》，《中国史研究动态》2018年第5期。
② 李鸿宾：《礼典规约下多重视角的互动——王贞平教授〈唐代宾礼研究〉书后》，《国学学刊》2019年第2期。
③ ［日］新城理惠：《唐代的国家礼仪与皇太后》，《社会文化史学》1998年第39卷。
④ 吴丽娱：《朝贺皇后：〈大唐开元礼〉的则天旧仪》，《文史杂志》2006年第1期。
⑤ ［日］金子修一：《唐代长安的朝贺之礼》，《唐史论丛》2009年第11辑。
⑥ ［日］金子修一：《唐代后半期的朝贺之礼》，《唐史论丛》2010年第12辑。
⑦ 杜文玉：《唐大明宫含元殿与外朝朝会制度》，《唐史论丛》2012年第15辑。

有关唐代婚礼的研究有赵守俨的《唐代婚姻礼俗考略》①，该书对唐代的婚姻礼俗进行了简略考证；杨希义、谢翠维的《唐代婚姻礼俗述略》②结合唐律和文献资料，对唐代的婚龄、嫁娶、离异及婚姻习俗进行了考察；江林的《〈太平广记〉中所见唐代婚礼、婚俗略考》③主要利用笔记小说来研究唐代婚姻礼俗现象，并探究其形成发展原因；吴丽娱的《唐代婚仪的再检讨》④在赵守俨、周一良研究成果的基础上对唐代婚礼的仪程进行了重新探讨；张国刚的《唐代婚姻礼俗与礼法文化》⑤利用唐代小说资料从礼法与婚姻方面研究唐代的婚姻状况；郭海文的《唐代和亲公主的婚礼及家庭生活》⑥主要论述了唐代和亲公主的婚礼及家庭生活；申洪涛的《唐宋婚礼演变研究》⑦主要研究了唐宋时期社会各阶层的婚礼及其演变；史睿的《出土文献所见唐代士族婚姻礼法的特点与源流——兼谈婚姻礼法与士族兴衰》⑧利用出土文献对唐代士族婚姻礼法的特点与源流进行了考证；费超的《唐代婚姻制度与礼俗的时代特色》⑨在礼法结合的时代背景下，用社会学的视角来研究唐代的婚姻制度与礼俗。

有关唐代册命礼仪的研究有吴丽娱的《兼融南北：〈大唐开元礼〉的册后之源》⑩认为《大唐开元礼》中的册后礼仪是唐代兼容南北礼仪的结果；吴丽娱的《太子册礼的演变与中古政治——从〈大唐开元

---

① 赵守俨：《唐代婚姻礼俗考略》，《文史》1963年第3辑。
② 杨希义、谢翠维：《唐代婚姻礼俗述略》，《西北大学学报》（哲学社会科学版）2002年第1期。
③ 江林：《〈太平广记〉中所见唐代婚礼、婚俗略考》，《湖南大学学报》（社会科学版）2002年第4期。
④ 吴丽娱：《唐代婚仪的再检讨》，《燕京学报》2003年第15期。
⑤ 张国刚：《唐代婚姻礼俗与礼法文化》，《唐研究》2004年第10卷。
⑥ 郭海文：《唐代和亲公主的婚礼及家庭生活》，《陕西师范大学学报》（哲学社会科学版）2010年第1期。
⑦ 申洪涛：《唐宋婚礼演变研究》，硕士学位论文，河南大学，2012年。
⑧ 史睿：《出土文献所见唐代士族婚姻礼法的特点与源流——兼谈婚姻礼法与士族兴衰》，载余欣《中古时代的礼仪、宗教与制度》，上海古籍出版社2012年版，第85—108页。
⑨ 费超：《唐代婚姻制度与礼俗的时代特色》，硕士学位论文，烟台大学，2013年。
⑩ 吴丽娱：《兼融南北：〈大唐开元礼〉的册后之源》，《魏晋南北朝隋唐史资料》2006年第23辑。

礼〉的两种太子册礼说起》① 将唐代太子册礼的演变与中古政治进行综合研究，指出其发展变化的轨迹与社会政治背景；张琛的《唐代册赠使关联问题研究——以〈大唐开元礼〉所记策赠礼为中心》② 主要以《大唐开元礼》所记载的册赠礼为中心，探究了唐代的册赠使；张攀利的《唐代官员册命制度考论》③ 主要研究了唐代官员的册命制度与礼仪的发展演变。

有关唐代朝集使礼仪的有于赓哲的《从朝集使到进奏院》④，其中提到了唐代朝集使参加朝贺典礼；吴丽娱的《朝集使在郊庙礼仪中的出现——〈大唐开元礼〉校读札记一则》⑤ 主要讨论了《大唐开元礼》中朝集使在唐代郊庙礼仪中的出现及其原因。有关唐代乡饮酒礼的有游自勇的《汉唐时期"乡饮酒"礼制化考论》⑥，主要研究了汉唐之间乡饮酒礼的礼制化进程；高明士的《论隋唐学礼中的乡饮酒礼》⑦ 对隋唐学礼中的乡饮酒礼进行了研究；王美华的《乡饮酒礼与唐宋地方社会》⑧《唐宋时期乡饮酒礼演变探析》⑨，主要讨论了唐宋时期乡饮酒礼的演变及其与地方社会的互动关系；张婧静的《试析隋唐学礼中的乡饮酒礼》⑩ 认为唐代将乡饮酒礼纳入国家祭祀体系，并在地方推行，所代表的"宾贤""敬老""谦让"的礼仪伦理观念深入人心，对于稳定社会秩序发挥了重要作用；游自勇的《唐代乡饮酒

---

① 吴丽娱：《太子册礼的演变与中古政治——从〈大唐开元礼〉的两种太子册礼说起》，《唐研究》2007年第13卷。
② 张琛：《唐代册赠使关联问题研究——以〈大唐开元礼〉所记策赠礼为中心》，《西南交通大学学报》（社会科学版）2010年第3期。
③ 张攀利：《唐代官员册命制度考论》，《西安文理学院学报》2018年第1期。
④ 于赓哲：《从朝集使到进奏院》，《上海师范大学学报》（哲学社会科学版）2002年第5期。
⑤ 吴丽娱：《朝集使在郊庙礼仪中的出现——〈大唐开元礼〉校读札记一则》，《隋唐辽宋金元史论丛》2017年第1期。
⑥ 游自勇：《汉唐时期"乡饮酒"礼制化考论》，《汉学研究》2004年第2期。
⑦ 高明士：《论隋唐学礼中的乡饮酒礼》，《唐史论丛》2006年第8辑。
⑧ 王美华：《乡饮酒礼与唐宋地方社会》，《社会科学辑刊》2010年第4期。
⑨ 王美华：《唐宋时期乡饮酒礼演变探析》，《中国史研究》2011年第2期。
⑩ 张婧静：《试析隋唐学礼中的乡饮酒礼》，《史志学刊》2013年第3期。

礼与地方社会》① 考察了唐代乡饮酒礼的性质、实施及其与地方社会的关系。

以上为唐代吉、凶、宾、嘉四礼的研究成果，数量庞大、内容丰富，颇具规模，而且吴丽娱先生在《大唐开元礼》以及凶礼、嘉礼的研究中取得了较大突破，贡献颇多。现再将唐代军礼的研究成果综述如下。

（五）唐代军礼的研究现状与反思

首先需要重视的是关于中国古代军礼内容的整体研究成果，它们不仅在研究时会涉及唐代的军礼，而且这些成果对于理解唐代军礼的内容与历史地位具有极大的参考价值。主要有清代学者江永的《礼书纲目》②，用五卷篇幅论述了兵制、武备、征伐、军通礼、田役等军礼内容，"补仪礼之所不备"；黄以周的《礼书通故》③，对中国古代的军礼及田礼进行了详细论证；任大椿的《弁服释例》④，对与军礼有关的弁服进行了考证研究。钟敬文的《中国礼仪全书》⑤ 对中国古代的军礼内容有所提及；朱筱新编著的《中国古代的礼仪制度》⑥ 也讨论了中国古代的军礼；胡戟的《中华文化通志·礼仪志》⑦ 对中国古代的军礼进行了简要介绍；王烨编著的《中国古代礼仪》⑧ 主要陈述了古代礼仪的形成、发展与演变，也对军礼进行了陈述。这些通识类的礼仪著作，主要都是根据礼仪典籍对各个时期的军礼内容进行介绍，缺乏深入的论证研究，学术性欠佳。任慧峰的《先秦军礼研究》⑨ 对先秦时期的军礼内容进行了详细论证，重点探讨了军礼的起

---

① 游自勇：《唐代乡饮酒礼与地方社会》，《首都师范大学学报》（社会科学版）2015年第2期。
② （清）江永：《礼书纲目》，清光绪二十一年广雅书局丛书本。
③ （清）黄以周：《礼书通故》，中华书局2007年版。
④ （清）任大椿：《弁服释例》八卷表一卷，上海古籍出版社1995年版。
⑤ 钟敬文：《中国礼仪全书》，安徽科学技术出版社1995年版。
⑥ 朱筱新：《中国古代的礼仪制度》，商务印书馆1997年版。
⑦ 胡戟：《中华文化通志·礼仪志》，上海人民出版社1998年版。
⑧ 王烨：《中国古代礼仪》，中国商业出版社2015版。
⑨ 任慧峰：《先秦军礼研究》，商务印书馆2015年版。

源与发展；朱晓红的《周代军礼考述》①认为周代军礼具有宗法性和军事性的双重矛盾，春秋战国之际军事性压倒宗法性，成为军礼衰落的主要原因；陈静敏的《东汉军礼研究——以〈白虎通义〉为中心》②利用《白虎通义》所记载的军礼内容，从政治与文化两方面探讨了东汉军礼的特征及其原因，基本还原了东汉时期的军礼面貌；顾涛的《汉唐礼制因革谱》③在编纂汉唐之间礼仪制度沿革资料的同时，对于军礼也有提及；梁满仓的《魏晋南北朝五礼制度考论》④也论及了魏晋南北朝时期的军礼；耿元骊的《五代礼制考》⑤在论述五代的五礼制度时提及了军礼，并认为五代的军礼只是军事行动之后的点缀，具文而已；刘春的《北宋军礼研究》⑥则主要集中研究了北宋时期的军礼内容及其实施状况。

其次是涉及或研究唐代军礼的综论类成果，主要有唐代史学家杜佑的《通典》，文中对于唐以前朝代的军礼沿革和唐代《开元礼》所载的军礼内容进行了综合论述；宋代史学家、校雠学家郑樵《通志》中的《礼略》叙述了五礼的详细情况，并对军礼的沿革进行了论述；宋元之际马端临的《文献通考》作为《通典》的扩大之作，礼仪方面以王礼为主，并涉及军礼中的田猎之礼。清人秦蕙田的《五礼通考》，对于中国古代的五礼制度进行了综合考论，在军礼部分涉及唐代的军制及部分军礼内容，并提出了自己的案语观点。陈戍国的《中国礼制史·隋唐五代卷》⑦分两节内容对李唐的军礼以及射礼、田狩礼进行了研究，但受限于内容篇幅，只能借助于礼仪典籍进行讨论，而且对于军礼的概念稍显混乱；任爽的《唐代礼制研究》⑧根据《开

---

① 朱晓红：《周代军礼考述》，《国学学刊》2015年第2期。
② 陈静敏：《东汉军礼研究——以〈白虎通义〉为中心》，硕士学位论文，暨南大学，2008年。
③ 顾涛：《汉唐礼制因革谱》，上海书店出版社2018年版。
④ 梁满仓：《魏晋南北朝五礼制度考论》，社会科学文献出版社2009年版。
⑤ 耿元骊：《五代礼制考》，硕士学位论文，东北师范大学，2003年。
⑥ 刘春：《北宋军礼研究》，硕士学位论文，辽宁大学，2020年。
⑦ 陈戍国：《中国礼制史·隋唐五代卷》，湖南教育出版社1998年版。
⑧ 任爽：《唐代礼制研究》，东北师范大学出版社2000年版。

元礼》所载内容对唐代军礼进行了概述；杨志刚的《中国礼仪制度研究》①对中国古代的军礼内容进行了全面介绍，但相对简略；王美华的博士学位论文《唐宋礼制研究》②对唐宋时期礼典记载的军礼进行了陈述，讨论部分较少，且不够深入；王博的《唐·宋军礼の构造とその变容》③涉及了唐代军礼的内容与结构问题，认为唐代军礼中不仅有大量世俗性仪式，还有许多祭祀性仪式，具有复合性的特点；李蓉的《隋唐军事征伐礼仪》④对隋唐时期的军事征伐礼仪展开了具体研究，但由于该书只关注征伐之礼，并未全面论述唐代军礼的所有内容；日本学者丸桥充拓的《唐代军事财政与礼制》⑤凝结了作者关于唐代军礼研究的主要成果，分章节讨论了出征礼仪、射礼、战争记录等军礼内容，并且研究了唐代军礼的确立过程以及唐宋变革时期的军礼与秩序；王博的《唐代的国家典礼与军事征伐》⑥，探讨了《大唐开元礼》中军礼的特质以及在出征礼仪中皇帝在军权上的至高性和唯一性。

以上属于综合论述类论著，其中也有涉及具体军礼内容者，但不够全面。唐代的军礼内容主要有皇帝亲征、献俘与宣露布、讲武、田狩、大射、大将出征、马神祭祀、合朔伐鼓与大傩等礼仪，共十卷，约占《大唐开元礼》的6.8%。前辈学者也有注目，现将其主要研究成果分述如下。

1. 有关唐代皇帝亲征礼仪的研究成果主要有高明士的《从军礼论隋唐皇帝亲征》⑦，探讨了军礼的成立以及隋炀帝与唐太宗的亲征比较，并从军礼方面讨论了失礼入刑的意义。

2. 有关唐代献俘礼仪的研究成果主要有王博、王建岐的《唐代

---

① 杨志刚：《中国礼仪制度研究》，华东师范大学出版社2000年版。
② 王美华：《唐宋礼制研究》，博士学位论文，东北师范大学，2004年。
③ 王博：《唐·宋军礼の构造とその变容》，《史学杂志》2012年第121卷1号。
④ 李蓉：《隋唐军事征伐礼仪》，国防工业出版社2015年版。
⑤ [日]丸桥充拓：《唐代军事财政与礼制》，张桦等译，西北大学出版社2018年版。
⑥ 王博：《唐代的国家典礼与军事征伐》，《隋唐辽宋金元史论丛》2019年第00期。
⑦ 高明士：《从军礼论隋唐皇帝亲征》，《隋唐辽宋金元史论丛》2018年第8辑。

献俘礼的构造与皇帝权力》①主要研究了唐代献俘礼的构造与皇帝权力的变化问题；毕祥来的《唐代献俘礼研究》②主要研究了唐代献俘礼的发展演变情况；杨平平的《从献俘礼看唐代的民族政策》③主要利用献俘礼来研究唐代的民族政策。唐代露布的研究成果主要有王婕的《古代的露布》④，简要介绍了古代露布的种类及应用；郭绍林的《隋唐军事文书》⑤介绍了隋唐时期的几种军事文书，对于露布略有提及；吕博的《唐代露布的两期形态及其行政、礼仪运作——以〈太白阴经·露布篇〉为中心》⑥全面剖析了唐代露布在前后期的不同公文形态，并借此展示出唐代前后期行政运作过程的转变。吕博的博士学位论文《"君之大柄"与"圣人之履"——礼与唐代政治变迁诸问题研究》⑦将礼制研究与政治史研究结合起来，认为礼制变动是政治变迁的外在表现，同时在举例研究过程中，选取了军礼中的宣露布礼，考察了礼仪背后的政治驱动力。

3. 唐代讲武礼的研究成果主要有陈祚龙的《唐代军礼讲武仪式之梗概暨玄宗尚武立威之一斑》⑧主要通过玄宗时期的讲武活动来研究唐代的讲武礼仪；郭绍林的《唐代的练兵活动》⑨概述了唐代的练兵活动，并对讲武礼有所提及；李训亮的《唐代讲武述论》⑩对于唐代讲武兴盛及衰落的背景原因进行了考论；金相范的《唐代讲武礼研

---

① 王博、王建岐：《唐代献俘礼的构造与皇帝权力》，《陕西历史博物馆馆刊》2014年第21辑。
② 毕祥来：《唐代献俘礼研究》，硕士学位论文，辽宁大学，2016年。
③ 杨平平：《从献俘礼看唐代的民族政策》，《四川省社会主义学院学报》2018年第1期。
④ 王婕：《古代的露布》，《秘书之友》1986年第2期。
⑤ 郭绍林：《隋唐军事文书》，《洛阳师范学院学报》2003年第3期。
⑥ 吕博：《唐代露布的两期形态及其行政、礼仪运作——以〈太白阴经·露布篇〉为中心》，《魏晋南北朝隋唐史资料》2012年第28辑。
⑦ 吕博：《"君之大柄"与"圣人之履"——礼与唐代政治变迁诸问题研究》，博士学位论文，武汉大学，2014年。
⑧ 陈祚龙：《唐代军礼讲武仪式之梗概暨玄宗尚武立威之一斑》，《文艺复兴》1974年第53卷。
⑨ 郭绍林：《唐代的练兵活动》，《洛阳师范学院学报》2003年第6期。
⑩ 李训亮：《唐代讲武述论》，《西安文理学院学报》（社会科学版）2005年第5期。

究》① 研究了唐代讲武礼的施行与政治现实之间的关系及其时令对唐代讲武礼实施的影响；王瑜的《关于中国古代"讲武礼"的几个问题——以唐代为中心》② 以唐代为中心，考察研究了讲武礼的含义、举行情况及兴废原因；王博的《唐代讲武礼实施背景新考》③ 分阶段探讨了唐代皇帝讲武礼的实施及其背景，指出唐代讲武礼有着极为丰富的功能与意义。

4. 有关唐代田狩礼仪的研究成果主要有杨宽的《"大蒐礼"新探》④ 研究了大蒐礼的起源、性质及其作用，并对其具体礼节及演变进行了探讨；查圣祥、张立敏、黄莉莉的《唐代前期军事体育中的狩田礼制》⑤ 探讨了唐代前期狩田礼的历史背景、礼仪程序以及对社会文化、军事、体育的影响；颜逸凡的《唐代皇帝田猎研究》⑥ 从唐代皇帝田猎的依据、程序、辅助设施、阶段性特征及意义等方面分析研究了唐代皇帝的田猎活动；陈业新的《"成礼三驱"：汉唐时期"三驱"礼衍变述论——以蒐狩礼的建设为线索》⑦ 探讨了汉唐时期蒐狩礼分分合合的动态变化过程，并强调三驱礼在其变化过程中表现形式和性质的变化。

5. 关于唐代射礼的研究成果主要有王博的《唐宋射礼的性质及其变迁——以唐宋射礼为中心》⑧，研究了唐宋时期射礼的发展演变，并指出唐代射礼多集中于唐前期，表现出极强的政治性与礼仪性；蔡

---

① 金相范：《唐代讲武礼研究》，《宋史研究论丛》2006年第7辑。
② 王瑜：《关于中国古代"讲武礼"的几个问题——以唐代为中心》，《求索》2009年第4期。
③ 王博：《唐代讲武礼实施背景新考》，《隋唐辽宋金元史论丛》2016年第6辑。
④ 杨宽：《"大蒐礼"新探》，《学术月刊》1963年第3期。
⑤ 查圣祥、张立敏、黄莉莉：《唐代前期军事体育中的狩田礼制》，《体育成人教育学刊》2015年第6期。
⑥ 颜逸凡：《唐代皇帝田猎研究》，硕士学位论文，上海师范大学，2016年。
⑦ 陈业新：《"成礼三驱"：汉唐时期"三驱"礼衍变述论——以蒐狩礼的建设为线索》，《社会科学》2017年第3期。
⑧ 王博：《唐宋射礼的性质及其变迁——以唐宋射礼为中心》，《唐史论丛》2014年第19辑。

艺的《秦汉之后大射礼的发展与嬗变》①研究了大射礼从秦汉到明清时期的发展与演变，并指出唐代大射礼逐渐变为宴饮时的娱乐活动。

6. 有关唐代祭祀马神的研究成果主要有尚民杰的《中国古代的崇马之风》②，文中认为历代统治者重视马政，祭马活动也因此得以延续下来；谭蝉雪的《敦煌马文化》③提及了中国古代及敦煌地区的祭马神活动；马瑞江的《马社考——从对马的崇拜到龙马精神形成的发展历程》④探讨了马社的起源和我国古代对于马社的祭祀活动。

7. 有关唐代合朔伐鼓礼仪的研究成果主要有左汉林的《唐代宫廷鼓吹乐的用途考论》⑤，文中提及了唐代合朔伐鼓时所用的鼓吹乐问题；贾鸿源的《太社与唐长安城中的祭祀空间——从禜门礼、合朔伐鼓角度的思考》⑥认为唐代合朔伐鼓礼仪中，太社的动态救日是先秦以来太社的独特角色与地位的体现，并与唐代皇帝的自责祈禳互相配合，完整展现唐代合朔伐鼓礼仪；赵贞的《唐代的"合朔伐鼓"及其象征意义》⑦指出了唐代朔日伐鼓复杂的礼仪程序及其所代表的象征意义。

8. 有关唐代大傩礼仪的研究成果主要有姜伯勤的《沙州傩礼考》⑧，主要利用敦煌文书对于沙州地方的傩礼进行了考证研究；安祥馥的《唐宋傩礼、傩戏与高丽傩戏》⑨认为唐宋傩礼对高丽傩戏产

---

① 蔡艺：《秦汉之后大射礼的发展与嬗变》，《湖南工业大学学报》（社会科学版）2015年第6期。
② 尚民杰：《中国古代的崇马之风》，《文博》1995年第1期。
③ 谭蝉雪：《敦煌马文化》，《敦煌研究》1996年第1期。
④ 马瑞江：《马社考——从对马的崇拜到龙马精神形成的发展历程》，《古今农业》2008年第4期。
⑤ 左汉林：《唐代宫廷鼓吹乐的用途考论》，《江汉大学学报》（人文科学版）2007年第2期。
⑥ 贾鸿源：《太社与唐长安城中的祭祀空间——从禜门礼、合朔伐鼓角度的思考》，《中国古都研究》2013年第26辑。
⑦ 赵贞：《唐代的"合朔伐鼓"及其象征意义》，《唐史论丛》2015年第21辑。
⑧ 姜伯勤：《沙州傩礼考》，载氏著《敦煌艺术宗教与礼乐文明：敦煌心史散论》，中国社会科学出版社1996年版，第459—476页。
⑨ 安祥馥：《唐宋傩礼、傩戏与高丽傩戏》，《湖北民族学院学报》（哲学社会科学版）2004年第4期。

生了重要的影响；刘振华的《试析傩礼中方相氏的地位嬗变》①认为周以后傩礼中方相氏地位的下降反映了傩礼日渐世俗化、娱乐化；郭矗矗、范春义的《唐代宫廷傩仪考略》②对于唐代宫廷的傩礼进行了简略考证。此外，敦煌文书中发现有一些傩词，反映了敦煌地区的傩礼与傩文化，也引起了学者的关注，主要有李正宇的《敦煌傩散论》③、任伟的《敦煌傩文化研究》④。

综上所述，在唐代的五礼制度中，现有研究成果最为丰富的是吉礼、嘉礼、凶礼，这也与其内容的丰富程序以及贴近唐人日常生活有关，尤其是随着近些年社会生活史研究热潮的兴起，更加促进了这些礼仪的深入研究。同时，唐代宾礼的研究成果相对较少（但仍多于军礼），这不仅归因于自身礼仪内容不足，更是因为唐代的宾礼在实际发展过程中逐渐沦为虚名，仅作用于礼仪道德层面，对于交往双方关系的政治实质并不具有强制规定色彩⑤，现有的研究成果已经趋于全面，需要寻找新的突破方向。而唐代的军礼，虽然小范围的论述成果足够，但缺乏系统深入的研究论著，这也是本书选题的重要原因之一。

而且，《大唐开元礼》始终是唐代五礼制度研究的第一手资料，学界对此也颇为重视，但如何正确理解唐代五礼制度与《大唐开元礼》这一开元时期撰作的礼仪文本的关系，以及各自所囊括的内容、特点与意义价值，仍需要经过详细的考证研究与对比论证之后才能做出判断。

三 唐代军礼的研究目标与思路、意义与研究价值

（一）研究目标与思路

本书的研究目标主要是有唐一代的军礼内容及其实施情况，无论

---

① 刘振华：《试析傩礼中方相氏的地位嬗变》，《东北师范大学学报》（哲学社会科学版）2014 年第 1 期。
② 郭矗矗、范春义：《唐代宫廷傩仪考略》，《四川戏剧》2014 年第 10 期。
③ 李正宇：《敦煌傩散论》，《敦煌研究》1993 年第 2 期。
④ 任伟：《敦煌傩文化研究》，博士学位论文，兰州大学，2017 年。
⑤ 王贞平：《唐代宾礼研究：亚洲视域中的外交信息传递》，中西书局 2017 年版，第 209 页。

是被载入礼典的军礼还是其他军礼,均需要进行深入的分析研究,并对其特点与意义进行深层次的解读与阐释。虽然本书的讨论重点是唐代的军礼,但在叙述的过程中不仅仅囿于唐代,而是前后延伸,以求将其置于整个中古时代的军礼演变与发展的脉络之中,充分显示其继承演变的具体细节与历史地位,并对唐代军礼与军法的关系、军礼与军乐的关系、唐代以兵入礼的社会现象以及唐代军礼中的车服、官僚、与其他吉凶礼仪的杂糅现象等内容展开详细论证,全面认识唐代军礼的实施范围与特点,以及它所反映的唐代社会历史原貌。

对于唐代的军礼来说,它自身的军礼内容比较丰富,引起了学界的关注,既有概括综述类的成果,也有一些细致入微的考证。但仅就目前的研究成果来说,唐代军礼的相关研究成果内容最少,且不够深入,而且细节考证的内容大都有所侧重、不够全面,也没有准确地把握唐代军礼的发展与实践。除了《大唐开元礼》所载军礼内容之外,还有一部分军礼在唐代的军事、政治活动中扮演着重要角色,尚未进行深入发掘,此外,综述类的研究成果或者在叙述中国古代礼仪及唐代礼制时有所提及,或者仅围绕《大唐开元礼》所载内容浅尝辄止,这种研究深度是远远不够的。同时,唐代的军礼不仅仅只包括军事征伐礼仪,还包含马神的祭祀、合朔伐鼓、大傩等其他杂糅之礼,这种归纳与理解方式无疑是值得展开进一步推敲的,也许可以从中发现隐藏在深处的唐人制礼思想。

因此,本书的研究重点就是在细微考证唐代每一个军礼内容实践与发展的同时,全面探讨唐代军礼的性质、特点与意义,并将其放在整个中古军礼发展演变的轨迹之中,以此展现其历史地位与价值,由点到面、由浅入深,深刻剖析唐代军礼的真实内涵与本来面貌。更具研究意义与价值的是,唐代军礼的产生与兴盛并非孤立事件,其背后所反映的军事活动与社会文化心态更需要研究者进行深入的分析与阐释。

(二)研究意义与研究价值

1. 全面总结唐代军礼的内容。以往的研究成果只着眼于《大唐开元礼》的文献记载,多认为唐代的军礼内容只限于此,而本书所研究的唐代军礼，除了礼典之外，更加深入地从史籍中挖掘唐代的其他军礼内容，这样能够最大限度地还原唐代军礼的全貌，并可以通过这些研究途径，了解其他军礼内容未被载入礼典的背景原因，加深对于唐代军礼的全面认识。

2. 充分认识唐代军礼的实践情况。虽然礼典中有关于唐代军礼内容及其礼仪细节的记载，但这些纸面上的文字与实际实施过程中有无出入，以及其具体实施的背景、过程与意义如何，仍需要进一步展开研究，对其中的相同与不同之处都需要详加探讨，充分认识其实践情况。

3. 深刻理解唐代军礼的特点、实施范围与历史地位。在分析唐代军礼的内容与实施的基础工作之上，需要展开充分的讨论与分析，理解其特点与实施范围，并剖析其中的历史缘由与意义。除此之外，还要将唐代的军礼放入整个中古军礼的发展与演变的脉络之中，意识到其特殊的历史地位与价值，这样才能增进本书的深度，凸显其研究意义与研究价值。

4. 唐代军礼中夹杂有若干吉礼祭祀礼仪，并与凶、嘉礼仪都有关联，相互影响，其内容与性质也随着唐代社会历史的发展而迥然不同。因此，在深入研究唐代的军礼内容时，可以促进对唐代吉、凶、嘉等礼仪的认识与理解，从而更加深入地探索唐代五礼制度的意义与内涵。

5. 唐代的军礼与军法、军乐的辩证关系及社会意义。在唐代的军事征伐活动中，军礼只是影响因素之一，另有军法、军乐，都对军事活动的过程与结果有着不可忽视的影响效果。同时，军礼与军法、军礼与军乐常常互相融合，三者共同作用于唐代的军事活动中，保障了其正常有序的进行。因此，本书也可以通过对这一方面的研究，充分了解唐代的军法、军乐与唐代军礼的辩证关系以及三者的实际社会意义，同时考察在唐朝的政治制度中，礼制、法制、音乐三者之间的相互关系以及撰作完善过程。

上 编

唐代军礼研究
——以《大唐开元礼》为中心

本部分的内容主要以唐代开元二十年（732）所撰修的《大唐开元礼》为中心，分章节研究礼典中记载的军礼内容。首先追根溯源，指出唐代军礼制度的渊源与发展变迁轨迹，到最终文本定型的历史过程；其次结合唐代的社会历史现实，分析礼典中军礼内容的实际实施情况，并阐释其中的差别与深层内涵，利用个案研究与综合归纳，全面认识唐代军礼的内容与特点；最后继续向下延伸，指出唐代军礼制度在后世的演变与影响，探求唐代军礼的历史地位与价值意义。

第 一 章

唐代皇帝及其大将的出征礼仪研究

在中国古代的军事征伐活动中,出征领兵的人选非常重要,会对战争的最终结果产生直接影响,故而统治者大都十分重视武将的选拔与任命,甚至在特殊情况下,中国古代的皇帝会以亲征的形式统军作战,直面王朝所面临的威胁。同时,在唐代的礼仪制度中,还有关于皇帝出征以及大将出征的礼仪程序与细节,这需要结合唐代的军事征伐活动进行详细解读。

第一节 唐代皇帝的亲征活动与亲征礼仪

自古以来,军事征伐层出不穷,皇帝亲征是最高级别的军事活动,它既表达了皇帝恭行天罚、号令全国的至尊权威,又反映了皇帝安宁寰宇、扶绥内外的人君职责。故而本书不揣谫陋,在已有成果的基础上对唐代皇帝的亲征礼及其实践情况进行系统研究,不足之处,以求教于方家。

一 唐代皇帝的亲征活动

笔者通检唐代相关史料,并进行整理与分析,将唐代皇帝的亲征活动整理成表1。

表1　　　　　　　　唐代皇帝亲征情况表

时间	皇帝	亲征对象	是否出征	主要资料来源①
贞观十九年（645）	唐太宗	高丽	是	《旧唐书》卷3《太宗本纪》，第57页
开元二年（714）	唐玄宗	吐蕃	否	《旧唐书》卷93《薛讷传》，第2985页
天宝十五载（756）	唐玄宗	安史叛军	否	《旧唐书》卷9《玄宗本纪》，第232页
乾元二年（759）	唐肃宗	史思明	否	《旧唐书》卷10《肃宗本纪》，第257页
永泰元年（765）	唐代宗	吐蕃	否	《旧唐书》卷11《代宗本纪》，第280页

表1简要介绍了唐代皇帝的亲征情况，包括亲征时间、亲征对象以及最终是否亲征，下文将对这些亲征活动的前因后果进行详细论述。

唐太宗征高丽深受隋炀帝亲征高丽的影响，而直接出兵的原因则是贞观十六年（642）高丽权臣泉盖苏文弑杀其王一事，之后泉盖苏文诛杀异己，专制国事，后又与百济连兵进攻新罗，太宗遣司农丞相里玄奖带着玺书前去调解，但劝说无果。于是太宗不顾褚遂良的劝谏决意亲征高丽，贞观十九年二月，太宗令太子监国，亲自于洛阳发兵，进军高丽，连续战斗七个月，于其年九月班师回朝。此一役，"拔玄菟、横山、盖牟、磨米、辽东、白岩、卑沙、麦谷、银山、后黄十城，徙辽、盖、岩三州户口入中国者七万人。新城、建安、驻跸三大战，斩首四万余级，战士死者几二千人，战马死者什七八"②。虽然取得了一些胜利，但代价也很惨痛，太宗也深深感到后悔。纵观此次亲征，太宗不听劝谏、执意亲征，其目的无非就是想完成隋炀帝未完成的事情，以此来炫耀武功，加之太宗晚年好大喜功、不听劝谏、用人失当，史臣也对此颇有微词。③

开元二年（714）八月，吐蕃率十万人进寇临洮，十月复寇渭源，玄宗下达诏书，意欲亲征，并令人准备相关兵马，后因薛讷、王晙在

---

① 也见于《新唐书》《资治通鉴》等书，在此仅列其主要者。
② 《资治通鉴》卷第一百九十六，中华书局2016年标点本，第6294—6343页。
③ 《旧唐书》卷三《太宗本纪》，第63页史臣曰部分指出了太宗的四条错误，用兵辽东为其一。

前线大破吐蕃，吐蕃败退，此次亲征随即停止。① 天宝十四载（755）十一月，安史之乱爆发，叛军一路南下，攻陷洛阳。天宝十五载（756）六月，潼关失守，玄宗无心防守长安，一边谋划驾幸蜀地，一边下诏亲征以安定民心，十三日黎明，便与后宫、皇子、亲近大臣和宦官出延秋门逃往蜀地。② 乾元二年（759）三月，唐朝九节度与史思明战，唐军失利溃败。四月，史思明除掉安庆绪，在范阳建都，自称燕王，僭立年号顺天，并率领叛军分路南侵。九月，史思明攻陷洛阳，再次威胁到了唐都长安。十月，肃宗下诏亲征，群臣上表劝谏，亲征乃停。③

永泰元年（765）九月，吐蕃寇奉天、同州，直逼凤翔府、盩厔县，京城戒严，诸将率军守卫，郭子仪屯泾阳、李忠臣屯东渭桥，李光进屯云阳，马璘、郝庭玉屯便桥，骆奉先、李日越屯盩厔，李抱玉屯凤翔，周智光屯同州，杜冕屯坊州，代宗亲自率军屯禁苑内。九月庚戌，下诏亲征。后来经过郭子仪从中斡旋，瓦解了回纥与突厥的联盟，唐军与回纥共同攻击吐蕃，吐蕃大败，京城才得以解严，亲征活动也就停留在书面之上。④

综上所述，唐代21位皇帝中有4位皇帝在名义上进行了亲征活动，其中唐玄宗在位期间进行了2次，但实际上仅有唐太宗一人顺利实施了亲征，其余皇帝虽然以下诏的形式宣布亲征，诏书如太宗的《亲征高丽诏》、玄宗的《亲征吐蕃制》《亲征安禄山诏》、肃宗的《亲征史思明诏》都完整地保留了下来，但由于各种各样的原因，最终都未能实施。亲征活动的主要征伐对象有周边外蕃，包括高丽、吐蕃，也有内部反叛势力，即安史叛军，其中唐太宗对高丽的征讨是唐王朝主动出击，想要建立新的东亚政治格局，而唐玄宗和唐代宗对吐蕃的征讨则属于被迫防御，通过出兵反击来保卫疆土。

唐太宗之所以亲征高丽，笔者总结为以下五点。一是由于其时唐

---

① 《资治通鉴》卷第二百一十一唐玄宗开元二年，第6822—6824页。
② 《旧唐书》卷九《玄宗本纪》，第231—232页。
③ 《资治通鉴》卷第二百二十一肃宗乾元二年，第7186—7202页。
④ 《资治通鉴》卷第二百二十三代宗永泰元年九月条，第7295—7296页。

朝经过 20 多年的发展，经济恢复、国力强盛，人力、物力资源都非常丰富，有足够的基础来发动对外战争。二是高丽国内动乱，大臣弑君，给了唐朝一个出兵维持正义的借口。三是唐太宗晚年好大喜功，过于骄傲，面对高丽的挑衅意气用事，不听劝阻，且认为高丽弹丸之地不堪一击，是一场必胜的战役。四是自隋朝遗留下来的高丽问题，隋炀帝三征高丽，三战皆败，最终国破家亡，虽然征高丽不是亡国的最主要的原因，但也对隋朝社会产生了相当大的负面影响。但也有学者认为隋炀帝三征高丽有着更深的历史背景与战略意图，征服高丽是隋朝政府构建东亚地缘政治的关键一环①，唐太宗延续隋朝战略，想要征服高丽，完成隋炀帝未完成的事业，虽然最终也没能彻底解决，但他为高宗朝最终处理高丽问题奠定了基础。五是唐太宗个人原因。太宗戎马一生，东征西讨，为大唐的建立立下了不世之功，他本人也爱好打仗田猎之事，经常身先士卒，冲锋陷阵，到了晚年也留恋自己的军旅生涯，此次亲征正好可以实现他多年以来再次统军征伐的愿望。可惜，事与愿违，高丽并非想象般的那样不堪，唐军付出了巨大的代价才换来局部的胜利。而且，此次失利后，太宗身体染疾，每况愈下，直到临死之际依然对高丽之事念念不忘，高丽问题的最终解决也延续到了唐高宗统治时期。

　　之后的亲征活动大都是表面文章，虽然情势更加危机，但皇帝们只是下发诏书，并不见实际行动，开元二年、永泰元年的亲征停止是因为危机已经得到解除，已无亲征的必要。天宝十五载的亲征基本上就属于装腔作势，当时玄宗已经做好了逃亡蜀地的准备，下诏亲征只是为了安抚民心，妄图稳定局面，但实际上并没有取得任何有用的效果，"闻者皆莫之信"，长安已经乱作一团，根本没有防守抵抗的能力，玄宗一出走，"王公、士民四出逃窜，山谷细民争入宫禁及王公第舍，盗取金宝，或乘驴上殿，又焚左藏大盈库"②，朝野秩序完全

---

　　① 认可这一观点的学者较多，仅举一例，见李文才《隋炀帝三征高丽的背景》，《江汉论坛》2005 年第 3 期。
　　② 《资治通鉴》卷二百一十八肃宗至德元年六月条，第 7089—7090 页。

混乱，毫无防备抵抗之心，叛军轻而易举地进入长安。乾元二年肃宗亲征史思明的活动，由于众大臣的劝谏而取消，虽然看起来是符合实际情况和民心的举动，但皇帝诏书朝令夕改，难免会对自身统治权威造成影响。

事实上，每一次亲征行动的开始，就伴随着强烈的反对意见。太宗征高丽时，褚遂良、李大亮等诸多大臣进行谏言，太宗以"天有其时，人有其功""正高丽可亡之时"的傲慢语气回应众人①，坚持亲征，最终得以成行。开元二年唐玄宗下诏亲征吐蕃之时，苏颋连上二表，认为"陛下但发亲征之令以旨远，而潜遣猛将谋略之士以济其师，则戎人日便崩挫也"，从经济状况、军事战略、儒家孝道等三方面进行劝谏。② 乾元二年肃宗的亲征活动也遭到了群臣的反对。③ 而且，安史之乱前的太宗和玄宗都有着足够的能力与勇气来实现亲征，唐太宗驳回褚遂良等人的劝谏，顺利亲征；唐玄宗已经进行了战前准备，只是由于吐蕃已经败逃而停止；安史之乱爆发后，玄宗假意亲征、自身逃窜，肃宗亲征因群臣劝谏而废，代宗也未见亲征的实际行动，从前后期的对比中可以看到，亲征能否顺利施行与唐王朝的综合国力有关，也与皇帝的个人态度紧密联系，后者作用又大于前者，并起着决定性作用。值得一提的是，大臣们每一次劝谏反对的原因总结起来无非就两点：一是天子应该安居于内，只需派遣精兵强将作战即可；二是征伐对象皆是蛮夷小众，不堪一击，假以时日会自取灭亡，不值得天子亲征。但这样的理由实际上并不符合事实，基本每次的亲征对象都很强大，甚至迫近了都城长安，而皇帝和大臣也不可能不知道现实情况，他们这样"天子下诏亲征、大臣上表劝谏"的模式过于连贯，已经形成套路，甚至有一些舞台剧的表演意味，也许皇帝并没有亲征的打算，只是由于形势紧迫，必须做出相应姿态以维持统治、安定人心，大臣也应该深谙其道，及时劝谏来宣扬皇帝的崇高品质，

---

① 《资治通鉴》卷一百九十七太宗贞观十八年二月条，第6320页。
② 《文苑英华》卷六一四《谏銮驾亲征表》《第二表》，中华书局1966年影印本，第3186—3188页。但所记时间有误，应为开元二年。
③ 《资治通鉴》卷第二百二十一肃宗乾元二年十月条，第7202页。

配合皇帝来保持社会稳定。而且这种现象越到后期越明显，皇帝亲征基本上成了统治者面对军事危机所采取的惯用套路，至于亲征能否顺利进行及其结果，则因时因事而异。

二 唐代皇帝的亲征礼仪

与亲征活动如影随形的，便是一系列皇帝亲征礼仪。先秦时期天子出征的时候便"类乎上帝，宜乎社，造乎祢，祃于所征之地。受命于祖，受成于学"①。《通典》在记述先秦天子亲征之礼时总结道："周制，天子将出征，类于上帝，宜于社，造于祢……（类、宜、造，皆祭名。孔颖达云：'天道远，以事类而祭告之也。社主杀戮，故求便宜。社主阴，万物于此断杀，故曰宜。造，至也，谓至父祖之庙也。言祢者，辞时先从卑，不敢留尊者命也。将出者，谓行幸巡狩。'）祃于所征之地。（祃，师祭也，为兵祷也，其礼亡。其神盖蚩尤，或云黄帝，又云：'若至所征之地祭者，则以黄帝、蚩尤之神，故亦皆得云祃神也。若田狩，但祭蚩尤而已'）。"②

南朝萧梁天监初年，梁武帝下诏撰修五礼，以陆琏掌定军礼。陆琏参照古礼，类、造等礼仪都用牺牲、玉币，但梁武帝认为宜礼是为了向太社请求征讨的合理性，造礼是为了向太庙禀告军事谋略，类礼是为了承奉上天的旨意以示征伐，不敢自专。并表示这些礼仪陈列玉币即可，想要削减皇帝亲征礼仪等级规模，陆琏无法应对，但在严植之的坚持下，仍然坚持下来，"告用牲币，反亦如之"③。北齐在其基础上，开始注重皇帝亲征礼仪的程序与细节。《隋书·礼仪志》记载，北齐皇帝在亲征之时，要穿着通天观，"文物充庭"，然后选取特定日期告庙、宜社、类于上帝，并要祈求后土、神州、岳镇、海渎、源川等诸神，又要坎盟、歃血，祭牙旗与所过山川。到达战场后，还

---

① （汉）郑玄注，（唐）孔颖达疏，龚抗云整理，王文锦审定：《礼记正义》卷十二《王制》，北京大学出版社2000年版，第431页。
② 《通典》卷七十六《礼》三十六，第2045页。
③ 《隋书》卷八《礼仪志》，第159页。

要进行祃祭、祷祖①，礼仪程序相当复杂，也能体现出这一时期的亲征礼仪杂糅混乱，尚不成熟。

隋代皇帝亲征时依旧类上帝、宜社、造庙、軷祭，大业七年（611），隋炀帝亲征辽东，就亲自实施了隋代的皇帝亲征礼仪，礼书记载也十分详细。②到了唐代，盛世修礼作乐，皇帝亲征礼的礼仪内容也得到了大幅度的修撰，但相关研究成果却寥寥无几。唐代皇帝亲征礼仪内容远溯《周礼》，上承延续北齐、隋朝军礼，并将其条理清晰地记载于《大唐开元礼》之中，展现了唐代对于皇帝亲征礼仪的认识与规范，现以《大唐开元礼》为中心，将唐代皇帝亲征礼仪的主要内容整理成表格，并分析解释如下。

表2　　　　　　　　唐代皇帝亲征礼仪一览表③

亲征礼内容	礼仪程序	祭祀对象	祭祀地点	祭祀方式	祭品	所用乐舞
类于上帝	篆严、斋戒、陈设、銮驾出宫、奠玉帛、进熟、銮驾还宫	昊天上帝	南郊	燔燎	苍牲二	豫和之乐（圜钟为角，太蔟为徵，姑洗为羽）、太和之乐、肃和之乐（大吕之均）、雍和之乐（黄钟之均）
宜于大社	斋戒、陈设、銮驾出宫、奠玉帛、进熟、銮驾还宫	太社神、后土氏配祭和太稷神、后稷氏配祭	太社	瘗埋，燔祝版	黑牛二	顺和之乐（函钟之均）、太和之乐、肃和之乐（应钟之均）、雍和之乐（无射之均）
告于太庙	斋戒、陈设、銮驾出宫、晨祼、馈食、銮驾还宫、凯旋献俘、解严	献祖、懿祖、太祖、代祖、高祖、太宗、高宗、中宗、睿宗等九庙神主	太庙	燔燎	每室各牲一	永和之乐（黄钟之均）、太和之乐、肃和之乐（圜钟之均）、雍和之乐（无射之均）

---

① 《隋书》卷八《礼仪志》，第159页。
② 《隋书》卷八《礼仪志》，第159—162页。
③ 表格内容见《大唐开元礼》，第392—407页。

续表

亲征礼内容	礼仪程序	祭祀对象	祭祀地点	祭祀方式	祭品	所用乐舞
祃于所征之地	卜日、斋戒、出宫、奠币、祭酒、读祝文、进熟、饮福受胙、还宫	黄帝轩辕氏	所征之地	瘗埋，燔祝版	特牲	无
轪于国门	陈设、奠玉币、荐脯醢、跪奠酒、读祝文、望瘗、酒祭、饮福酒、轹轪而行	行神	国门	瘗埋	羊	无
告所过山川	斋戒、陈设、奠玉币、奠酒、奠祝版、饮福受胙、望瘗礼毕	山川之神	所过山川	瘗埋，燔祝版	山镇海渎用太牢，中山川用少牢，小山川用特牲，若行速即用酒脯	无

表 2 简要列出了《大唐开元礼》中所记录的唐代皇帝亲征礼仪的内容及其环节、祭祀对象、祭祀地点、祭祀方式、祭品和所用乐舞，现对其展开进一步的解释说明。

皇帝亲征类于上帝。类，祭名。任慧峰在研究先秦军礼的时候，对诸种说法进行了总结，认为共有四说，即汉代今古学家和许慎《尚书》认为类祭指以事类祭天；郑玄认为类祭指仿照正礼而祭祀，孙希旦同意郑说；清吴士鉴认为类祭是血祭的一种；杜而未和庞慧认为类祭指以动物祭祀。任慧峰从类祭的仪节和演变入手，考证辨析了以上观点，认为先秦的类祭是在特殊情况下对上帝、祖先或社神进行祈祷以求福佑的祭祀，一般发生在征伐之前。由于汉儒的解释，后世类祭逐渐以天为祭祀对象。① 到了唐代，皇帝亲征类于上帝包括前期的准备工作，如纂严、斋戒、陈设，从皇帝銮驾出宫以后直至奠玉帛、进熟、銮驾还宫等环节为真正的礼仪程序，共七个环节，其中奠玉帛和进熟是核心礼仪环节，需要皇帝及从祭人员严格按照礼仪程序来进行礼仪活动，中间还伴随着乐舞，仪式完成之后，皇帝按照程序返回宫中，礼仪结束。祭祀昊天上帝是唐代最高等级的祭祀礼仪，属于大祀，用苍牲二，采用燔燎的方式进行，需要另行设置燎坛及望燎位，《大唐开元礼》规定燎坛的规模为"方一丈，高一丈二尺，开上，南出户，方四尺"②。

皇帝亲征宜于大社。宜，祭名，大社，即太社。传统学者认为宜为便宜之义，近代学者多从古文字入手，重新考证宜字指本义，任慧峰认为宜字古字同俎，即置肉于俎告祭祖先之义。③ 唐代开元礼中记载宜于大社之礼有斋戒、陈设、銮驾出宫、奠玉帛、进熟、銮驾还宫等六个环节，其实不然，应是在行文时省略了纂严一环，地点在太社，唐代祭社时社稷同祭，祭祀对象为太社神，以后土勾龙氏配祭，太稷神，以后稷弃配祭，采用瘗埋的方式，祭祀结束后燔祝版于斋所。

皇帝亲征告于太庙。告，祭名。先秦时期，天子将出征，"类乎上帝，宜乎社，造乎祢"④，学界关于"造"有三种说法，第一种认为造就是到，孔颖达主之；第二种认为造是祭名，杜子春主之，郑玄从之；第三种认为造即告，祷告之义，王贵民等当代学者主之。任慧峰对此三种说法进行了辨析，认为造字为祰的假借字，而祰字则是告的后起本字，即用牛祭祀祖先以祈福，后世造泛指发生大事时告知祖

---

① 《先秦军礼研究》，第48—56页。
② 《大唐开元礼》，第393页。
③ 任慧峰：《先秦军礼研究》，第39—47页。
④ 杨天宇：《礼记译注》，上海古籍出版社2004年版，第202页。

先。① 唐代皇帝亲征告于太庙，有斋戒、陈设、銮驾出宫、晨祼、馈食、銮驾还宫、凯旋献俘、解严等八个环节，地点在太庙，所告祭的对象为唐玄宗之前的献祖、懿祖、太祖、代祖、高祖、太宗、高宗、中宗、睿宗等九庙神主，采用燔燎的方式，祭祀结束后燔祝版于斋所。

皇帝亲征类于上帝、宜于太社、告于太庙，在程序、乐舞上有很多相似之处，它们祭祀的对象也是唐代祭祀体系中最为重要的内容之一，祭祀规格相对较高，但在具体的祭祀对象、地点、祭品上却各有特色，显示了其祭祀礼仪的制度性和规范性。

皇帝亲征祃于所征之地，由于典籍缺载，后世学者对祃祭说法不一，令人难以信服。任慧峰利用甲骨文、金文资料论述先秦时期的祃祭是为多获而举行的祭祀活动，后分化为两部分，一是战前或狩猎前的祃祭；二是战后或狩猎后举行的献礼。② 唐代皇帝亲征祃祭多指战前，地点为其所征之地，祭祀的对象为黄帝轩辕氏，而且唐人在实际操作中，对祃祭进行了广义上的扩张，李蓉根据《太白阴经》中所记载的祭文总结出唐代大将出征的祃即可分为四种，即祃神、祃牙纛、祃马、祃佛教毗沙门神③，其中第一种是传统意义上的祃祭，是唐代祃祭的主要内容；祃牙纛来源于西周的祭表貉，后发展成为宋代祃祭的主体，《文苑英华》中另保留有陈子昂在武周时期所作的《祃牙文》④；祃马是继承汉代应劭对祃祭的解释，而且唐代史籍中也保留了诸篇《祃马文》⑤，作为其实施的记录；祃佛教毗沙门神则与佛教兴盛有关，在唐代对少数民族征战的时候，佛教毗沙门神对于诸多信佛少数民族来说有极大的震慑力量，可以从精神意义上帮助唐军取得胜利。

皇帝亲征軷于国门。軷祭是古人关于出行的祭祀行为，古人的生

---

① 任慧峰：《先秦军礼研究》，第28—37页。
② 任慧峰：《先秦军礼研究》，第85—86页。
③ 李蓉：《隋唐军事征伐礼仪》，第107—108页。
④ 《文苑英华》卷九百九十五陈子昂《祃牙文》，第5230—5231页。
⑤ （唐）李筌：《太白阴经》卷七《祭文》，中华书局1985年版，第164—165页。

活空间相对封闭狭小，对于外部世界缺乏了解，故而他们为了求得出行的安全，要在出行前进行相应的祭祀仪式。秦汉以来的出土文物充分显示出人们对于出行的认知与思想认识①，唐宋以降仍是如此，余欣利用大量敦煌数术、占卜、具日历文书，用整整一篇的内容呈现出中古时期敦煌地区形形色色逢凶化吉的出行文化，并从宗教和礼俗的角度反映出敦煌的行神崇拜和祭祀仪式。②隋唐之际，軷祭正式成为军礼之一，由亲征的皇帝在国门举行軷祭，保佑军队出行平安，凯旋而归，唐代皇帝亲征軷祭的地点在国门，所祭祀的对象为行神，也是古代吉礼中的"七祀"之一，在唐代祭祀体系中，主要为冬季祭祀行神③，而作为军礼的軷祭需要右校临时在国门"委土为軷"作为祭祀场所，祭祀完毕后，"驱驾辗軷而行"。

皇帝亲征告所过山川。由于山水的神秘性，中国古人长久以来就有一种山水有神的观念，且从先秦一直延续至今。行军打仗之时，难免途经各种山川，为了祈求途中的安全和神灵的保佑，都需要对其进行相应的祭祀活动。而且，一些山神信仰与唐代政权的建立和巩固有着密不可分的联系。④唐代皇帝亲征告祭所过山川，因"天子无拜诸侯之礼"，故由告官代替皇帝进行祭告，依据山川规格及行军状态进行祭祀活动，"岳镇海渎用太牢，中山川用少牢，小山川用特牲，若行速即用酒脯"⑤，也可见唐代军礼中对于山川神灵地位的认识与运用。

皇帝亲征祃于所征之地、軷于国门、告所过山川的礼仪内容相对简略，在《大唐开元礼》中并没有特别明确的礼仪程序，但根据其记载可以看出，它们的礼仪程序也是非常丰富和完整的，都采用了瘗埋

---

① 王子今：《睡虎地秦简〈日书〉所见行归宜忌》，《江汉考古》1994年第2期。
② 余欣：《神道人心：唐宋之际敦煌民生宗教社会史研究》，中华书局2006年版，第255—356页。
③ 《唐六典》尚书礼部卷第四，第121页。
④ 见雷闻《龙角仙都：一个唐代宗教圣地的塑造与转型》，《复旦学报》（社会科学版）2014年第6期。
⑤ 《大唐开元礼》卷八十四，第406页。

的方式，而且由于是皇帝的亲征礼仪，祭祀规格也相对较高。

王博在探讨唐代的军礼时认为唐代军礼具有明显的复合型特质，即不仅有世俗性仪式，还夹杂大量的祭祀性仪式①，以本书所探讨的唐代皇帝亲征礼仪来说，都有祭祀礼仪，分别来自皇帝亲征之际对天、宗庙、社稷、黄帝、行神、山川之神的祭祀，表明了皇帝渴望在亲征时得到各种神秘力量的保佑，以求取战争最终的成功，庞大的祭祀体系也反映了唐代对于皇帝亲征礼的谨慎态度和重视程度。但实际上，以上诸种礼仪内容并没有在现实中得到实践，故而有些礼仪问题仍然只能存留于文本之上，同时，这些祭祀对象也包含于唐朝日常祭祀体系之中，大多是由有司代行祭祀，在礼仪规模、参加人数与重视程度上均与皇帝亲祭有着天壤之别。

尽管《大唐开元礼》用将近四卷内容来记载唐代皇帝的亲征礼仪，但实际上，如上文所述，唐代皇帝亲征仅仅成功施行一次，而且在这一次亲征之中，唐太宗也并未完全施行整套礼仪。贞观十九年（645）正月丁巳，太宗亲自领军从洛阳前往幽州前线，途中下诏追谥比干为太师，号忠烈，并重新修葺了他的坟墓，春秋之时以少牢进行祠祭，并给随近五百户以供洒扫，亲自撰文进行祭祀②，但其目的仅是为了赞扬比干的正直忠勇，不忍见其墓成为废墟而已。癸亥行至邺，太宗又亲自撰文祭祀魏太祖，曰"临危制变，料敌设奇，一将之智有余，万乘之才不足"③，赞扬其出色的军事才能而贬低其统治能力，也可以从中看出太宗此时亲自领兵出战的矜傲之风。三月丁丑，幸定州，经过北岳，太宗又亲自写文祭之④，可以算作太宗实施皇帝亲征告于所过山川的礼仪，但仅仅撰文祭祀，颇为简便随意。虽然在《亲征高丽诏》一文中有"类上帝而戒途，诏夏官而鞠旅"⑤的记载，高明士先生也据此认为唐太宗在幽州举行了类上帝礼，并将隋炀帝亲

---

① 王博：《唐·宋军礼の构造とその变容》，《史学杂志》2012 年第 121 卷 1 号。
② 《旧唐书》卷三《太宗本纪》，第 57 页。
③ 《资治通鉴》卷第一百九十七太宗贞观十九年二月条，第 6330 页。
④ 《册府元龟》卷三三《帝王部·崇祭祀》，第 357 页。
⑤ 《唐大诏令集》卷一百三十《亲征高丽诏》，第 703—704 页。

征与唐太宗亲征进行了比较，认为二人军礼实施的多寡是由于隋炀帝"好礼"而唐太宗"不精学业"①，但实际上史籍中并未见太宗施行类上帝的礼仪，尽管太宗时期的礼仪内容与玄宗开元年间的《大唐开元礼》有些差异，尚未成熟。但在军礼内容方面，《贞观礼》中军礼二十篇，到了《开元礼》中军礼只有十篇，贞观时期的军礼篇目反而多于《开元礼》，只是具体差别无从考证。而且自隋炀帝以来的礼仪典籍均采用五礼体系，一百卷《贞观礼》、一百三十卷《显庆礼》与一百五十卷《开元礼》有着前后继承关系，《开元礼》折中贞观、显庆二礼，兼容南北，其相关内容不至于相差太远，史籍中关于隋炀帝大业八年（612）亲征高丽所实施的亲征礼仪记载得十分详细，而太宗仅存在于只言片语的诏书之中。所以，经过论证以后可以得出结论，即《开元礼》所记载的皇帝亲征相关礼仪，在唐代并没有得到实践，更多的是一种礼仪文本的记载和象征性的表述而已。

第二节　唐代制遣大将出征及其礼仪

唐代虽然偶有皇帝御驾亲征的现象，但在大多数情况下，还是由皇帝派遣大将军带兵出征。在唐前期府兵制的军事管理制度下，"若四方有事，则命将以出，事解辄罢，兵散于府，将归于朝"②，这种临时命令的情况既能有效地应对战争，又能防止武将坐大专权。在唐前期行军队伍中，以府兵或征募的蕃汉兵员为主体，行军统帅则有行军元帅、行军大总管和行军总管等称号。③ 唐代行军元帅一般由亲王专任，文武官员统军则称总管，"凡亲王总戎，曰元帅，文武官总统者，则曰总管"④，但除了唐初武德年间太子李建成、秦王李世民、齐王李元吉领兵四处平叛以外，大多数情况下亲王任元帅多为遥领，实际上仍由朝臣充任副元帅，指挥行军打仗。行军大总管是唐代行军

---

① 高明士：《从军礼论隋唐皇帝亲征》，《隋唐辽宋金元史论丛》2018 年第 8 辑。
② 《新唐书》卷五十《兵志》，中华书局 1975 年标点本，第 1328 页。
③ 孙继民：《唐代行军制度研究》，文津出版社 1995 年版，第 135 页。
④ 《旧唐书》卷四十三《百官志》，第 1835 页。

统帅的主要称号，唐朝设置一道行军，授命行军总管负责该道军政，总管之间互不隶属，由朝廷任命行军大总管进行统领，直至开元九年（721）朔方道行军大总管改为朔方节度使才最终废止，而随着行军变为镇兵，行军总管也只称总管，成为节度使下属的一级军将，"凡诸军镇，每五百人置押官一人，千人置子总官一人，五千人置总管一人"①。

　　唐代兵部的设置主要用于掌管全天下武官的选授与地图、甲仗等事务的政令②，另外唐代虽然延续前朝制度设置了诸卫大将军，并设置折冲府作为军事储备，"始自贞观中，既武遂文，内以十六卫畜养戎臣，（褒公、鄂公之徒，并为诸卫将军）外开折冲果毅府五百七十四以储兵伍"，但大多数大将军的职能为宫廷警卫或礼仪仪仗，虽然待遇优厚，但并无实权，属于优待武臣的一种闲职，"当其居内也，官为将军，绶有朱紫，章有金银，千百骑趋奉朝庙，第观车马，歌儿舞女，念功赏劳，出于曲赐"③。故而每当发生战争，皇帝要另行下达制书派遣将军领兵出征，征发的制书为王言七制之一，"凡王言之制有七：一曰册书，二曰制书，三曰慰劳制书，四曰发敕，五曰敕旨，六曰论事敕书，七曰敕牒，皆宣署申覆而施行之"④。唐代前期的行军副元帅、行军大总管、行军总管也经常由兵部尚书、诸卫大将军等充任，如李靖、李勣、侯君集、郭元振等以兵部尚书充任行军大总管、行军总管；右卫大将军李大亮、右骁卫大将军契苾何力、左武卫大将军苏定方、右威卫大将军薛仁贵、左金吾卫大将军丘神勣等曾充任行军道大总管、总管。但随着唐代中枢体制及其军事体制的变化，兵部尚书、诸卫大将军等逐渐沦为虚职或荣誉性加官，没有实权，主要由方镇节度使领兵出战，行军体制也由节度使替代，最终因节度使权力过大，缺乏制衡，酿成安史之乱。安史之乱以后，原本设

---

　　① 《旧唐书》卷四十三《百官志》，第1835页。
　　② 《旧唐书》卷四十三《百官志》，第1832页。
　　③ （唐）杜牧撰，陈允吉校点：《樊川文集》卷五《原十六卫》，上海古籍出版社2007年版，第89页。
　　④ 《旧唐书》卷四十三《百官志》，第1849页。

置于唐朝四方边境的节度使也广布内地,掌握一方军政大权,"据要险,专方面,既有其土地,又有其人民,又有其甲兵,又有其财赋,以布列天下"①,从而对唐代后期的政治、经济等社会的各个方面都产生了深远的影响。

命将出征之礼在北齐、北周并列之际得到了快速发展,据《隋书·礼仪志》记载,北齐命将出征,天子亲至太庙将鼓旗、斧钺授予将军,并授予其制裁阃外的一切权力;而北周时期的命将出征之礼则相对有所降低,在大将出征的时候,仅派遣太祝用羊告祭所过山川而已。但在北周明帝武成元年(559)的实际实施过程中,又增加了皇帝派遣大司马到太庙授予将军斧钺之礼,但仍是派遣官员进行负责,皇帝不亲事。隋代大将出征,以豭肫衅鼓,告社庙,并授斧钺,将领不得反宿于家。②唐代前期的大将出征制度基本沿袭隋朝,但增加了告齐太公庙的环节,"凡大将出征,皆告庙授钺,辞齐太公庙讫,不宿于家"③。具体的礼仪细节在《大唐开元礼》中有所保留,分别为制遣大将出征有司宜于太社、告于太庙、告于齐太公庙,其中宜社、告庙之礼与皇帝亲征之宜社、告庙礼仪相比,除了在礼仪规模与程序上有所简略之外,基本相同,而告齐太公庙之礼,则为大将出征所独有。但在《大唐开元礼》中,并没有《旧唐书》所载大将出征授斧钺的环节,究竟是礼官的刻意删减还是史官的一味承袭,尚未可知。④为便于后文,现将其摘录如下:

> 制遣大将出征有司告于齐太公庙
> 　　将告,有司卜日如别仪。前一日,诸告官致斋于庙所。卫尉设告官以下次各于常所,右校扫除内外,奉礼设告官位于内外,并如常仪。设诸将位于庙庭横阶南道东,北面,西上。又设诸将门外位

---

① 《新唐书》卷五十《兵志》,第1328页。
② 《隋书》卷八《礼仪志》,第163页。
③ 《旧唐书》卷四十三《百官志》,第1835页。
④ 王博认为这种现象是礼官们刻意省略删除,目的是确保皇帝在军权的至高性和唯一性,见王博《唐代的国家典礼与军事征伐》,《隋唐辽宋金元史论丛》2019年第00期。

于南门之外道东，西面，北上。太庙令整拂神坐，又帅其属以尊坫罍洗篚幂入设，皆如常仪。执尊罍篚幂者各位于尊罍篚幂之后。

告日未明十刻，太官令预具酒脯醢如常。未明三刻，诸告官以下各服其服，太庙令、良酝令之属入实尊罍及币。（牺尊二，一实以玄酒，一实以醴齐）未明二刻，奉礼帅赞者先入就位。赞引引太庙令、太祝等入当阶前，北面，西上。立定，奉礼曰："再拜。"庙令以下皆再拜。升自东阶入就位。立定，奉礼曰："再拜。"告官以下皆再拜。太官令出，帅进馔者奉馔陈于东门外。谒者引诸将以下入就位。立定，奉礼曰："再拜。"诸将以下皆再拜。谒者进告官之左，白："有司谨具，请行事。"还本位。诸祝俱取币于篚，各立于尊所。谒者引告官升自东阶，诣太公神座前北向立。太祝以币东向授告官，告官受币，进，北面跪奠于太公座前，俛伏，兴，少退，北向再拜讫，谒者引告官当留侯座前，东向立。又太祝以币北向授告官，告官受币，谒者引告官东面跪奠于留侯座，兴，少退，东向再拜讫。谒者引告官诣罍洗盥手洗爵讫，谒者引告官升自东阶，诣太公酒尊所，执尊者举幂，告官酌醴齐，谒者引告官入，诣太公神位前，北面跪，奠爵，俛伏，兴，少退，北向立。太祝持版进于太公神座之右，东面跪，读祝文（祝文临时撰）讫，兴。告官再拜，太祝进跪奠版于神座，俛伏，兴，还尊所。告官拜讫，谒者引告官诣留侯酒尊所，取爵于坫，执尊者举幂，告官酌醴齐讫，谒者引告官进留侯神座前，东面跪，奠爵，兴，少退，东向立。太祝持版进于留侯神座之左，北面跪，读祝文讫，兴。告官再拜，太祝跪奠版于留侯神座，兴，还尊所。奉礼曰："再拜。"告官以下皆再拜，谒者进告官之左，白："请就望瘗位。"太祝跪取币，兴，诣瘗坎，以币置于坎讫。奉礼曰："可瘗坎。"东西厢各二人填土，半坎，谒者进告官之左，白："礼毕。"奉礼帅赞者、告官皆复位，立定。奉礼曰："再拜。"告官以下皆再拜，讫，以次出，其祝版燔于斋坊。①

---

① 《大唐开元礼》卷八十八，第419页。

齐太公庙，即祭祀周代开国元勋姜子牙之庙。唐玄宗开元十九年（731），诏令两京置太公尚父庙一所，令各一人，从七品下。丞各一人，从八品上。令与丞共同负责尚父庙的开合、洒扫及春秋仲释奠之礼①。齐太公庙，以汉留侯张良配飨，每年春秋仲月上戊日进行祭祀。诸州宾贡上京的武举人，要按照明经、进士的标准在太公庙行乡饮酒礼，每次出师命将，在大军出发之前，要前去齐太公庙辞行。此外，还要选取自古名将，按照孔庙的标准进行配享，"功成业著，宏济生民，准十哲例配享"②。天宝六载（747），又诏令诸州武举人上省，要先谒太公庙，拜将帅也要告太公庙。肃宗上元元年（760），尊齐太公为武成王，恢复了安史之乱以前的配享标准，祭祀礼仪一同文宣王，"择古今名将，准文宣王置亚圣及十哲等，享祭之典，一同文宣王"③。唐德宗时曾拣选名将充任十哲，其中唐李靖、李勣位列十哲，又有七十二弟子，唐代李孝恭、尉迟敬德、苏定方、裴行俭、王孝杰、张仁愿、王晙、郭元振、李光弼、郭子仪也位列其中。④ 唐代齐太公庙的设置，在各方面均与孔子庙相符合，并通过行政命令的方式抬高齐太公庙的祭祀规格与地位，表明了统治者重视武备、文武并用的为政思想。

随着齐太公庙的建立，唐代制遣大将出征之礼才得以完备，并作为军礼内容之一记载于《开元礼》之中。其告庙之礼，与其他祭礼基本相同，有斋戒、陈设、奠玉帛等礼仪环节，主要的区别在于奠祭的对象为齐太公及其留侯张良，祭奠时宣读的祝文由官员临时撰写，最后瘗埳玉币，燔燎祝版。这一礼仪在唐代的具体实践如何，因为史料缺乏记载，故而难以进行相互比较研究，但由于此礼完成于开元二十年的《开元礼》，当时节度使制度已经全面建立，唐朝命将出征的情况相对较少，军事征伐活动也主要由中央政府直接命令节度使去施行，所以该礼实施的时间范围及可能性是微乎其微的。

---

① 《旧唐书》卷四十四《职官志》，第1877页。
② 《唐会要》卷二十三《武成王庙》，第507页。
③ 《唐会要》卷二十三《武成王庙》，第507—508页。
④ 《唐会要》卷二十三《武成王庙》，第508—509页。

唐代祭祀齐太公庙之礼为中祀，与孔宣父的祭祀等级相同，其庙址位于皇城含光门内行道西太平坊，建筑形制与文宣王庙同。① 齐太公庙的建立，并在同等规格等级下与孔宣父庙一起纳入《开元礼》，表明了唐朝统治者文武并重的治国策略，并在之后将二者尊为文宣王、武成王，也是进一步表明了统治者文武并举的决心，但实际上这种举措收效甚微。而且安史之乱以后，藩镇林立，部分节度使与地方武将嚣张跋扈，屡屡挑战唐朝统治权威，尤其是德宗朝发生的"四王二帝之乱"，直接践踏了唐德宗的雄心与威严。唐德宗贞元年间不少文臣对武成王庙的配享、用乐与祭祀规格频频发难，武将虽然也有反对声音，但势力微弱，于赓哲师认为这是唐德宗在经历"四王二帝之乱"以后，朝廷大臣对于武将产生了强烈的不信任感，并在此争论的基础上逐渐加速了唐代的文武分途。② 虽然唐德宗最后仍旧表示要文武并重，"帝德广运，乃武乃文，文化武功，皇王之二柄，祀礼教敬，国章孔明"③，但他对武将的怀疑与猜忌始终深藏于心，并影响着后世的统治策略与社会风气。唐哀宗天祐二年（905），在被迫迁往洛阳以后，中书门下仍奏请建立武成王庙："迁都以来，武成王庙犹未置立，今仍请改为武成王，选地建造，其制度配享，皆准故事。"④ 哀宗虽然同意了这一请求，但不久之后，唐朝就被朱温所篡，宣告灭亡。

第三节　唐代军人武将社会地位的变迁

唐朝初年，政局尚未稳定，高祖李渊分关中诸府置十二军，每军将一人，副将一人，取威名素重者担任统军将领，监督各军耕战的准备情况。于是士马强劲，无敌于天下⑤。唐朝前期沿袭北周、隋府兵

---

① 《大唐郊祀录》卷十，第801、805页。
② 于赓哲：《由武成王庙制变迁看唐代文武分途》，《魏晋南北朝隋唐史资料》2002年第19辑。
③ 《旧唐书》卷一百三十七《李纾传》，第3764页。
④ 《唐会要》卷二十三《武成王庙》，第511—512页。
⑤ 《通典》卷二十八《职官》，第776页。

旧制，并且有所改革，使折冲府遍布关内，内重外轻，以固国本。凡是征发府兵，都要颁发符契，验证通过以后才能发兵，"皆下符契，州刺史与折冲勘契乃发"，需要马匹的时候，官方出钱在市场上进行购买，每匹马出资二万五千钱，对于不能用于征战的老马，官员可以在市场上进行售卖，用卖马的钱继续购买新的马匹，钱不够的话就整个兵府共同筹集，"刺史、折冲、果毅岁阅不任战事者鬻之，以其钱更市，不足则一府共足之"①。这种兵制下朝廷军费开支较少，府兵的负担也相对较轻，秦蕙田在议论历代之兵制时即认为"三代以下之兵制，未有如府兵之善者也"②。同时，朝廷也非常重视武备，并奖励军功，根据其等级授予勋官，地位尊崇、勋贵之家也往往是皇室通婚联姻的首选，"王妃、主婿皆取当世勋贵名臣家，未尝尚山东旧族"③。而且唐朝政府厚待在战争中死去的人员，"贞观、永徽年中，东西征役，身死王事者，并蒙敕使吊祭，追赠官职，亦有回亡者官爵与其子弟"④。并优先选拔重用将门子弟，"当今朝廷用人，类取将门子弟，亦有死事之家而蒙抽擢者"⑤。正因如此，应募入军的人非常积极，数量也极多，"人人投募，争欲征行"，甚至有人为了能够参军，自备物资，不用朝廷供给，"不用官物，请自办衣粮，投名义征"⑥。也有文学之士因朝廷重视武臣而满腹牢骚，杨炯就曾写诗道："宁为百夫长，胜作一书生"⑦，这正是唐前期武将地位尊贵的生动体现，岑参、高适等创作的以边塞军旅为主题的诗歌也在这一时期广为流传。在府兵制之下，虽然武将也受到了一定的制约，但朝廷仍然重视并优待武将，通过这种方式，既符合朝廷需要武将带兵征伐的现实情况，又满足了武将个人的地位、荣誉方面的需求，同时也避免了武

---

① 《新唐书》卷五十《兵志》，第1326页。
② （清）秦蕙田：《五礼通考》卷二百三十六《军制》，文渊阁四库全书第141册，第448页上。
③ 《新唐书》卷九十五《高士廉传》，第3842页。
④ 《旧唐书》卷八十四《刘仁轨传》，第2793页。
⑤ 《旧唐书》卷九十二《魏元忠传》，第2948页。
⑥ 《旧唐书》卷八十四《刘仁轨传》，第2793页。
⑦ 《全唐诗》卷五十《从军行》，第611页。

将势力过度庞大，威胁皇权，所以维持了唐前期一百多年的武功盛世与君臣秩序，"自贞观至于开元末，百五十年间，戎臣兵伍未始逆篡，此圣人所能柄统轻重，制障表里，圣算圣术也"①。

由于长久的和平盛世以及社会经济的稳定发展，折冲府的将士们无用武之地，没有军功，长期得不到迁转，社会地位因此日益下降，"诸府士益多不补，折冲将又积岁不得迁，士人皆耻为之"②，侍卫之官也逐渐沦为骂名，"京师人耻之，至相骂辱必曰侍官"③。而勋官的授予也越来越多，"授勋者动盈万计"，变得越来越低贱，为时议所轻，"每年纳课，亦分番于兵部及本郡当上省司。又分支诸曹，身应役使，有类僮仆。据令乃与公卿齐班，论实在于胥吏之下。盖以其猥多，又出自兵卒，所以然也"④，再加上戍边的士卒被将领长期虐待，"其戍边者，又多为边将苦使，利其死而没其财。由是应为府兵者皆逃匿，至是无兵可交"，府兵逃散现象严重，府兵制度也逐渐瓦解。代之而起的是节度使与地方军事实力派，虽然在军事方面的作用仍然不可或缺，但已经与日益成熟壮大的文官集团相差甚远。

而且唐初承关陇集团之余绪，大多数显赫的文臣武将都是勋贵之后，所以他们文武兼备，能够出将入相，如唐太宗时的李勣、李靖、侯君集；高宗时期的刘仁轨、娄师德；玄宗时期的郭元振、薛讷、杜暹、牛仙客等都是以军功或者边帅节度使的身份出任宰相，有学者经过研究统计得出，唐玄宗朝先后任宰相者共32人，出将入相的有11人，占比高达32%⑤，这是唐朝初期优待武臣的表现，也是唐初尚武之风的反映，"戡乱以武，守成以文，文武之用，各随其时"⑥。正因如此，唐朝前期才构建了文治武功全面发展的开天盛世。但随着社会政治经济和科举制度的进一步发展，文臣能吏的治国作用凸显，武将

---

① 《樊川文集》卷五《原十六卫》，第90页。
② 《新唐书》卷五十《兵志》，第1327页。
③ 《新唐书》卷五十《兵志》，第1327页。
④ 《旧唐书》卷四十二《职官志》，第1808页。
⑤ 冯金忠、郝黎：《论唐代的"出将入相"》，《河北学刊》2001年第1期。
⑥ 《资治通鉴》卷一百九十二太宗贞观元年正月条，第6143—6144页。

则被排挤出政治中枢,逐渐边缘化,突出的标志就是玄宗朝的李林甫任用寒族、蕃人为将帅,堵塞出将入相之源①,在排挤政敌的同时进一步加深了文武分途,也使得武臣的地位再次下降。

天宝末年,唐玄宗认为国家正逢太平盛世,无兵马战争之虞,于是重文抑武,大修文教,"销锋镝,以弱天下豪杰",武官身份进一步下降,武备松弛,"于是挟军器者有辟,蓄图谶者有诛,习弓矢者有罪。不肖子弟为武官者,父兄摈之不齿"②。之后就爆发了安史之乱,叛军以摧枯拉朽之势席卷洛阳、长安,打破了唐朝的盛世局面,虽然平叛过程中不得不依赖军中将帅,武臣的身份地位略有提高,但中晚唐时期的皇帝们仍旧不信任武官,造成不得不用却又处处提防掣肘的矛盾局面。安史之乱以后,唐朝皇帝普遍猜忌武将,对于有功之臣也是表面尊敬,暗地里仍处处掣肘,并不重用。即使是中兴大唐社稷的功臣郭子仪,在肃代之际,百官都认为"子仪有社稷大功,今残孽未除,不宜置之散地"③,仍然受到宦官鱼朝恩、程元振的百般离间,皇帝也选择相信宦官而留郭子仪于京师,不让其统领军队。唐德宗即位之初,信任文武大臣,排斥宦官,面对日益跋扈的地方藩镇,虽然取得了一些战争的胜利,但由于朝廷在关键问题上处置失当,引发了一系列军事叛乱,德宗也被迫离开长安,前往奉天。虽然之后再度收复长安,但经历此次叛乱的德宗,已经难以相信文臣武将,开始重用佞臣、宦官。贞元九年(793),陆贽上奏议论朝廷备边的六条错误,其中就包括为了限制武将而分兵遥制,"措置乖方,课责亏度,财匮于兵众,力分于将多,怨生于不均,机失于遥制",并且提醒德宗要擅于挑选将帅,并且信任重用他们,不能处处提防,"凡欲选任将帅,必先考察行能,然后指以所授之方,语以所委之事,令其自揣可否,自陈规模。须某色甲兵,藉某人参佐,要若干士马,用若干资粮,某处置军,某时成绩,始终要领,悉俾经纶,于是观其计谋,校其声

---

① 《旧唐书》卷一百六《李林甫传》,第3240页。
② 《唐会要》卷七十二《军杂录》,第1539页。
③ 《旧唐书》卷一百二十《郭子仪传》,第3453—3455页。

实。若谓材无足取,言不可行,则当退之于初,不宜贻虑于其后也。若谓志气足任,方略可施,则当要之于终,不宜掣肘于其间也"。此番议论虽然得到了德宗的赞赏,却"不能尽从"①,而德宗对于文武大臣的猜忌也留名史册,"虽知非竟逐于杨炎,而受佞不忘于卢杞。用延赏之私怨,夺李晟之兵符;取延龄之奸谋。罢陆贽之相位,知人则哲,其若是乎!"②。

唐代宗大历二年(767)发布敕书,禁止皇室宗亲与军将通婚、交流,"皇五等以上亲,不许与军将婚姻。驸马、郡主婿,不许与军将交游"③,这一禁令已经与唐前期的社会现象截然相反。据唐代驸马研究成果显示,唐代前期驸马多出自功臣及功臣之后,而且享有极大的政治和军事权力,中后期则以外戚、藩镇和文学之士为主④,这是唐代皇帝主动干预的结果,正是因为唐前期的驸马权力太大,经常参与到政变当中,所以自唐睿宗开始就削弱了驸马的兵权,并且只授予其闲散的员外官,不任职事,继之而起的历代皇帝也都沿袭这一策略。从与公主通婚的驸马身份及其职务变化,也可以看出武臣在唐代皇帝心目中的地位变迁。

而且,在唐代官员心目中,职事官职有清浊之分,武官中只有左右卫左右千牛卫中郎将、太子左右率府左右内率府率及副、太子左右卫率府中郎将、左右卫郎将、左右卫率府郎将等诸卫郎将⑤为清官,还有所谓八俊,即"宦途之士,自进士而历清贵,有八俊者:一曰进士出身制策不入;二曰校书、正字不入;三曰畿尉不入;四曰监察御史,殿中丞不入;五曰拾遗、补阙不入;六曰员外郎、郎中不入;七曰中书舍人、给事中不入;八曰中书侍郎、中书令不入"⑥,武官更是难以入列。在科举制度发展的同时,唐朝还开创了武举,但其实际

---

① 《资治通鉴》卷二百三十四德宗贞元九年五月条,第7665—7668页。
② 《旧唐书》卷十三《德宗本纪》,第401页。
③ 《唐会要》卷七十二《军杂录》,第1540页。
④ 赵明旸:《唐代驸马若干问题研究》,硕士学位论文,陕西师范大学,2017年。
⑤ 《旧唐书》卷四十二《职官志》,第1804页。
⑥ 《封氏闻见记》卷三《制科》,第18—19页。

作用也相当有限，以武举知名者仅有郭子仪一人。安史之乱以后，朝廷取官更是以文辞为重，"非以辞赋登科者，莫得进用"①，社会上也有"挽得两石力弓，不如识一丁字"②的感慨。藩镇节帅虽然掌握了地方上的军政大权，拥有实权，但没有官职品级，为了弥补这一方面的缺陷，加强藩镇与中央政府的联系，唐朝开始给予藩镇及其幕府武官一些文职事官及文散官作为官衔，"自兵兴以来，方镇重任必兼台省长官，以至外府僚佐，亦带台省衔"③，通过这种方式奖励军功、拉拢人心，并且也满足了地方军将在官品和荣誉方面的需求。之所以授予文职事官与文散官，学者认为唐代的文散官更为清贵，社会认可度更高，更加符合节度使府及其僚佐的实际需求，而且，唐中晚期的这种广泛授予幕府武将文职事官、文散官的行为，对于维护地方的稳定和国家的统一都有积极意义。④ 但这种授予只是顺应时代的发展和社会的实际需要而做出的权宜之计，实属无奈，只能从侧面说明了当时唐代社会仍以清要官职为尊，文官的地位依旧优于武臣。

唐朝武将地位的升降变化，与唐朝社会风气的转变互为因果，更是中古官僚制度文武分途的具体体现，文官最终因其更加符合治理国家的需要，得到了皇权的认可与支持，在竞争中取得了优势地位，而重文轻武的这种观念也随之延续，严重地影响了后世历史的发展轨迹。《大唐开元礼》中记载的皇帝亲征礼仪与大将出征礼仪，反映了唐前期的统治者对于武将与军事活动的重视，但随着时代的变迁，这种重视态度逐渐消失，而被其他更加复杂的社会心理所代替。

小 结

唐代的皇帝亲征礼仪，上承先秦礼仪制度中的天子亲征之礼，经

---

① 《旧唐书》卷一百一十九《崔祐甫传》，第3440页。
② 《旧唐书》卷一百二十九《张延赏附张弘靖传》，第3611页。
③ 《旧唐书》卷十二《德宗本纪》，第324页。
④ 王政达、赵庆伟：《唐代幕府武将挂文职事官、文散官官衔现象研究》，《南都学坛》2015年第2期。

历南北朝的补充完善，到唐代基本定型；而大将领兵出征的礼仪则直接来自于北周、北齐与隋。唐代皇帝亲征与制遣大将出征之礼，反映了唐朝对于军事征伐活动的重视以及武将的尊重，军将的社会地位得到了极大的提高，促进了他们杀敌立功的积极性，这也是唐代前期尚武之风浓厚①、文治武功昌盛的主要原因之一。虽然皇帝亲征活动很少，但皇帝能够知人善任，派遣武将出征作战，实际上更有利于战争的最终胜利，无论《大唐开元礼》中皇帝亲征礼仪与大将出征礼仪的实际实施情况如何，它依旧是唐前期强盛的军事帝国的真实写照。安史之乱以后，面对内部叛乱与外蕃威胁，皇帝亲征基本停留于表面，命将出征也微乎其微，只能依靠相对听命于中央的节度使进行制衡，这些礼仪也就只能停留于文本之上，而与之相应的是，唐代中晚期的统治者开始集中权力，姑息跋扈藩镇，并猜忌武将，削弱他们的领兵之权，武将的社会地位遭遇了严重的下降，在战争的进行过程中也处处受限，经常贻误战机，导致战争失败。宋初修撰的《太常因革礼》仅见皇帝亲征之礼，这是因为宋初确实存在皇帝亲征的现象，而北宋末年编修的《政和五礼新仪》则只记载命将出征礼仪，说明北宋时期的皇帝亲征主要发生在前期，景德元年（1004）宋真宗的亲征为北宋皇帝最后一次亲征。同时，学者研究认为在宋代统治者"守内虚外"、推崇文治的治国理念和避战求和的态度影响下，其亲征礼仪根本不受重视，礼仪内容与程序细节更是无法与《开元礼》相提并论。②

---

① 任士英：《唐代尚武之风与追求功名观念的变迁》，载郑学檬、冷敏述《唐文化研究论文集》，上海人民出版社1994年版，第288—293页。

② 洪博：《宋代亲征及相关礼仪研究》，硕士学位论文，西北大学，2015年。

第二章

唐代的宣露布与劳军将之礼

根据《大唐开元礼》的记载，在军队出征与凯旋之际，唐代中央会举行宣露布、劳军将等军事礼仪，以宣扬战争的胜利，慰劳出征的将士。与此同时，宣露布、劳军将还往往与献俘、饮至等礼仪活动共同组成大型的庆祝欢乐活动，表达战争胜利的喜悦之情。露布本身就是一种应用文体，其中包含了很多军事活动细节，而且宣露布之礼到了唐代才发展成熟，并载于礼典之中，而劳军将之礼则仅限于唐代，反映了二种礼节的相似性与特殊内涵。

第一节 唐代露布的内容、撰作、行用与性质

露布，又称"露版"，是一种不封检、宣布四方的应用文体，起源于汉。汉代的露布主要应用于政治领域，用于官员上书或皇帝处理奏章、下达命令，主要体现了露布快速、公开的特性。到了魏晋南北朝时期，露布的职能应用范围逐渐由政治层面走向军事领域[①]。《文心雕龙》记载："张仪檄楚，书以尺二，明白之文，或称露布，播诸视听也。"[②] 此时的露布还是以檄文的散播为主，到了北魏，每次战

[①] 李平、卢向前：《略论露布的职能演进——以魏晋南北朝为中心》，《南京理工大学学报》（社会科学版）2006年第3期。

[②] （梁）刘勰著，郭晋稀注译：《文心雕龙》卷二十《檄移》，岳麓书社2004年版，第189页。

争胜利，都要撰写露布，以使天下知闻。① 此时的露布又作为檄文、捷书等文体，广泛应用于军事领域，隋唐沿袭行用。

在唐代的官方史书中，露布被定位成一种以下通上的文书形式，《唐会要》记载："露布，谓诸军破贼，申尚书兵部而闻奏焉。"② 每次露布宣示之后，由兵部录报，大军归来之后，还要详细记录攻陷城堡、杀伤人吏、掳掠畜产的数量，与露布一起呈送史馆③，用以记录国史。而且，露布的审阅工作由侍中本人完成④，可见唐朝对于这一官方文书的重视。由于唐前后期的中央体制发生了极大的变化，露布这一公文的撰写及行政运作也自然有所不同，吕博根据对比宋代《玉海》所载的"露布式"及唐代李筌所撰的《神机制敌太白阴经》"露布篇"，发现二者差异很大，呈现出了不同的公文形态，反映出了唐代前后期截然不同的行政运作过程。⑤

唐代的露布沿袭前朝，主要应用于军事领域。在唐朝史籍中，记载了一些战争胜利后地方向中央呈送露布的情况，并保留了一些露布原文，现将其整理如下，以便后文展开研究。

表3　　　　　　　　　　唐代史籍所见露布简表

露布名称	撰作时间	作者	文献来源
兵部奏姚州破逆贼诺没弄杨虔柳露布	咸亨三年（672）	骆宾王	《骆宾王集》卷10
兵部奏姚州破贼设蒙俭等露布	咸亨三年（672）	骆宾王	《骆宾王集》卷10
为河内郡王武懿宗平冀州贼契丹等露布	神功元年（697）	张说	《张燕公集》卷17
为幽州长史薛楚玉破契丹露布	开元二十一年（733）	樊衡	《文苑英华》卷647

---

① 《隋书》卷八《礼仪志》，第170页。
② 《唐会要》卷五十四《省号》，第1086页。
③ 《唐会要》卷六十三《史馆》，第1285—1286页。
④ 《唐六典》门下省卷第八，第242页。
⑤ 吕博：《唐代露布的两期形态及其行政、礼仪运作——以〈太白阴经·露布篇〉为中心》，《魏晋南北朝隋唐史资料》2012年第28辑。

续表

露布名称	撰作时间	作者	文献来源
河西破蕃贼露布	天宝元年（742）	樊衡	《文苑英华》卷648
剑南节度破西山贼露布	天宝十二载（753）	杨谭	《文苑英华》卷648
兵部奏桂州破西原贼露布	乾元二年（759）	杨谭	《文苑英华》卷648
西平王李晟收西京露布	兴元元年（784）	于公异	《文苑英华》卷648
破吐蕃露布	贞元十八年（802）	韦皋	《全唐文》卷453
收复京城奏捷露布	中和三年（883）	杨复光	《旧唐书》卷19《僖宗本纪》

当然，上表仅仅统计了露布保存下来的几次军事活动，唐代史籍中还有很多战争胜利之后传达露布的情况，但露布本身内容不得而知，故而暂且不论。唐代的露布中保留了大量的战争细节，可以补充正史史料记载的不足，但露布也存在时间不明、前后模糊等缺陷，所以，仍需要将露布所记载的内容与正史相互印证，以便清晰、完整地了解唐代的军事活动以及露布本身。

骆宾王所写的《兵部奏姚州破逆贼诺没弄杨虔柳露布》中，可知此次战争的地点是在姚州，姚州属于剑南道治下的羁縻州，"武德四年，安抚大使李英，以此州内人多姓姚，故置姚州，管州三十二。麟德元年，移姚州治于弄栋川。自是朝贡不绝"①。但关于时间的记载并不明确，仅有"去月二十一日""二十三日"等月日的记载，并无年份。所涉人物有"左三军子总管宁远将军前守右骁骑万安府长史折冲都尉上柱国刘惠基""检校果毅骁骑尉井陉县开国男刘玄暕""右三军子总管明威将军行右武卫翊府中郎将上柱国高奴弗""左武卫天水府折冲都尉张仁操""左一军子总管前右金吾卫翊府左郎将上柱国孙仁感""卫尉府右果毅都尉王文雅""副总管兼安抚副使定远将军前左骁骑翊府中郎将令狐智通""右武卫良将壮府左果毅都尉韩惠

---

① 《旧唐书》卷四十一《地理志》，第1697页。

德""安抚副使朝议大夫使持节守银州刺史上柱国宜春县开国男李大志""左武卫静初府右果毅都尉上柱国陈弘义""行军司马朝散大夫守巂州都督府长史上柱国梁待辟""守右金吾卫宜昌府果毅都尉阎文成""前守右威卫龙西府果毅都尉康留买""守左卫清宫府左果毅许怀秀""逆贼蒙俭、和舍""贼首领杨虔柳、诺没弄、诺览斯"等十数人,其中仅刘惠基、令狐智通见于正史。《旧唐书·张柬之传》中,张柬之在上表讨论唐朝每年募兵前往姚州镇守的弊端时提到:"前朝遣郎将赵武贵讨击,贵及蜀兵应时破败,噍类无遗。又使将军李义总等往征,郎将刘惠基在阵战死,其州乃废。"① 由于张柬之上表是在武周朝。表中称"前朝",可知刘惠基战死是在高宗朝。《资治通鉴》有令狐智通仪凤元年(676)带兵抵御吐蕃、永隆元年(680)押送废太子李贤去长安、弘道元年(683)奉命镇守荆州的记载,都发生在高宗朝,但并未涉及此次战事。在《旧唐书·高宗本纪》中记有"咸亨三年(672)春正月辛丑,发梁、益等一十八州兵,募五千三百人,遣右卫副率梁积寿往姚州击叛蛮"②。《新唐书·南蛮传》也有记载:"姚州境有永昌蛮,居古永昌郡地。咸亨五年叛,高宗以太子右卫副率梁积寿为姚州道行军总管讨平之。"③《资治通鉴》记此事在咸亨三年,可知《新唐书》咸亨五年当为咸亨三年之误。关于这次战争,史书中语焉不详,只记载了时间、结果,此篇露布则透露出了更多详细内容。露布首先指明姚州蛮接受了唐朝政府的羁縻管理,"反踵穿胸之域,袭冠带以来王;奇肱儋耳之猷,奉正朔而请吏",之后却贪婪失礼,发生叛乱,故而唐朝发兵前去平叛,"逆贼蒙俭和舍等,浮竹遗胤,沈木余苗。邑殊礼义之乡,人习贪残之性。日者皇明广烛,帝道遐融,颇亦削左衽而被朝衣,解椎髻而昇华冕。而豺狼有性,枭獍难驯,遂敢乱我天常,变九隆而背诞;负其地险,携七部以稽诛。骚乱边疆,敓攘州郡。是用三门授律,长驱无战之师;五月渡

---

① 《旧唐书》卷九十一《张柬之传》,第2941页。
② 《旧唐书》卷五《高宗本纪》,第96页。
③ 《新唐书》卷二百二十二《南蛮传下》,第6324页。

泸，深入不毛之地"。其次叙述了此次战争的经过，前后持续三天时间，多路出兵，最终取得胜利，"战逾百里，时历三朝，前后生擒四千余人，斩首五千余级。诺没弄、杨虔柳等，殒元行阵，悬首旌门；蒙俭、和舍等委众奔驰，脱身挺险"①。

另一篇露布《兵部奏姚州破贼设蒙俭等露布》紧接上一篇，虽然唐朝的平叛战争取得了胜利，但叛蛮首领蒙俭、和舍等率领残部逃脱，仍然贼心不死，所以战争尚未结束。露布中称："三年疲众，徒闻定笮之讥；五月出师，未息渡泸之役""逆贼设蒙俭等未革狼心，仍怀豕突，陆梁方命，旅拒偷生"。经过一番调兵遣将，再次与叛蛮余部作战，最终大获全胜，除蒙俭逃脱外，其余首领无计可施，只能投降求饶，"斩甲卒七千余级，获装马五千余匹。僵尸蔽野，临赤坂而非遥；流血洒途，视丹徼以何远？首领和舍等，并计穷力屈，面缚军门，宽其万死之主诛，宏以再生之路"。蒙俭本人虽然逃脱，但部落离心，已经不成威胁，所以"瞻言枭首，指日可期"②。此时骆宾王本人正在姚州道大总管李义总幕下，军政文檄多出其手，这两篇露布就是他为李义总平叛战争胜利之后向朝廷撰写的捷书。而姚州地方南蛮的叛乱，自高宗时就已经开始，时降时叛，以咸亨三年这次叛乱影响最大，直至武周朝仍然没有平息，前引张柬之的上表就是为了解决姚州地区的叛乱，但武则天并没有接纳他的建议，直至武则天长寿年间（692—694），"大首领董期率部落二万内属"③，姚州地区又重新恢复平静。

张说的《为河内郡王武懿宗平冀州贼契丹等露布》，写于神功元年（697），主要叙述的是武周与契丹的战争。契丹别部首领孙万荣自显庆年间一直与唐朝交好，朝廷也屡授其官职，垂拱初年多次授官赐爵，至右玉钤卫将军、归诚州刺史，封永乐县公。但在万岁通天元

---

① 《文苑英华》卷六四七《兵部奏姚州破逆贼诺没弄杨虔柳露布》，第3326—3327页；《骆宾王集》，浙江古籍出版社2015年版，第488—508页。
② 《文苑英华》卷六四七《兵部奏姚州破贼设蒙俭等露布》，第3327—3328页；《骆宾王集》，第508—526页。
③ 《新唐书》卷二百二十二《南蛮传下》，第6324—6325页。

年（696）年初，契丹部落发生饥荒，营州都督赵翙不但不赈灾，反而欺侮孙万荣，于是其年五月，孙万荣与其妹夫松漠都督李尽忠起兵杀死赵翙，据营州作乱，并攻击其他州县。武则天听到孙万荣叛乱的消息之后，非常愤怒，尽改恶名，"改万荣名为万斩，尽忠为尽灭"①，诏令右金吾大将军张玄遇、左鹰扬卫将军曹仁师、司农少卿麻仁节带兵征讨，但被孙万荣迅速击溃。于是又派夏官尚书王孝杰、左羽林将军苏宏晖继续进攻，但依旧以失败而告终，孙万荣趁机攻占幽州。武则天又以左金吾大将军、河内王武懿宗为大总管，御史大夫娄师德为副大总管，右武卫将军沙吒忠义为前军总管，率兵三十万前去平叛。不久李尽忠死，孙万荣又攻陷冀州，杀戮无数。正值孙万荣兵盛之际，突厥与奚趁机"掩击其后"，大破孙万荣，武周军队也趁势伏击，叛军穷促，发生内乱，孙万荣被部下斩杀，传首东都，战争才宣告结束。② 此次战争历时一年有余，自万岁通天元年（696）五月至神功元年（697）六月，朝廷为平定叛乱，多次发兵，伤亡惨重，州县受损，露布中称："去岁尝师，疑一军之尽化；今春轻敌，见三帅之不归""士女遭其逼胁，军城被其屠陷。以杀戮为事，户积虔刘之悲；以劫夺为心，家盈剥割之痛"。张说当时跟随王孝杰军征讨契丹，在军中担任节度管记，这篇露布也是他亲身见闻，但在露布之中对于武懿宗和武攸宜的军功渲染过度，称"建安郡王攸宜，蓄锐泉停，乘机电发，援桴作气，则山岳动摇；书箭一飞，则酋渠相灭。兵才接刃，元凶授首"，"凭藉睿略，忝当戎政，神机密运，不待横草之功；天赞冥符，恭承破竹之势"③，明显与史书记载不符，在与契丹的战争中，武懿宗不战而退，"委弃军资器仗甚众"，以致赵州被屠④；武攸宜在王孝杰军败死后，停兵不前，后与契丹作

---

① 《旧唐书》卷一百九十九《契丹传》，第5350页。
② 《旧唐书》卷一百九十九《契丹传》，第5350—5351页。
③ 《文苑英华》卷六四七《为河内郡王武懿宗平冀州贼契丹等露布》，第3328—3331页；《张燕公集》，上海古籍出版社1992年版，第128页。
④ 《资治通鉴》卷二百六则天后神功元年六月条，第6636页。

战中，也屡战不胜。① 此次战争取得胜利的关键在于奚与突厥袭击孙万荣后方，孙万荣始料不及，又腹背受敌，才迅速败亡。而《露布》之中一字未提，更多的是描写武懿宗如何部署军队，如何轻松获胜的浮华辞藻。

　　自平定孙万荣的叛乱之后，契丹长时间附属于突厥。开元三年（715），突厥政衰，其首领李失活率部落归附唐朝，玄宗封其为松漠郡王，拜左金吾卫大将军兼松漠都督，并封宗室外甥女杨氏为永乐公主以妻之。开元六年，李失活死，从父弟娑固代领其部落，娑固大臣可突于非常骁勇，得人心，娑固想要除掉可突于，却被可突于反攻，只身逃奔营州，可突于立娑固从父弟郁于为首领，又遣使向唐朝请罪，玄宗承认了郁于的地位，并赦免了可突于。开元十年，郁于入朝请婚，玄宗封从妹夫率更令慕容嘉宾女为燕郡公主以妻之，赏赐颇丰，第二年，郁于死，其弟吐于代统其众，但与可突于互相猜疑，难以共存，于开元十三年携公主来奔唐朝。可突于又立李尽忠弟邵固为主，得到了唐朝中央的认可，邵固遣可突于入朝上贡，被中书侍郎李元纮轻视，可突于怏怏而去。开元十八年，可突于杀邵固，率部落投降突厥，唐朝招募军队，以忠王浚为河北道行军元帅前去征讨，但没有成行。二十年，诏令信安王祎为行军副大总管，与幽州长史赵含章出塞讨伐，俘获甚众，可突于率部下远遁，唐军班师。二十一年，可突于又来抄略，幽州长史薛楚玉带兵击之，但军中奚人反戈，作战失利，"官军大败，知义、守忠率麾下遁归，英杰、克勤没于阵，其下六千余人，尽为贼所杀"②，直至张守珪接任之后，才斩杀了可突于。樊衡所做的《为幽州长史薛楚玉破契丹露布》，其中主要人员薛楚玉任职幽州长史的时间，在赵含章开元二十年六月坐赃流死之后，张守珪二十一年接任之前，故而此篇露布的撰写时间应为开元二十一年。但史料中关于此次战役的记载如上所述，唐军大败，薛楚玉副将或逃或死，部下六千余人全部战死，为何还会

---

① 《资治通鉴》卷二百六则天后神功元年六月条，第6631页。
② 《旧唐书》卷一百九十九《契丹传》，第5351—5353页。

有此露布？战争情况究竟如何？由于其他史料没有说明，故而只能从露布本身进行分析。

《为幽州长史薛楚玉破契丹露布》首先说明了契丹部落内部争立的政治局势以及与唐朝的交往，"东胡余孽，日者关内未通，隔在荒外，自相杀戮，君臣无序，不能独立，交臂屈膝，求我国家以安之"，其内部失序的情况上文已述。然后追述了唐朝对其首领的优待及唐与契丹之间将近二十年的和平共处，"圣朝矜其输诚，且以护塞，故列于朝贡，编于鸿胪。故再册名王，累降重主，魁渠豪首，靡不霑渥。自开复营州，二十年内，部落不耸，安农互商，金帛山积，我国家之于惠贷亦深矣"。接着指责了可突干杀其首领、反叛唐朝的野蛮行为，唐朝因此发动"平卢之战"（开元十八年）、"黑山之讨"（开元二十年）以平定叛乱，可突于战败之后，不得已向唐朝投降，"挟马浮河，仅获残喘。谓其困而知悟，面缚请降"。但仍贼心不死，企图勾结突厥、渤海共同进攻唐朝，"西连匈奴，东构渤海，收合余烬，窥我阿降奚"，于是唐朝发动"卢龙之师"，指的就是开元二十一年薛楚玉带兵与契丹作战之事。战争第一阶段，主要是防御战，唐军扼守渝关碛口，声势浩荡，狙击契丹，取得了胜利"乘天假威灵，黜之碛口，斩单于之爱子，燔契丹之积卒，众虏奔逃，扶伤不暇。于是从散约解，云卷雾消，投戈弃甲，莫敢回视。我降户完然坚利，而西蕃辎畜十遗半矣"。第二阶段，唐军由防御转为进攻，由于突厥的强势参与，唐军寡不敌众，战争失败。"我国家偏师不满七千，当十万之寇，绵险提寡，扬桴而出，势同解竹，兵不留行"，史料中关于战败的记载应指此一阶段。第三阶段，薛楚玉认为突厥、契丹大战之后疲惫不堪，而唐军士气正盛，可长途奔袭，直捣黄龙，"突厥锐而逃，渤海慑惧，势未敢出。契丹大战之后，人马俱羸，其心不振，又恃以荒远，必无我虞。而诸军蓄锐，久思奋发，新闻破贼，无不增气，若驱而袭之，可不血刃而取也"。犹豫不决之时，唐朝中央发布敕书，令其追讨，于是又发大军，自四月二十三日夜至二十七日，从黄河到乌鹘都山，一路追讨，斩获颇多，"前后大小三十一阵，旗鼓所向，莫不奔溃。野绝遗寇，万里肃清。然后顿军休士，大阅俘实。约生级羊马、驼、驴、器械，都获三十余万口匹头数……所斩丁将豪健，暴骸相藉者，亦三万余级。所焚蕴车帐、农具、器械、储粮、老小灰燔烬灭者，不知涯极"。露布最后总结此次战争，"蕃汉健儿，惟六人损一人死。臣闻善战不阵，良将难之。臣等不才，承命出师，远征劲虏二十三部落，并不钝锋，士马完归，军容益整"①，表面上看是凯旋归来，实际上正如史料记载，此次战争虽然在某些阶段唐军取胜，但总体上仍旧是契丹、突厥取得优势，唐军损失惨重，才有"契丹及奚连年为边患，契丹衙官可突干骁勇有谋略，颇为夷人所伏。赵含章、薛楚玉等前后为幽州长史，竟不能拒"②的记载，最后薛楚玉因不称职而被停官，也是唐朝中央对其作战失利的惩罚。除去此露布的记载，还有《李永（宣）[定]墓志》提及了此次战争，志文称："（开元）二十一载，节度使薛楚玉差公领马步大人，斩获俘级，不可胜书。"③，也只是选取胜利的内容来进行记载，对于失败只字不提，可见主观意愿对于史料记载真实性的莫大影响。

另一篇樊衡所作的《河西破蕃贼露布》，由于其反映的是唐朝与吐蕃在河西爆发的一次战争，唐军大胜，故而备受史家瞩目，而争论的焦点则在于此次战争发生的时间。由于露布自身没有具体说明，故而诸家各持意见，如戴伟华认为露布所记史事为开元二十五年（737）崔希逸破吐蕃事④；杨松冀则认为应是天宝元年（742）王倕破吐蕃事⑤；陈铁民、李学东则支持杨松冀的观点，并进行了充分考证⑥。其实，根据露布中所提及的玄宗尊号"开元天宝圣文神武皇帝"即可判断，此次战争应该发生在天宝元年二月至天宝七

---

① 《文苑英华》卷六四七《为幽州长史薛楚玉破契丹露布》，第3331—3332页。
② 《新唐书》卷一百一十一《薛楚玉传》，第4144页。
③ 吴钢：《全唐文补遗》第5辑，三秦出版社1998年版，第390页。
④ 戴伟华：《〈使至塞上〉与崔希逸破吐蕃事无关》，《历史研究》2014年第2期。
⑤ 杨松冀：《〈河西破蕃贼露布〉与崔希逸无关——与戴伟华先生商榷》，《兰台世界》2015年第32期。
⑥ 陈铁民：《〈〈使至塞上〉与崔希逸破吐蕃事无关〉求疵》，《历史研究》2017年第2期；李学东：《〈河西破蕃贼露布〉所见史事探微》，《唐都学刊》2020年第3期。

载五月之间①，以及露布中提到的"鱼海军""游奕"等关键字，结合《新唐书》天宝元年十二月庚子，"河西节度使王倕克吐蕃渔海、游奕军"②的记载，可确知此次战争就发生在天宝元年，露布所反映的就是王倕克吐蕃之事。

露布首先回顾了唐太宗贞观年间至唐中宗时期与吐蕃进行的和平交往。贞观十五年（641），唐太宗将文成公主嫁与吐蕃赞普松赞干布，景龙四年（710），唐中宗又将金城公主嫁与吐蕃赞普尺带珠丹（赤德祖赞），双方结为舅甥之国，维持了多年和平，露布称"割爱主以降之，至今朝廷无西顾之患"。但唐玄宗开元以后，吐蕃经常入寇，唐蕃之间战争频繁。这次战争的主要背景是吐蕃开元二十九年，再次攻陷唐军石堡城以及开元二十五年不听唐朝诏令，强行讨伐勃律，"反伐勃律之属国，匿我四乱之亡人，诱我石堡之城，践我蕃禾之麦，多行背德，是恶贯矣"，如此恶贯满盈的行径，引发了唐玄宗的愤怒，于是"皇帝怒之，密发中诏，使乘不虞以袭之"。天宝元年十二月，唐朝分别从陇右、河西两地对吐蕃发动攻击，并一前一后取得胜利，"十二月戊戌，陇右节度使皇甫惟明及吐蕃战于青海，败之。庚子，河西节度使王倕克吐蕃渔海、游奕军"③。这两次战争由玄宗亲自部署，运筹帷幄，史载："臣等自今月（天宝元年十二月）以来，累见陇右奏大破吐蕃大岭、青海等军。捷书前至日，因奏事，陛下谓臣等曰：'吐蕃背恩，神人共弃。岂惟陇右频胜，三数日间，河西当有大捷。'今日王倕果奏：大破吐蕃鱼海及游奕等军，擒生斩级并虏获羊马，不可胜计。"④露布中也称赞了玄宗的军事谋略，"此本出于圣谋，纵举觉亦必无虞""此

---

① 《旧唐书》卷九《玄宗纪下》载："（天宝元年）二月丁亥，上（唐玄宗）加尊号为开元天宝圣文神武皇帝。"第215页；《资治通鉴》卷二百一十六唐玄宗天宝七载五月壬午条载："（天宝七载）五月，壬午，群臣上尊号曰开元天宝圣文神武应道皇帝。"第7009页。

② 《新唐书》卷五《玄宗本纪》，第143页。

③ 《新唐书》卷五《玄宗本纪》，第143页。

④ 《册府元龟》卷三十七《帝王部·颂德》，第393页。

乃陛下神断之谋也，圣威之被也"。此次河西之战，唐军"自大斗南山来入，取建康西路而归"，主要是提防吐蕃提前准备，遭遇伏击。十二月十二日，唐军至新城，发现吐蕃已经烧光野草，阻止唐军，诸将皆惊叹："贼果知备矣！"十五日，唐军与吐蕃在青海北遭遇，唐军取胜，"自朝至于日中，凡斩二千余级"。十六日至鱼海军，大破吐蕃，"斩鱼海军大使剑具一人，生擒鱼海军副使金字告身论悉诺匝，生擒弃军大使节度悉诺谷，生擒游奕副使诺匝，生擒副使金字告身拱赞，生擒鱼海军副使银字告身统牙胡。其余偏裨，难以尽载。斩首三千级，生俘千余人、牛马、羊驼八万余头"。战争还未结束，吐蕃援兵就随即赶来，重重包围了唐军，"数获未毕，虏救潜来，在山满山，在谷满谷，顾盼之际，合围数重"，唐军置之死地而后生，"兵法所谓致之死地，今则是也。亦焉能陷于虏庭，辱明主之深料乎？"，克服重重困难，持续作战，"共食冰雪，传餐糗粮"，"凡七八日间，约三百余阵"。面对这种情况，吐蕃莽布支又增加重兵，企图截断唐军归路，王倕立即派遣救兵，增援唐军，"救兵既至，旌旗相望，其气益振，又战数合，虏既不利，夜遂逃遁"。吐蕃逃走之后，王倕出其不意，发精骑追讨，并"差大斗军副使乌怀愿、讨击副使哥舒翰等领精骑一千应之"，再次大破吐蕃，虏获甚多，"擒金银告身副使三人，斩首千余，俘囚二百余人，获牛马羊驼共三千余头匹、器械新物一万余事"[①]。有学者提及露布作者樊衡此时被河西节度使王倕辟为幕府掌书记[②]，从露布本身的叙述来看，若不是作者亲身经历，很难写得如此详尽，只是该学者并未指出相关史料，颇为可惜。

杨谭所作的《剑南节度破西山贼露布》，由于文中并未有明确时间，仅提到月、日"正月五日至二月五日"，时间一时难以判断，但根据文中尊号"开元天地大宝圣文神武应道皇帝"可知此次战发生在

---

① 《文苑英华》卷六四八《河西破蕃贼露布》，第3333—3334页。
② 杨松冀：《〈河西破蕃贼露布〉与崔希逸无关——与戴伟华先生商榷》，《兰台世界》2015年第32期。

天宝八载闰六月至天宝十二载十二月之间。① 严耕望、李敬洵都将认为此露布的撰作时间为天宝十四载，明显有误②；郭声波则考证其写作时间为天宝十二载（753）③，根据后文来看，这一观点是正确的。故而此次战争的时间应为天宝十二载正月五日至二月五日，交战双方为唐与吐蕃。

唐代的西山并不是一个具体的山名，而是一个地理范围，大致在今成都平原以西，岷江、大渡河上游，又分"岷江西山"和"弱水西山"，本露布中所指的西山则为弱水西山。西山地区在唐代具有重要的军事战略地位，它是剑南道东、西两川的门户，也是唐与吐蕃争锋的重要地点之一。由于该地区山川交错，群羌杂居，故而唐前期对其一直维持羁縻统治，但时常遭到吐蕃的侵扰，"白狗、春桑、白兰等诸羌，自龙朔已后，为吐蕃所破而臣属焉"④。唐朝曾在咸亨元年（670）试图设立翼州都督府，以加强对这一地区的掌控，但由于该年唐军大败于大非川，吐蕃趁势进攻唐剑南道地区。永隆元年（680）吐蕃又攻陷唐军所筑要塞安戎城，于是西山地区陷于吐蕃，吐蕃"尽收羊同、党项及诸羌之地，东与凉、松、茂、巂等州相接"⑤。此后，吐蕃以此地区为跳板，屡屡袭扰唐剑南地区，威胁甚大。开元年间，唐朝曾集中兵力夺回了安戎城，天宝六载，唐军西征弱水西山八国，并设置保宁都护府，重新掌控了这一地区。颜真卿所作的《鲜于（仲通）公神道碑》对此有详尽记载。

> （天宝）六载……郭公（虚己）将图弱水西（山）之八国，

---

① 《旧唐书》卷九《玄宗本纪》，天宝八载闰六月，"群臣上尊号为开元天地大宝圣文神武应道皇帝"，第223页，至十二载十二月，尊号改为"开元天地大宝圣文神武孝德证道皇帝"，第227页。

② 严耕望：《唐代交通图考》第四册，上海古籍出版社2007年版，第974页；陈世松、贾大泉主编，李敬洵撰：《四川通史》第三册，四川大学出版社1993年版，第159页。

③ 郭声波：《唐弱水西山羁縻州及保宁都护府考》，《中国史研究》1999年第4期。

④ 《旧唐书》卷一百九十八《党项羌》，第5292页。

⑤ 《旧唐书》卷一百九十六《吐蕃传》，第5224页。

奏公入觐。玄宗骇异之，即日拜尚书屯田员外郎兼侍御史、蜀郡司马、剑南行军司马。既略三河，收其八国，长驱至故洪州。与哥舒翰陇右官军相遇于横岭，鸣鼓而还。……至是，遂拜公为蜀郡大都督府长史，兼御史中丞、持节充剑南节度副大使。公当大任，既竭丹诚，射讨吐蕃摩弥城，拔之。改洪州为保宁都护府，堑弱水为蕃汉之界。①

天宝十二载（753），吐蕃为了支持南诏叛唐，再次进攻唐朝弱水西山地区，"南蛮乱德，恃险偷生，吐蕃举国兴兵，资其叛逆"，而此时的西山八国在唐保宁都护府的统治之下，共同抵御吐蕃进攻，"西山战士，及八国子弟，因其窘逼，遂欲凭陵，敢怀犹斗之心，来犯必诛之令"，蕃汉子弟经过一番苦战，"八国招讨副使左羽林军大将军董当、左羽林军将军董旁郎、董毕郎、右羽林董利、董歌弄、左骁卫将军董利峰、左武卫将军董奉仇、左威卫翊府中郎将先锋党利才统八国子弟八千余众，并拜都护武士府健儿一千余众，间道设伏，潜入深林，旗鼓相望，昼夜苦战"，最终取得胜利，"自正月五日至二月五日，前后转战五十余阵，生擒吐蕃哥末国王渠时、兵马副使翟步离并士众等二千余人，斩获故节度副使且禄翁、都知使乞吕徐男律熙等，械牛马羊等二十余万"②，遣使奉露布以闻。

杨谭所作的另一篇《兵部奏桂州破西原贼露布》③，是其上任桂州刺史之后，针对管内西原叛蛮的一次战争。露布撰作时间原文未提，有学者根据文中肃宗尊号"乾元大圣光天文武孝感皇帝"及西原之蛮叛乱事件，将其写作时间定于乾元二年（759）。对于西原蛮的叛乱，史书中也有比较详尽的记载，可将二者进行比对。

---

① 《全唐文》卷三百四十三《中散大夫京兆尹汉阳郡太守赠太子少保鲜于公神道碑铭》，第3483—3484页。
② 《文苑英华》卷六四八《剑南节度破西山贼露布》，第3333—3335页。
③ 殷祝胜：《杨谭任桂州刺史时间考辨》，《河池学院学报》2011年第1期。

表4　《新唐书》与《兵部奏桂州破西原贼露布》对比表

《新唐书》①	《兵部奏桂州破西原贼露布》②
	蠢兹魑魅之乡，敢恃犬羊之众，据其险要，恣其寇攘，西原羁縻，旧染声教，被其不间诱引同恶者，多僭称王侯，伪署官爵。旌旗蔽野，鼓角沸天，恣杀戮以威人，将玉帛而济众。方圆数千里，控带十八州，丁壮并执其干戈，子女尽充其仆隶，自谓强盛转加凶顽，迫之则鸟散兽惊，缓之则蚁结蜂聚。老幼奔走，耕稼失时，万井无烟，兆人失业，不宾王化，于兹四稔。
至德初，首领黄乾曜、真崇郁与陆州、武阳、硃兰洞蛮皆叛，推武承斐、韦敬简为帅，僭号中越王，廖殿为桂南王，莫淳为拓南王，相支为南越王，梁奉为镇南王，罗诚为戎成王，莫浔为南海王，合众二十万，绵地数千里，署置官吏，攻桂管十八州。所至焚庐舍，掠士女，更四岁不能平	去年二月二日，睦州、武阳、珠兰、金溪、黄橙等一百余洞大贼帅伪号中越王廖殿、伪号桂南王莫淳、伪号拓南王相文、伪号越南王莫浔、伪号象郡王梁泰、伪号镇南王罗成、伪号戎成王莫、祷伪号南海王罗品等，潜相结构，约二十万众
乾元初，遣中使慰晓诸首领，赐诏书赦其罪，约降	伏奉去年三月十日敕，遣中使魏朝璨宣慰。凡诸首领，皆赐敕书，再三晓谕，许其官爵
于是西原、环、古等州首领方子弹、甘令晖、罗承韦、张九解、宋原五百余人请出兵讨承斐等，岁中战二百，斩黄乾曜、真郁崇、廖殿、莫淳、梁奉、罗诚、莫浔七人	经略副使朝议郎行贺州长史穆成构、防御副使朝议郎梧州长史任早、梧州刺史本州防御使李抗、先锋总管梧州长史秦匡朝、四界游奕使广州番禺府折冲谭崇慰及总管子将等五百余人，并西原环、古等州首领方子弹、甘令晖、罗承韦、张九解、宋原等五百余人，各领子弟，并部外义征及总管内战手共成二十万众 自春徂冬，凡经二百余日，前后苦战，各三十余阵，破贼二十万众，斩首五千余级

① 《新唐书》卷二百二十二《西原蛮传》，第6329页。
② 《文苑英华》卷六四八《兵部奏桂州破西原贼露布》，第3335—3336页。

续表

《新唐书》①	《兵部奏桂州破西原贼露布》②
承斐等以余众面缚诣桂州降，尽释其缚，差赐布帛纵之	大贼帅武承、裴敬简等二人，余众窜伏无地，周章失图，解甲辕门，面缚请罪。臣便脱其桎梏，仍加宴赏，兼赉匹帛，散于营农

由上对比可以发现内容基本一致，可以确定为同一事件。唯一有分歧的是正史中将此事记在桂州经略使邢济之下，如《资治通鉴》记肃宗上元元年（760）"六月，甲子，桂州经略使邢济奏：破西原蛮二十万众，斩其帅黄乾曜等"③；而露布是杨谭以自己的语气进行撰写，所以考证二人的官职履历及担任桂州地方官员的时间就显得非常重要。经过学者考证，杨谭出任桂州刺史的时间在至德二载（757）至上元二年（761）四月，邢济出任桂州刺史的时间为上元二年（761）四月及以后④，由此判断，此次战胜西原叛蛮的战争由时任桂州刺史的杨谭负责，《新唐书》《资治通鉴》将其归之于邢济明显有误。综上可知，这次平定南原叛蛮发生在乾元二年（759），战争由春至冬，前后经过三十余阵，时间持续二百余日。战争胜利之后，杨谭撰写露布并派遣使者上达朝廷，于第二年六月到达长安，载于史册。

于公异兴元元年（784）所作的《西平王李晟收西京露布》主要讲述的是唐德宗朝李晟在"泾原兵变"之后，收复长安的战争。唐德宗继位之初，励精图治，"去无名之费，罢不急之官；出永巷之嫔嫱，放文单之驯象；减太官之膳，诫服玩之奢；解鹰犬而放伶伦，止榷酤而绝贡奉"⑤，慨然有中兴唐室之意。建中元年（780），面对泾州刘

---

① 《新唐书》卷二百二十二《西原蛮传》，第6329页。
② 《文苑英华》卷六四八《兵部奏桂州破西原贼露布》，第3335—3336页。
③ 《资治通鉴》卷二百二十一肃宗上元元年六月条，第7211页。
④ 殷祝胜：《杨谭任桂州刺史时间考辨》，《河池学院学报》2011年第1期。
⑤ 《旧唐书》卷十三《德宗本纪》，第400—401页。

文喜的叛乱，德宗一心征讨，绝不宽赦；二年，成德节度使李宝臣薨，德宗欲借此机会革除强藩父子相袭的弊端，放弃了代宗朝的姑息政策。于是成德李惟岳、魏博田悦、淄青李正己与山南东道梁崇义四镇结盟为叛，德宗派遣李晟率领神策军和其他藩镇军队前往平叛，战争初期，唐军取得了一系列胜利，叛军局势紧迫，但由于处置失当、赏罚不均，再次引发王武俊、朱滔与李希烈的反叛，建中四年八月，李希烈重兵围攻襄州，襄州告急。德宗在部署周边藩镇援助襄州的同时，又抽调泾原兵马前去平叛，十二月，当泾原军经过长安准备前往援救之际，却因赏赐及待遇问题发生骚乱，泾原军直接攻入长安，德宗被迫前往奉天，史称"泾原兵变"。事变发生以后，泾原军占领长安，拥立朱滔之兄朱泚为帝，建立大秦政权，并攻打德宗所在之地奉天。千钧一发之际，唐将浑瑊坚守奉天，朔方节度使李怀光也前来救援，刚在平叛前线病愈的李晟也率领神策军驰援奉天，叛军久攻奉天不下，又撤回长安。于是李晟进驻东渭桥，与奉天唐军东西呼应，准备收复长安。兴元元年（784）正月，德宗发布罪己诏书，赦免李希烈、田悦、王武俊、李纳、朱滔等，只将矛头对准占据长安的朱泚，由此叛军逐渐瓦解，唐军开始准备收复长安，直至六月，李晟成功攻入长安，并遣掌书记于公异作露布呈送德宗行在，德宗看到露布之后，感动到落泪。这篇露布记载，战争从五月二十五日开始，直至二十八日结束，在李晟的指挥下，各路唐军从禁苑北部一鼓作气，攻克长安，"七擒连发而星驰，两翼旁张而云合。霜刃吐光而挥霍，鼍鼓腾声而隐辚。贼方土崩，我乃霆击。乘其踣藉，遂至于上兰；取彼鲸鲵，直通乎中禁"，而且唐军进退有度，秋毫无犯，长安城在战争中得以最大可能地保存，"肃清宫禁，祇谒寝园，锺簴不移，庙貌如故"[①]。唐德宗有感于此，才发出"天生李晟，以为社稷，非为朕也"的感叹。兴元元年七月，经历兵变的德宗重返长安。

韦皋所上的《破吐蕃露布》，虽然《全唐文》将其纳入韦皋集

[①]《文苑英华》卷六四八《西平王李晟收西京露布》，第3336—3338页。

中，但后世相传此文乃由于公异代作。① 于公异，《旧唐书》有传，进士出身，"文章精拔，为时所称"②。建中末年，唐朝长安发生"泾原兵变"，唐德宗被迫出逃奉天，最后在唐朝将领李晟、李怀光等人的共同努力下才收复长安，此时于公异为李晟招讨府掌书记，在唐军成功进占长安以后，由他撰写的《李晟收复西京露布》也随即送达德宗行在，德宗阅读之后，十分感动，"泣下不自胜，左右为之呜咽"，并称赞其良久，后人也评价其所撰的露布为"有唐一代，捷书露布，无如此者"③。但于公异在被德宗称赞的同时，也引起了陆贽的嫉妒与不满，加上二人本来就有嫌隙，故而在贞元年间陆贽担任宰相之后，诬告于公异，时任祠部员外郎的于公异被放归田里，最后"名位不振，坎坷而卒，人士惜其才，恶贽之褊急焉"④。根据陆贽任职情况来看，他担任宰相的时间为贞元八年（792）四月到贞元十年（794）十二月⑤，则于公异被罢归就在这一时间段。而这篇露布所反映的是贞元十八年（802）的唐蕃战事，于公异亲身参与的可能性极小，同样，如果是他代写的这篇露布，他也应该能受到奖赏与升迁，也不至于最后默默无闻而卒，所以，露布的作者不可能是于公异。由于露布本身以"尚书兵部臣韦皋等言"为开端，而并没有提到其他作者，故而后世认为此露布的作者为韦皋。韦皋，两唐书有传，这篇露布主要记载的是贞元十八年（802）唐军大破吐蕃之事，韦皋战前官至同中书门下平章事，兼成都尹、御史大夫、剑南西川节度使，是这场战争的最高指挥长官，战争胜利之后，自然要书写露布呈送长安，但撰写这篇露布的人应该不是韦皋本人，这与其身份地位严重不符，而应该是其僚佐以韦皋的口吻代作完成。所以，此篇露布的作者极有可能并非韦皋本人。

虽然未记载具体时间，但根据文中所提及的将领"陈泊"以及论

---

① （明）蒋一葵撰：《尧山堂偶隽》卷三，民国二十四年南海黄氏汇印本，第 120 页。
② 《旧唐书》卷一百三十七《于公异传》，第 3767 页。
③ 《尧山堂偶隽》，第 120 页。
④ 《旧唐书》卷一百三十七《于公异传》，第 3768 页。
⑤ 《旧唐书》卷一百三十九《陆贽传》，第 3817—3800 页。

莽热受擒事件来看，此露布应撰作于贞元十八年（802），主要讲述的是唐与吐蕃的战争。安史之乱以后，唐王朝为了平定叛军，诏令河陇之地驻守的军队回兵勤王，于是吐蕃趁虚入侵，攻占唐朝边土，"乾元之后，吐蕃乘我间隙，日蹙边城，或为虏掠伤杀，或转死沟壑。数年之后，凤翔之西，邠州之北，尽蕃戎之境，淹没者数十州"①。唐代宗广德元年（763），吐蕃一度入侵长安，虽然随即撤离，但吐蕃的强势对唐王朝的生存构成了极大的威胁。唐德宗即位以后，德绥四方，"征其俘囚五百余人，各给衣一袭，使伦统还其国，与之约和，敕边将无得侵伐"②，力求与吐蕃和好，此举也感动了吐蕃，于是双方建中四年（783）在清水会盟，约定边界，不得侵越。但和平并未维持太久，贞元二年（786），吐蕃违背盟约，再次入寇"泾、陇、邠、宁数道，掠人畜，取禾稼，西境骚然"③，被凤翔节度使李晟击退。唐朝遣使责其违约，吐蕃自知理亏，又与唐朝约定会盟，于是贞元三年，双方盟于平凉，却被吐蕃提前埋伏所劫，唐朝文武大臣或死或陷，"余将士及夫役死者四五百人，驱掠者千余人，咸被解夺其衣"④。吐蕃此举彻底打碎了唐德宗的和平愿望，唐朝也开始转变策略，在京师西北及剑南地区部署军队抵御吐蕃，并联合回纥、南诏等共同对抗吐蕃。经过主动地战略部署，唐朝在与吐蕃的对抗中逐渐取得优势，贞元八年九月，西川节度使韦皋攻打吐蕃维州，擒获大将论赞热及其首领献于京师；贞元十年，南诏蛮蒙异牟寻大破吐蕃于神川，遣使前来中央献捷。贞元十六年，韦皋再次大破吐蕃，贞元十八年（802），韦皋擒吐蕃大首领论莽热来献，德宗赐崇仁里宅以居之⑤，此篇露布所反映的就是这场战争。露布首先谴责了吐蕃背信弃义、不守盟约、屡次入侵，唐朝被逼无奈才开始部署军队，进行反击，"清水之盟未干，好畤之师已聚；指泾灵而缴赂，闯盐夏以捣虚。

---

① 《旧唐书》卷一百九十六《吐蕃传》，第 5236 页。
② 《旧唐书》卷一百九十六《吐蕃传》，第 5245 页。
③ 《旧唐书》卷一百九十六《吐蕃传》，第 5249 页。
④ 《旧唐书》卷一百九十六《吐蕃传》，第 5252 页。
⑤ 《旧唐书》卷一百九十六《吐蕃传》，第 5249—5259 页。

夷德无厌，弗悔衽金之祸；楚氛其恶，辄兴衷甲之谋"；其次，韦皋说明了此次战争的大致战略，多方出兵，夹击吐蕃，"凤翔振武灵武之骑猎其西，太原泾源之兵震其北。率山南熊罴之校，暨东川貙虎之师。乌蛮挠其腹心，回鹘捣其肘腋"；接着调兵遣将，展开进攻"诸将陈泊等，统五万军，出十一道，济师西颢之半，策勋北陆之初，荡平七城，斩馘万级，获铠械五十万计，燔堡垒百七十余"，围攻维州，吐蕃援军南下；最后击败了吐蕃的援军，擒获论莽热，吐蕃溃逃，"伪东境五节度大使论莽热，释朔方之众，援维州之城，九攻九却之计穷，七纵七擒之威速。连连执讯，矫矫献囚"①。此次战争，唐军大胜吐蕃，并虏获吐蕃内大相论莽热，一雪前耻，德宗听闻捷报非常高兴，进拜韦皋为检校司徒，兼中书令，封爵位南康郡王，并亲自撰写《南康郡王韦皋纪功碑铭》以赏其功。

杨复光所作的《收复京城奏捷露布》，描述的是黄巢占据两京之后，唐军力战收复长安的战争，参考史书记载，可知其撰写时间为唐僖宗中和三年（883）。唐懿宗乾符二年（875）六月，王仙芝、尚让发动叛乱，天平节度使薛崇出兵平叛，被叛军击败，黄巢也聚众响应，"黄巢之乱"正式拉开帷幕。乾符五年，曾元裕大破王仙芝于黄梅（今湖北黄梅西北），王仙芝被杀，叛军余众归附黄巢，建号置官，推举黄巢为王，号称冲天大将军，改元王霸，设置官属②，开始流窜反叛。从乾符五年三月到六年十月，黄巢叛军先后进攻汴、宋、卫南、叶、阳翟、饶、信、广州等地，从黄河流域一路南下，占领广州。但由于岭南湿热，又有瘴气，黄巢叛军多为北人，患病者甚多，"士卒罹瘴疫死者什三四"③，无奈之下，黄巢听从部下的建议，开始整军北伐。乾符六年（879）十一月至广明元年（880）十二月，黄巢从岭南北上，转战长江流域、淮河流域、黄河流域，最后攻克洛阳、长安，宦官田令孜携僖宗逃奔蜀地，黄巢即位于含元殿，建立大

---

① 《全唐文》卷四百五十三《破吐蕃露布》，第4627—4628页。
② 《资治通鉴》卷二百五十三僖宗乾符五年二月条，第8322页。
③ 《资治通鉴》卷二百五十三僖宗乾符六年十月条，第8338页。

齐政权，年号金统。①僖宗在流亡途中，发布诏书令诸道出军收复京师，此篇露布就反映了唐军收复长安时的战争情况。露布首先指责了黄巢叛贼贪婪险恶、占据两京，以及诸道节度使各自为政，未能及时剿灭黄巢、任其流窜的客观事实，"妖兴雾市，盗啸丛祠，而岳牧藩侯，备盗不谨。谓大同之运，常可容奸；谓无事之秋，纵其长恶"；接着唐军多路进军，围攻长安，共克黄巢，"万方共怒，十道齐攻，仗九庙之威灵，殄积年之凶丑"，河中节度使王重荣收复同、华二州；雁门节度使李克用统军南下与杨复光合力进讨，中和三年（883）四月八日，李克用自光泰门攻入长安，又派遣河中将刘让王瑰冀君武孙琪、忠武大将乔从遇、郑滑将韩从威、荆南大将申屠忭、沧州大将贾滔、易定大将张仲庆、寿州大将张行方、天德大将顾彦朗、左神策弩手甄君楚公孙佐、横冲军使杨守亮、蹑云都将高周彝、忠顺都将胡贞、绛州监军毛宣伯聂弘裕等各路大将共同进讨，黄巢"力战不胜，焚宫室遁去"。此战由天下行营兵马都监杨复光统领指挥，李克用厥功至伟，"若破敌摧锋，雁门实居其首"②，黄巢自此衰败，中和四年（884），李克用、朱温、时溥等率领军队追杀黄巢，六月，黄巢兵败，传首行在。黄巢之乱对于都城长安造成了严重破坏，黄巢入城之后，其部下"各出大掠，焚市肆，杀人满街"③，唐军攻入长安之后，也毫无纪律，"官军暴掠，无异于贼，长安室屋及民所存无几"④。同时，黄巢之乱也极大地动摇了唐王朝的统治基础，黄巢数年之内，转战唐朝大半国土，尤其对于唐朝富庶之地江南地区骚扰甚重。在平叛战争中，唐朝诸镇节度使各自为政，割据之势更加明显，又催生出朱温、李克用等地方实力派，过二十三年之后，朱温灭唐。

根据以上所述，唐代的露布主要描述了唐朝在内外战争中取得胜利的基本情况，相较于大多史籍仅记载某时某战获胜，露布则更加详细地说明了该战争的背景、时间、过程、结果，能让研究者可以对战

---

① 《资治通鉴》卷二百五十三僖宗广明元年十二月条，第8362页。
② 《旧唐书》卷十九《僖宗本纪》，第714—716页。
③ 《资治通鉴》卷二百五十三僖宗广明元年十二月条，第8361页。
④ 《资治通鉴》卷二百五十三僖宗中和三年四月条，第8416页。

争细节有更加深入的了解，也是史书记载的直接资料来源。同时，通过对露布原文的阅读与研究，可以很明显地看出露布作者精于用典，文辞优美，语句凝练，对于战争场面的描述更是精彩至极，刻画出唐朝军队智勇双全、无坚不摧的英武形象。作者如薛收，在唐太宗四处征伐之际，檄书露布多出自他的手笔，史书称其"言辞敏速，还同宿构，马上即成，曾无点窜"①；张昌龄，少时以文词知名，曾任昆山道行军记室，"破卢明月，平龟兹，军书露布，皆昌龄之文也"②；骆宾王，"初唐四杰"之一，"善属文"，即使他参加了反对武则天的叛乱，武则天还是非常看中他的文采，"则天素重其文，遣使求之"③；张说，贤良方正科考试甲等，参与修撰《三教珠英》，玄宗评价其"文成典礼，当朝师表，一代词宗"，《旧唐书》本传称："掌文学之任凡三十年。为文俊丽，用思精密，朝廷大手笔，皆特承中旨撰述，天下词人，咸讽诵之"④；樊衡，"年三十，神爽清悟，才能绝伦。虽白面书生，有雄胆大略，深识可以轨时俗，长策可以安塞裔。藏用守道，实有岁年"⑤；于公异，"登进士第，文章精拔，为时所称"，他所作的《李晟收复西京露布》，"有唐一代，捷书露布，无如此者"⑥。可见露布作者都具有极高的文学修养，其在露布撰作过程中所流露出来的才华也极容易被唐朝中央政府认可，但是，也正是因为他们大都是文士，在露布创作过程中为了刻意凸显唐军气势，也往往添油加醋，夸大胜利结果，甚至如前文所述，作者故意阿附主帅，不惜辞藻加以修饰，为了军功，随意增减，以至于"每与贼战，必虚张虏获，得贼数人，即为露布上之"，引发朝廷宰辅的嘲笑。⑦再加上"露布初至，便降大恩，从征之人，皆沾涤荡"⑧，这种现实利益的诱惑也

---

① 《旧唐书》卷七十三《薛收传》，第 2587 页。
② 《旧唐书》卷一百九十《张昌龄传》，第 4995 页。
③ 《旧唐书》卷一百九十《骆宾王传》，第 5006—5007 页。
④ 《旧唐书》卷九十七《张说传》，第 3057 页。
⑤ 《全唐文》卷三百三十《荐樊衡书》，第 3348—3349 页。
⑥ 《尧山堂偶隽》卷三，第 120 页。
⑦ 《旧唐书》卷一百二十四《令狐通传》，第 3532 页。
⑧ 《旧唐书》卷六十九《侯君集传》，第 2512 页。

会造成露布表达内容的失真,所以,对于露布所宣扬的胜利果实,仍需要仔细加以摘选。《封氏闻见记》称:"近代诸露布,大抵皆张皇国威,广谈帝德,动逾数千字,其能体要不烦者,鲜云。"① 也就是说大多数露布尽管内容详细,但同时也造成其文章冗长乏味,而且露布作者经常使用一些宣扬国威、歌功颂德的谄媚之语,所以体要不烦、可读性强的露布越来越少。经过历史不断地积淀与流传,如今我们能见到的露布都集实用性与文学性于一体,是唐代露布中的代表作。

当然,唐代的露布也有其他用途,最具代表性的就是《河间道行军元帅刘祥道破铜山大贼李义府露布》。露布中之"铜山大贼李义府"指的是唐高宗朝宰相李义府。李义府本人因早年服侍尚在东宫的高宗,高宗即位以后,又积极迎合高宗及武则天,在废王立武的过程中出力颇多,深得高宗及武后信赖,也因此身居宰辅、荣耀一时,"诸子孩抱者并列清官,诏为造甲第,荣宠莫之能比"。但他为相期间,贪冒无厌,又"多引腹心,广树朋党,倾动朝野",甚至信赖阴阳占候人杜元纪为其望气,阴怀异图,被右金吾仓曹参军杨行颖上表举报,司刑太常伯刘祥道等前去核实,确有其事,于是唐高宗下制明言其罪,"泄禁中之语,鬻宠授之朝恩;交占候之人,轻朔望之哀礼。蓄邪黩货,实玷衣冠;稔恶嫉贤,载亏政道",并除名流放。制书下达之后,朝野"莫不称庆"②,又有人作《河间道行军元帅刘祥道破铜山大贼李义府露布》,张贴在大街之上。可见,将李义府获罪比拟为攻破贼军,并作露布公之于众,属于军事露布的一种套用,主要表达了官员、百姓对于奸臣李义府"多行不义必自毙"的欣喜之情,之所以采用露布的形式,也是为了将这一喜悦的消息广泛传播与散布,也体现了露布这一文体在唐人观念中的认知与运用。

除了上述露布之外,唐人文集中仍有一些与露布有关的文章,甚至也称作露布,但其内容与真实露布相差甚远,以王维的《兵部起请

---

① (唐)封演撰,赵贞信校注:《封氏闻见记》卷四,中华书局2005年版,第31页。
② 《旧唐书》卷八十二《李义府传》,第2767—2770页。

露布文》与李筌的《露布篇》最具代表性，现将其性质与行用情况简要分析如下。

王维的《兵部起请露布文》比较简短，文中提及高仙芝与勃律，应与唐代天宝年间讨伐勃律有关。天宝六载（747），吐蕃联姻小勃律，阻挠西域诸国入贡之路，"小勃律国王为吐蕃所招，妻以公主，西北二十余国皆为吐蕃所制，贡献不通"①，这与王维文中的"犬戎小鬼，蜗角偷安，动摇远边，遮汉使之路；胁从小国，绝藩臣之礼"基本相同，前后几任节度使田仁琬、盖嘉运和夫蒙灵察等人皆讨之不克，玄宗特命高仙芝为行营节度使率领马步万人前去进讨，高仙芝骑兵突袭，一举攻破小勃律，拂菻、大食诸胡七十二国也震慑降附。②八月，高仙芝掳小勃律国王及吐蕃公主回程，九月末，"令刘单草告捷书，遣中使判官王廷芳告捷"③，此捷书应该就是一篇上达中央的露布。但当高仙芝一行回到河西节度府时，节度使夫蒙灵察怒其不提前告知就向朝廷告捷，不仅不迎接高仙芝，还故意辱骂，高仙芝只能连连赔罪，忧惧不堪。监军边令诚目睹了整个过程，便向玄宗上表赞扬了高仙芝的功勋，于是同年十二月，玄宗征夫蒙灵察回朝，以高仙芝为安西四镇节度使。王维文中提到高仙芝的官职为四镇节度使，可知此文撰作于天宝六载十二月以后，文中非常简略地描述了这场战争，"暨诸胡国，悉会王师，万里风驰，六军电扫"，没有其他细节，也没有斩获情况，只有一些歌功颂德之语，与前述露布所记大相径庭。再结合王维生平，其在开元年间曾奉命出塞，担任河西节度判官，但不久之后就回到长安，天宝六载高仙芝征小勃律时，王维正在长安担任库部员外郎。④ 库部员外郎，从六品上，隶属于兵部，与库部郎中共同掌管国家的军州戎器与仪仗⑤，王维作的《兵部起请露布文》，应该是在收到高仙芝发来的河西捷书以后，以兵部的名义所写

---

① 《旧唐书》卷一百四《高仙芝传》，第3203页。
② 《新唐书》卷一百三十五《高仙芝传》，第4577页。
③ 《旧唐书》卷一百四《高仙芝传》，第3205页。
④ 《王维集校注》，中华书局1997年版，第855页。
⑤ 《旧唐书》卷四十三《职官志》，第1836页。

的向玄宗报告兵部拟定露布的一篇奏文,并非露布本身。可见,在兵部接到地方上呈送的露布之后,还要撰写奏文告知皇帝,在得到皇帝的同意之后,经过侍中审阅方可公之于众。

唐人李筌所著的《神机制敌太白阴经》中有《露布篇》,撰作时间不详,对此学界进行了一番考证。唐长孺认为该书大约撰成于代宗时期①;孙继民在其基础上研究,认为该书撰作上限不会超过代宗宝应二年三月,下限可能在大历十三年之前②;吕博则认为其可下延至德宗前期,并认为《露布篇》反映了代德之际恢复旧制度与现有新制度并存的矛盾现象。③考察《露布篇》的行文,可以清楚地发现这是一篇露布范文,现将其结构剖解如下。

表5　《神机制敌太白阴经》中《露布篇》的结构与内容

主要结构	《露布篇》正文④
节度使转引都知兵马使牒,上报中书门下	某道节度使某,牒上中书门下,破逆贼某乙,下兵马使告捷事。 得都知兵马使某牒称:今月某日某时,于某山川探见贼兵,与战,俘斩略尽。今乘胜逐北,未暇点拨杀获生级、器械、牛马,续即申上者。天威远播,狂寇败亡,将靖烟尘,同增欢忭。谨差某乙驰驿告捷,具状,牒上中书门下。谨牒。某年某月某某官牒
节度使幕下官员及节度使陈述战争的具体结果	判官某官,某行军司马某使某官,某道节度使奏破某贼露布事:拔贼某城若干所,生擒首领某人若干,斩大将若干级,斩首若干级,获贼马若干匹、甲若干领、旗若干面、弓弩若干张、箭若干只、枪牌若干面、衣装若干。事件应得者具言之

---

① 唐长孺:《跋唐天宝七载封北岳恒山安天王铭》,载《山居存稿》,中华书局2011年版,第283—193页。
② 孙继民:《李筌〈太白阴经〉琐见》,《魏晋南北朝隋唐史资料》1985年第7辑。
③ 吕博:《唐代露布的两期形态及其行政、礼仪运作——以〈太白阴经·露布篇〉为中心》,《魏晋南北朝隋唐史资料》2012年第28辑。
④ (唐)李筌撰:《神机制敌太白阴经》卷七,中华书局1985年版,第172—174页。

续表

主要结构	《露布篇》正文①
节度使上书中书门下、尚书兵部的露布	中书门下、尚书兵部，某道节度使某官臣某言：臣闻黄帝兴涿鹿之师，尧舜有阪泉之役。虽道高于千古，犹不免四征。我国家德过康虞，功格区夏。蠢兹狂狄，昏迷不恭，犬羊成群，犯我亭障。臣今令都知兵马使某官某，都统马步若干人为前锋；左右再任虞候某官某，领强弩若干人为奇兵，于某处设伏；虞候总管某领陌刀若干人为后劲；节度副使某官某领蕃汉子弟若干人为中军游骑。以某月日时，于某山川，与贼大军相遇。尘埃涨空，旌旗蔽野。臣令都知兵马使某官某大将军当其冲，左右有虞候张两翼，势欲酣战，伏兵窃发，贼众惊骇。虞候某强弩陌刀相继而至。锋刃所加，流血漂杵；弩矢所及，辙乱旗靡。贼人弃甲曳兵而走，我军逐北者五十里。自寅至酉，经若干阵，所有杀获，具件如前。人功何能，天功是赖。臣谨差先锋将某官某，奉露布以闻。特望宣布中外，用光史册。臣某顿首谨言。某年某月某日，掌书记某官臣某上

从中可以看到，这篇露布模板主要反映的是唐代地方节度使将露布上达中央政府的过程详情，此时唐朝中央政府已经开始实施中书门下体制，取代之前的三省六部制度，但露布中仍有节度使上书尚书兵部的情况，确实反映了吕博所说的那种新旧体制杂糅并存的混乱情况。这篇模板先是节度使向中央转达了都知兵马使所作的战争胜利牒文，但该牒文"今乘胜逐北，未暇点拔杀获生级、器械、牛马"，内容并不完整；随后节度使府判官、行军司马、节度使等级明确地说明了此次战争获胜后的具体成果，也就是"续即申上者"；然后节度使将露布上达中书门下、尚书兵部，其中包含了节度使如何调兵遣将取得胜利以及歌功颂德之语，与第一节所列之露布文基本一致；最后由节度使掌书记落款，以示露布的撰作者。

---

① （唐）李筌撰：《神机制敌太白阴经》卷七，中华书局1985年版，第172—174页。

通过将前文提到的实用露布与此露布范文相比较，我们可以发现常见的露布仅有范文的第三部分，而且将范文的第二部分内容也并入其中，以表示具体胜利成果，第一部分更像是一则露布预告，向中央传达了地方上有胜仗且露布即将上达的讯息。第一节我们详细研究了唐代现存实用露布及其作者，发现作者的文学素养与露布的行文息息相关，而且大多数作者都身处战争一线，有利于获得有关战争的第一手资料。而这篇露布模板不论何时何地发生战争，均可以进行套用，基本不用在创作上耗费太多时间与精力，由于缺乏相应的史料，我们难以判断其具体的实用价值，但能有资格出任节度使掌书记这一重要官职的人员，相信其创作出一篇文笔精彩的露布应不成难事，不至于自降身份，到了套用模板的地步。更多的应该是，随着地方节度使权力的稳固，他们"每与贼战，必虚张虏获，得贼数人，即为露布上之"①，向中央炫耀自己的军功并求得赏赐，面对这种情况，要求掌书记即兴创作显然不合时宜，这时候，露布模板就显示出了它的价值，地方节度使更是促进其由模板走向实用的主导者。

第二节　唐代军礼中的宣露布、劳军将之礼

一　宣露布之礼

当露布从地方传送到达中央政府之后，为了向全国宣布这一胜利的消息，中央还要举行一项礼仪活动，那就是平荡贼寇宣露布之礼。宣露布之礼开始于隋朝，隋文帝开皇年间诏太常卿牛弘、太子庶子裴政撰宣露布礼，并于开皇九年（589）实施新礼。开皇九年，隋以晋王杨广为尚书令，集结总管九十人，统兵五十一万八千，以"东接沧海，西拒巴蜀，旌旗舟楫，横亘数里"②的浩荡气势南下平陈，战争胜利以后，元帅晋王通过传驿奏上露布，兵部依新礼展开宣露布之礼，"诏集百官、四方客使等，并赴广阳门外，服朝衣，各依其列。

---

① 《旧唐书》卷一百二十四《令狐通传》，第 3532 页。
② 《隋书》卷二《高祖本纪》，第 31 页。

内史令称有诏，在位者皆拜。宣讫，拜，蹈舞者三，又拜"①。此处宣露布礼仪的记载比较粗略，但已经能从中看出隋代对于礼仪制作与运用的重视程度了。

到了唐代，礼仪撰作逐渐完备，有关宣露布礼仪的细节与程序，《新唐书》、《通典》和《大唐开元礼》均有记载，现将《大唐开元礼》所记平荡贼寇宣露布之礼抄录如下。

> 其日，守宫量设群官次。露布至，兵部侍郎奉以奏闻，仍承制集文武群官、客使于东朝堂。群官客使至，俱就次各服其服。奉礼设群官版位于东朝堂之前，近南，文东武西，重行北向，相对为首。又设客使位如常仪。设中书令位于群官之北、南向。量时刻，吏部、兵部赞群官客使出次，谒者、赞引各引就位。立定，中书令受露布置于案，令史二人绛公服对举之。典谒引中书令，举案者从之，出就南面位，持案者立于中书令西南，东面。立定，持案者进中书令前，中书令取露布，持案者退，复位。中书令称："有制。"群官客使皆再拜。中书令宣露布讫，群官、客使又再拜，皆舞蹈讫，又再拜。谒者引兵部尚书进中书令前，受露布，退复位，兵部侍郎前受之。典谒引中书令入，谒者引群官客使各还次。②

由上可见，唐朝前期的宣露布礼仪主要实施在东朝堂，露布的接收与保存皆由兵部负责，中书令负责向文武大臣和客使宣读露布。随着唐代中央体制的变化，在露布公文本身发生变化的同时，宣露布礼仪也在发生着变化，虽然并没有直接记录唐代后期宣露布礼仪的文本史料，但根据唐后期露布到达中央政府之后，中央政府为之而举行的一系列活动就可以管窥一二。

唐宪宗元和十二年（817）十一月，唐邓节度使李愬雪夜袭蔡州，

---

① 《隋书》卷八《礼仪志》，第170页。
② 《大唐开元礼》卷八十四，第407页。

平定淮西之乱，并擒获吴元济执送长安，宪宗"御兴安门，大陈甲士旌旗于楼南，文武群臣、皇亲、诸幕使人，皆列位。元济既献于太庙太社，露布引之，令武士执曳楼南"①；唐武宗会昌四年（844）八月，唐朝平定昭义镇节度使刘稹之乱，传首京师，"露布献于京师，上御安福门受俘，百僚楼前称贺"②。从这两个事例中可以直观地看到，与唐前期在朝堂宣布露布不同，唐后期更多的是在大明宫门楼上进行宣露布礼仪。兴安门，大明宫南墙上"南五门"之一，门前就是大明宫与长安城之间的横街；安福门，唐代皇城西面北门，背靠太极宫与皇城之间的横街，都有着足够宽阔的空间来举行礼仪活动。而且，这种礼仪场所的变化并不是宣露布之礼所独有，唐代后期，很多礼仪活动都在门楼上举行，以丹凤门最为普遍。以这些空间广阔的门楼为礼仪实施场所，反映了唐代的礼仪开始走出深宫大殿，逐渐面向社会大众的世俗化倾向，有利于唐朝政府向全国宣布战争胜利的消息，震慑那些骄横跋扈的藩镇，稳固唐王朝的统治。

此外，唐代的宣露布礼仪还往往与其他礼仪组合运用，共同构成一个盛大的礼仪庆祝活动。如《唐六典》记载："既捷，及军未散，皆会众而书劳，与其费用、执俘、折馘之数，皆露布以闻，乃告太庙。元帅凯旋之日，天子遣使郊劳，有司先献捷于太庙，又告齐太公庙。"③ 其中包含了劳军将、宣露布、告庙等礼仪，根据上述两个事例来看，往往还包括献俘之礼。虽然《大唐开元礼》仅仅纳入了平荡贼寇宣露布和遣使劳军将两个军礼内容，但其他礼仪仍属于军礼的范畴，而且互相配套使用，甚至有相应的乐曲，唐文宗大和三年（829），太常礼院的一篇奏文中提到：

> 魏、晋已来鼓吹曲章，多述当时战功，是则历代献捷，必有凯歌。太宗平东都，破宋金刚，其后苏定方执贺鲁，李勣平高

---

① 《唐会要》卷十四《献俘》，第373页。
② 《旧唐书》卷十八《武宗本纪》，第601页。
③ 《唐六典》尚书兵部卷第五，第159页。

丽，皆备军容凯歌入京师。谨检《贞观》、《显庆》、《开元礼》书，并无仪注。今参酌今古，备其陈设及奏歌曲之仪如后。

凡命将征讨，有大功献俘馘者，其日备神策兵卫于东门外，如献俘常仪。其凯乐用铙吹二部，笛、觱篥、箫、笳、铙、鼓，每色二人，歌工二十四人。乐工等乘马执乐器，次第陈列，如卤簿之式。鼓吹令丞前导，分行于兵马俘馘之前。将入都门，鼓吹振作，迭奏《破阵乐》等四曲。《破阵乐》、《应圣期》两曲，太常旧有辞。《贺朝欢》、《君臣同庆乐》，今撰补之。《破阵乐》"受律辞元首，相将讨叛臣。咸歌《破阵乐》，共赏太平人。"《应圣期》："圣德期昌运，雍熙万宇清。乾坤资化育，海岳共休明。辟土忻耕稼，销戈遂偃兵。殊方歌帝泽，执贽贺升平。"《贺朝欢》："四海皇风被，千年德水清。戎衣更不著，今日告功成。"《君臣同庆乐》："主圣开昌历，臣忠奏大猷。君看偃革后，便是太平秋。"候行至太社及太庙门，工人下马，陈列于门外。按《周礼大司乐》注云："献于祖。"《大司马》云："先凯乐献于社。"谨详礼仪，则社庙之中，似合奏乐。伏以尊严之地，铙吹哗欢，既无明文，或乖肃敬。今请并于门外陈设，不奏歌曲。候告献礼毕，复导引奏曲如仪。至皇帝所御楼前兵仗旌门外二十步，乐工皆下马徐行前进。兵部尚书介胄执钺，于旌门内中路前导。《周礼》："师有功，则大司马左执律，右秉钺，以先凯乐。"注云："律所以听军声，钺所以为将威。"今吹律听声，其术久废，惟请秉钺，以存礼文。次协律郎二人，公服执麾，亦于门下分导。鼓吹令、丞引乐工等至位立定。太常卿于乐工之前跪，具官臣某奏事，请奏凯乐。协律郎举麾，鼓吹大振作，遍奏《破阵乐》等四曲。乐阕，协律郎偃麾，太常卿又跪奏凯乐毕。兵部尚书、太常卿退。乐工等并出旌门外讫，然后引俘馘入献及称贺如别仪。别有献俘馘仪注。俟俘因引出方退。[①]

---

① 《旧唐书》卷二十八《音乐志》，第1053—1054页。

奏文首先提到了军乐鼓吹的历史沿革以及唐前期的著名乐曲，但是鉴于官方所撰的礼典之中都没有具体的仪注，所以需要参照典章制度，重新制定军礼实施过程中军乐的陈设及其乐曲的仪注。礼官们制定的大将凯旋并献俘的礼乐仪注十分详细，充分展现了唐前期的盛世风采，最后奏文希望能够"宣付当司，编入新礼，仍令乐工教习"，得到了文宗的同意。如此礼乐盛景再加上战争胜利的喜悦，几乎完全掩盖了军礼的严肃秩序，更像是一场为庆祝胜利而载歌载舞的军民狂欢。但这对于日薄西山的唐王朝来说，只能是一次文本上的幻想，文宗大和九年（835）"甘露之变"以后，唐朝军政大权逐渐落到宦官手中，就连史书记载的唐朝最后一篇露布《收复京城奏捷露布》，也是僖宗朝宦官杨复光所作，并在收复长安的战争中厥功至伟，担任所有平叛军队的天下行营兵马都监，指挥全局。

唐末五代以后，战争频仍，典籍流散，露布的撰作与运用也不为人知。后梁乾化三年（913），晋王李克用擒获燕主刘守光，命掌书记王缄作露布以广之，结果王缄并不知道露布如何行用，就将文章写于布帛之上，并令人拉着满大街跑，为时议者讥笑。[①] 天成四年（929），后唐明宗御兴安楼接受定州献俘，文武百官就位之后，在兴安楼前行宣露布之礼，但当时撰写露布的人不明其文体，又引发他人嗤笑，"时露布之文，类制敕之体，盖执笔者误，颇为识者所嗤"[②]。其实，与其说五代时期的人不知露布为何物，更不如说其不知宣露布之礼，露布的撰作本身不是难题，关键在于露布撰成之后如何向外公布，如果没有相应的礼仪程序，而是随意处理，自然就会显得滑稽可笑。

五代、宋以后，皇帝御楼接受献俘宣露布已经成为常态，而且将宣露布礼仪纳入献俘礼仪当中，《宋史·礼仪志》中记载，宋太祖赵匡胤平定岭南割据政权南汉之后，命有司撰作献俘礼，其中写道："有司率武士系鋹等白练，露布前引……通事舍人引（刘）鋹就献俘

[①]《资治通鉴》卷二百六十九均王乾化三年十二月条，第8900页。
[②]《旧五代史》卷四十《明宗本纪》，第548页。

位，将校等诣楼前舞蹈讫，次引露布案诣楼前北向，宣付中书、门下，如宣制仪。通事舍人跪受露布，转授中书，门下转授摄兵部尚书"①，就是献俘礼与宣露布礼合二为一的典型，但该卷标题中仅提及献俘礼，而不单独列出宣露布之礼，北宋时修撰的礼书如《太常因革礼》中称"献俘馘御楼宣露布"，《政和五礼新仪》中也称"御楼献俘宣露布"，可见北宋时宣露布的礼仪性有所淡化，而更强调露布本身。到了南宋，露布成为科举考试内容之一，"高宗立博学宏词科，凡十二通，制诰、诏表、露布、檄、箴铭、记赞、颂序内杂出六题，分为三场，每场体制一古一今"②。可见其文体本身越来越受到重视，而其礼仪性则更加淡化，实用性却逐渐增强，成为国家重要的官方行政公文之一。

二 劳军将之礼

遣使劳军将之礼，前代未见，后世礼书也没有论及，应为有唐一代独创之军礼，《大唐开元礼》卷八十四对其礼仪程序进行了记载。

> 前一日，执事者先设使者次于营南门之外道右，南向。使者至，谒者引之次。使者将到，兵部预集大将以下于南门之外，列左右厢，俱重行北向，相对为首。使者出次，谒者引立于门西，东面；持节者立于使者之北，吏二人持制书案，立于使者西南，俱东面。立定，大将北面再拜。谒者引使者，持节者前导，入门而左，持案者从之。使者立于幕前，南向；持节者立于使者之东，少南，西向；持案者立于使者西南，东向。又谒者引大将以下入立于使者之南，依左右厢俱重行北向，相对为首。立定，持节者脱节衣，持案者进使者前，使者取制书，持案者退复位。使者称："有制。"大将以下俱再拜。宣诏讫，大将以下又再拜。谒者引大将进使者前，北面受制书，退复位。持节者加节衣，谒者

---

① 《宋史》卷一百二十一《军礼》，第2836—2837页。
② 《宋史》卷一百五十六《选举志》，第3651页。

引使者，持节者前导以出，持案者从之，俱复门外位。大将以制书授左右，拜送使者于门外。使者还，大将入。初使者出，诸将以下以次出。若赐衣物，使者出次立于门外。立定，执事者以衣物立于案南，俱东面北上。使者入，衣物随入。初大将受制书复位，执事者以衣物遍授之。大将以下受讫，又再拜。①

从礼仪程序来看，劳军将的场所为军营，兵部负责召集军将，皇帝派遣使者持节、宣慰劳制书，然后大将受节承制，拜送使者，一般在慰劳的时候还伴随着衣物的赏赐，此过程就完成了劳军将的礼仪，由于此礼主要由皇帝遣使进行，所以礼仪程序相对简便。慰劳制书为王言七制之一，"凡王言之制有七：一曰册书，二曰制书，三曰慰劳制书，四曰发敕，五曰敕旨，六曰论事敕书，七曰敕牒，皆宣署申覆而施行之"②，而且用黄麻纸，"制书、慰劳制书、发日敕用黄麻纸"③，颁发慰劳制书的主要目的是"褒贤赞能，劝勉勤劳"，虽然皇帝们有时候也会颁发制书慰劳文武大臣，但慰劳军将仍是其主要功能。虽然《大唐开元礼》将其附于皇帝亲征及宣露布礼仪之后，似为胜利归来之礼，但根据礼仪中有授节细节来看，劳军将之礼主要实施于军队出发之前，即"凡军旅之出，则命受慰劳而遣之"④，皇帝通过授节赋予大将领军权力，并且遣使慰劳，并带来赏赐，以鼓舞士气，达到战争胜利的目的。

但在唐代现实社会生活中，慰劳军将的实施场景非常广泛，而且并不局限于出征之前，往往在战争胜利之后也会对将领进行慰劳。贞观年间，张公瑾屡立军功，"破定襄，败颉利"，太宗特地颁发玺书进行慰劳，并进封邹国公⑤；贞观十八年（644），田仁会与执失思力率

---

① 《大唐开元礼》卷八十四，第407页。
② 《旧唐书》卷四十三《百官志》，第1849页。
③ 《唐六典》中书省集贤院史馆匦使卷九，第274页。
④ 《旧唐书》卷四十三《职官志》，第1851页。
⑤ 《旧唐书》卷六十八《张公瑾传》，第2507页。

兵击破薛延陀，太宗为了嘉奖他的功勋，降玺书慰劳①；唐玄宗先天二年（713）于新丰讲武，结果中途阅武军队出现混乱，兵部尚书的郭元振流配新洲，给事中知礼仪事唐绍被斩，只有薛讷与解琬的军队保持了正常秩序，最后讲武礼结束之后，玄宗"甚加慰劳"②；天宝十四载（755）十一月，安禄山发动叛乱，玄宗命令高仙芝招募兵马，出潼关进讨。十二月，军队出发之际，玄宗"御望春亭慰劳遣之"③；安史之乱期间，令狐彰陷于贼，被叛军任命为博、滑二州刺史，但他在忠义之情的感召下，想要保持自己的名节，于是暗地里谋划逃归，最终成功归顺唐朝中央，肃宗受到令狐彰的奏表之后，非常高兴，"赐书慰劳"④；大历十年（775），王翃大破西原贼，代宗听到胜利的消息之后非常高兴，并遣中使前去慰劳，晋升为金紫光禄大夫⑤；唐德宗建中二年（781），李正己与田悦调集军队，威胁河南，德宗不得不将京西部分军队东调进行防备，在军队出发的时候，德宗亲自御望春楼誓师，并赐宴，结果神策军将士皆不饮酒，德宗很疑惑，便使人问询，神策军督将阳惠元回答道："苟未戎捷，无以饮酒。"在军队行进过程中，"有司供饩于道路，他军无孑遗，唯惠元一军瓶罍不发"，德宗称赞良久，并"降玺书慰劳"⑥；乾宁二年（895），王重盈卒，他的两个儿子王珙、王瑶举兵讨伐河中留后王珂，争夺河中节度使之位，唐昭宗为了缓和矛盾，"遣中使慰劳"⑦。

由上可知，唐代的慰劳活动仅仅是皇帝派遣使者送去慰劳制书，具体制书的宣读礼仪并未见于史籍记载，而且慰劳之后往往伴随着加官进爵以及实物的赏赐。唐前期的慰劳使者多由通事舍人或皇帝临时派遣官员充任，但安史之乱以后，前去慰劳的使者多以宦官充任，说

---

① 《旧唐书》卷一百八十五上《良吏附田仁会传》，第4793页。
② 《旧唐书》卷九十三《薛讷传》，第2983页。
③ 《旧唐书》卷一百四《高仙芝传》，第3206页。
④ 《旧唐书》卷一百二十四《令狐彰传》，第3528页。
⑤ 《旧唐书》卷一百五十七《王翃传》，第4144页。
⑥ 《旧唐书》卷一百四十四《阳惠元传》，第3915页。
⑦ 《旧唐书》卷二十上《昭宗本纪》，第752页。

明宦官的地位明显提高，并且他们与皇帝之间的联系更加紧密。

小　结

　　唐代的宣露布与劳军将之礼，基本属于唐朝中央政府的独创，在军事作战过程中起到了巨大的积极意义，并对最终的胜利结果产生了重要影响。唐代的露布主要用于军事领域，用来宣扬战争胜利的消息，具体的流程为露布从地方上达中央尚书省兵部，兵部报告皇帝，皇帝认可后经由门下省长官侍中审定，然后公之于众。在公布的时候，还要举行宣露布礼仪，由中书省长官中书令向外宣布。而劳军将之礼既可以在战争开始前进行以激励士卒，又可以在战争胜利结束之后进行赏赐，可以灵活运用于唐代的军事活动当中，表达皇帝对军中将士的慰劳与关切。宣露布之礼同时搭配劳军将、告庙、献俘等礼仪，共同构成庆祝战争胜利之后的军事礼仪体系。随着唐代中央地方行政体制的转变与社会生活的变化，露布的撰作环境与传送机制也发生了改变，由节度使府上达中书门下，宣露布礼仪也由内转外，在门楼与广场上当众宣读，配合乐舞，君臣、百姓共同庆祝战争胜利，整个长安城沉浸在一片喜悦之中。而慰劳军将的使者也由唐前期的官员改为中使宦官，同样体现了唐代政治局面的改变。唐代的露布与宣露布礼仪的结合，慰劳制书与劳军将之礼的互相搭配，兼具其实用性与礼仪性，为唐代的军事政治生活增添了色彩，但随着唐末五代的战乱，典籍散佚，宣露布之礼逐渐淡化，被并入献俘礼之中，而露布本身的实用性却又得以保持，甚至成为科举考试内容之一，在宋代的官方行政公文当中占据着重要地位。同时，虽然宋代也有皇帝慰劳军将的现象存在，但其军礼内容中，已经没有了劳军将之礼，说明其慰劳军将已经变为简单的政治活动，而不再具备礼仪性质了。

第三章

阅武练兵:唐代皇帝讲武、田狩礼仪研究

皇帝讲武、田狩二礼,在《大唐开元礼》中有详细的礼仪程序与仪式,从其本质上来说,二者都属于皇帝在农闲时节训练军队作战能力的政治礼仪活动。同时,在这些礼仪活动中,皇帝大都亲自参加,能够体现统治者对于军中将士的重视,以加深他们之间的感情联系与精神团结,而且在礼仪进行过程当中,通过发布的号令与相应的赏罚,能够强调军中的军法与纪律,提高军队的战斗力,保障战争的最终胜利。

第一节 唐代讲武礼的发展与具体实践

讲武,是中国古代帝王检阅和操练军队的一种礼仪,源自先秦。《周礼·夏官·大司马》中记载有中春教振旅、中夏教茇舍、中秋教治兵、中冬教大阅的四时讲武礼仪,郑玄进一步注解为:"春辨鼓铎,夏辨号名,秋辨旗物,至冬大阅,简军实。"①《礼记·月令》记载:"(孟冬之月)天子乃命将帅讲武、习射御、角力。"郑玄认为这指的就是《周礼》中的中冬教大阅之礼,"此即《周礼》'冬大阅'之礼也,春治兵,夏茇舍,秋振旅,冬大阅,皆所以习武事也,而唯冬之大阅为盛,《左传》所谓'三时务农,一时讲武'也……习射御以讲

---

① 《周礼正义》卷五十五《夏官·大司马》,第 2299—2329 页。

车乘之武，角力以讲步卒之武"①。可见，先秦时期在四时举行讲武，主要是检阅军队并训练其作战技能，其中冬月大阅讲武礼仪，是一年之中最为盛大的军事训练活动。

西汉时期，汉朝中央政府挑选天下郡国中能"引强蹶张，材力武猛者，以为轻车、骑士、材官、楼船"，立秋以后学习孙武兵法，并且熟练各种作战技能，"平地用车骑，山阻用材官，水泉用楼船"②。汉元帝时期罢角抵戏（先秦之角力）。东汉时立秋郊礼结束以后，命武官练兵，教习战阵之仪、斩牲之礼，名曰"貙刘"③。汉献帝建安二十一年（216）冬，曹操接受官员建议，恢复阅兵之礼，亲执金鼓指挥军队进行训练，曹丕、曹叡继之。晋武帝时多次亲临宣武观，检阅军队，但将指挥权下放到武官手中，惠帝以后，其礼渐废。东晋时期，晋元帝、成帝只进行了一些简单的练习，宋文帝时才恢复汉魏之礼，"以时讲武于宣武堂"④。南齐遵循刘宋制度，并且十分重视水陆骑兵的训练，齐武帝曾说"今亲阅六师，少长有礼，领驭群帅，可量班赐"⑤，并且于永明四年（486）幸宣武堂讲武。永明六年、永明九年前往琅琊城讲武，习水步军⑥。梁陈因袭宋齐制度，"梁、陈时，依宋元嘉二十五年蒐宣武场"⑦。魏晋南北朝时期的军礼正处于形成时期，讲武礼也一样，尚未进入国家礼典，故而此时的讲武礼比较灵活，礼仪细节较少。⑧

北魏时期分军队为南北二军，进行挑战，"南败北捷，以为盛观"⑨。北齐时皇帝常以季秋讲武于都外，清理出专用场地，分二军教习战阵及兵士的目、耳、心、手、足，二军"从五行相胜法，为阵

---

① 《礼记集解》卷十七，第491—492页。
② 《后汉书》卷一《光武纪》注引《汉官仪》，第51—52页。
③ 《后汉书》志第五《礼仪志》，第3123页。
④ 《通典》卷七十六《军礼》，第2061—2062页。
⑤ 《南齐书》卷三《武帝本纪》，第52页。
⑥ 《南齐书》卷三《武帝本纪》，第52、55、59页。
⑦ 《隋书》卷八《礼仪志》，第163页。
⑧ 陈志伟：《三国两晋讲武考》，《北方论丛》2014年第6期。
⑨ 《魏书》卷一百八之四《礼仪志》，第1810页。

以应之"①。相较于南朝，北朝时期的讲武礼开始丰富起来，有了更多的礼仪细节，比如分二军、用五行相胜法演练阵法，对隋唐时期讲武礼的成熟与定型产生了重要的影响②，也有学者认为虽然魏晋南北朝时期的讲武礼仪南北双方发展的轨迹并不一致，但最终都建立起以《周礼》模式为旗帜的讲武练兵制度③。

隋代讲武常在秋冬农闲时节，"军人每年孟秋阅戎具，仲冬教战法"④，隋文帝开皇二年（582）十二月，讲武于后园⑤；隋炀帝大业五年（609）四月，出临津关，渡黄河，陈兵讲武于西平。⑥唐高祖李渊建立唐朝，初期政局未定，礼仪袭用隋代旧仪。唐太宗登基以后，悉兴文教，召集房玄龄、魏征等礼官学士撰成《贞观礼》一百卷，其中《军礼》二十篇，增加了天子大射、合朔陈五兵于太社、农隙讲武等军礼内容⑦，讲武遂成为唐代官方军礼内容之一，之后高宗时期修撰的《显庆礼》，开元时期修撰的《大唐开元礼》，都继承了讲武之礼。

现存唐代典籍中，《大唐开元礼》详细记载了开元时期的皇帝讲武礼仪，虽然并不能代表整个唐朝，但其记载的礼仪程序及其表达的礼仪思想仍然具有代表性，可以作为研究唐代皇帝讲武礼仪的重要参考资料。《大唐开元礼》记载的皇帝讲武礼仪的主要内容为：

> 仲冬之月，讲武于都外。
>
> 前期十有一日，所司奏请讲武，兵部承诏遂命将帅简军士。有司先芟莱除地为场，方一千二百步，四出为和门。又于其内埒地为步骑六军营域处所：左右厢各为三军，上军在北，中军次

---

① 《隋书》卷八《礼仪志》，第164页。
② 陈志伟：《北朝讲武考论》，《兰州学刊》2011年第8期。
③ 梁满仓：《魏晋南北朝五礼制度考论》，第446页。
④ 《隋书》卷八《礼仪志》，第167页。
⑤ 《隋书》卷一《高祖本纪》，第18页。
⑥ 《隋书》卷三《炀帝本纪》，第73页。
⑦ 《旧唐书》卷二十一《礼仪志》，第816—817页。

之，下军在南，东西相向。中间相去三百步，五十步立表一行，凡立五表，表间前后各相去五十步，为三军进止之节。又别埋地于北厢，南向，为车驾停观之处。

前三日，尚舍奉御设大次及御座于其中如常仪。

前一日，讲武将帅及士卒集于埋所，禁止喧哗。依方色建旗为和门，于都埋之中及四角皆建以五彩牙旗，旗鼓甲仗威仪悉备于埋所。大将以下各有统帅如常式。步军大将被甲胄乘马，教骑大将亦乘马，教习士众为战队之法。凡教为阵，少者在前，长者在后；其还则长者在前，少者在后。长者持弓矢，短者持戈矛，力者持旌旗，勇者持钲鼓。刀楯为前行，持矟者次之，弓箭为后行。将帅先教士众使习见旌旗指麾之踪，旗卧即跪，旗举即起；金鼓动止之节，声鼓即进，鸣金即止；知刑罚之苦，赏赐之利，持五兵之便，战斗之备，习串跪起及行列险隘之路。

讲武日，未明十刻，军士皆严备。五刻，将士皆贯甲，步军各为直阵以相俟，将军依仪各依格备物，大将军各依格处分军中，立于旗鼓之下。（凡六军各鼓一十二、钲一、大角四，并止于其军后表之下。）銮驾出宫如常式。

讲武日未明七刻，搥一鼓为一严（三严时节，前一日侍中奏裁。出宫以刚日。）侍中奏开宫殿门及城门。未明五刻，搥二鼓为再严，侍中版奏："请中严。"文武官应从者俱先置，文武官皆公服。所司为小驾，依图阵陈设。未明二刻，搥三鼓为三严，诸卫各督其队与钑戟以次入陈于殿庭。诸侍卫之官各服其器服，诸侍臣俱诣西阶下奉迎（侍中负玺如式。）乘黄令进革辂于太极殿西阶之前，南向。千牛将军一人执长刀立于辂前，北向。黄门侍郎一人，在侍臣之前。赞者二人，又在黄门之前。侍中版奏："外办。"太仆卿奋衣而升，正立执辔、皇帝服武弁，乘舆以出，降自西阶。称警跸如常仪。千牛将军前执辔，皇帝升辂，太仆卿立授绥。升讫，侍中、中书令夹侍如常。黄门侍郎进当銮驾前，跪奏称："黄门侍郎臣某言，请銮驾发引，俛伏兴，退复位。"（黄门侍郎奏请，皆进銮驾前，跪奏称："具官臣某言讫，俛伏兴。")銮驾动，又称警跸。黄门侍郎、赞者夹引以出，千牛将军夹辂而趋，驾出承天门至侍中上马所。黄门侍郎奏称："请銮驾权停，敕侍中上马。"侍中前承制，退，称："制曰可。"黄门侍郎退，称："侍中上马。"赞者承传，文武侍臣皆上马，诸侍卫之官各督其属，左右翊驾在黄麾内，赞者在供奉官人内。侍臣上马毕，黄门侍郎奏称："请敕车右升。"侍中前承制，退称："制曰可。"黄门侍郎退复位，千牛将军升讫。黄门侍郎奏称："请銮驾发引。"退复位。銮驾动，称警跸如常。

銮驾至壝所，兵部尚书介胄乘马奉引，至讲武所，入自都壝北和门，至两步军之北，当空南向。黄门侍郎奏称："请降辂。"还侍位。皇帝降辂，入大次而观。兵部尚书停于东厢，西向立。三仗少退以通观路。领军减小驾骑士，立于都壝之四周。侍臣依左右厢立于大次之前，东西面北上。文武九品以上皆公服，文东武西，在侍臣之外十步所，重行北上。诸州使人及蕃客先集于都壝北和门外，东方南方立于道东，西方北方立于道西，皆向辂而立，以北为上。于驾将至和门，奉礼曰："再拜。"在位者皆再拜，皇帝入次，谒者引诸州使人，鸿胪卿引蕃客，东方南方立于大次东北，南向，以西为上；西方北方立于大次西北，南向，以东为上。若有观者，立于都壝骑士仗外，四周任意。然后讲武。

诸州使人及蕃客立定，吹大角三通，中军将各以鞞令鼓，二军俱击鼓。三鼓，有司偃旗，步士皆跪。二军诸帅果毅以上各集于中军大将旗鼓之下。左厢中军大将立于旗鼓之东，西面；诸军将立旗鼓之南，北面东上。右厢中军大将立于旗鼓之西，东面；诸军将立于旗鼓之南，北面西上。以听誓。大将誓曰："今行讲武，以教人战，进退左右一如军法。用命有常赏，不用命有常刑，可不勉之！"誓讫，左右三军各长史二人，振铎分循以警众，诸果毅各以誓词遍告其所部。遂声鼓，有司举旗，士众皆起，骑徒皆行，及表，击钲，骑徒乃止，又击三鼓，有司偃旗，士众皆跪。又击鼓，有司举旗，士众皆起，骑徒骤趋，及表乃止，整列立定。东军一鼓，举青旗为直阵，西军亦鼓而举白旗为方阵以应之；次南军一鼓而举赤旗为锐阵，北军亦鼓而举黑旗为曲阵以应之。次东军鼓而举黄旗为圆阵，西军亦鼓而举青旗为直阵以应之。次西军鼓而举白旗为方阵，东军亦鼓而举赤旗为锐阵以应之。次东军鼓而举黑旗为曲阵，西军亦鼓而举黄旗为圆阵以应之。凡阵迭为客主，先举者为客，后举者为主，从五行相胜之法，为阵以应之。每变阵，二军各选刀楯之士五十人，挑战于两军之前。第一、第二挑战迭为勇怯之状，第三挑战为敌均之势，第四、第五挑战为胜败之形。每将变阵，先鼓而为直阵，然后变从余阵之法。五阵毕，两军俱为直阵。又击三鼓，有司偃旗，士众皆跪。又声鼓举旗，士众皆起，骑驰徒走，左右军俱至中表，相拟击而还。每退至一行表，跪起如前，遂复本列。

侍中跪奏："请观骑军。"又侍中称："制曰可。"侍中俛伏，兴。二军吹角、击鼓、誓众、俱进及表乃止，皆如步军，唯无跪起耳。骑军东西迭为主客，为五变之阵皆如步军之法。每阵各八骑挑战于两阵之间，如步军法。五阵毕，俱大击鼓而前，盘马相拟击而罢，遂振旅而还。

凡步骑二军之士，备则满数，省则半之，损益随时，惟不得减将帅。凡相拟击，皆不得以刃相及。凡步士逐退，限过中表二十步而止，不得过也；骑士不在此例。（若因田狩，则令讲武军士之外先期为围，观讫，乘马鼓行亲禽如别礼。狩讫，乘辂振旅而还如常仪。）

讲武罢，侍中跪奏称："侍中臣某言，讲武礼毕，请还。"俛伏，兴。皇帝降御舆，侍卫如常仪。皇帝升辂，太仆卿立授绥，升讫，敕车右升，千牛将军升辂陪乘。黄门侍郎奏称："请銮驾发引。"退复位。銮驾动，称警跸如常仪。黄门侍郎、赞者夹引，至侍臣上马所。黄门侍郎奏称："请銮驾权停，敕侍臣上马。"侍中前承制，退，称："制曰可。"黄门侍郎退，称："敕侍臣上马。"赞者承传，文武侍臣皆上马毕。黄门侍郎奏称："请銮驾发引。"退复位。銮驾动，鼓吹振作，文武群官皆从如来仪（诸客使便还馆。）驾到承天门外，至侍臣下马所，銮驾权停，文武侍臣皆下马，千牛将军降，立于辂右讫。銮驾动，千牛将军夹辂而趋，驾入太极门至横街北，当东上阁回辂，南向。侍中进当銮驾前，跪奏称："侍中臣某言，请降辂。"俯伏，兴，还侍位。皇帝降辂，御舆以入。侍臣从至阁。初文武群官至承天门，舍人承敕："群官还。"皇帝既入，侍中版奏："请解严。"叩钲，将士各还其所，明日群官奉参起居如别礼。①

从上引礼仪可见，唐代皇帝讲武礼主要由三个程序构成：（一）前期准备工作。讲武开始前十一天，兵部命令将帅拣选士兵，有司设置讲武场所，包括军营和皇帝观礼之处；前三天，尚舍奉御设置皇帝御座；前一天，参加讲武的将士集结，设置讲武时的旗鼓甲仗，将帅提前教习士兵讲武时的语令。（二）实施讲武礼仪。讲武当天，皇帝从宫殿与文武百官前往讲武场所，到达提前设置好的观礼位置，文武百官、诸州使人及蕃客及其他观礼的人各就其位，向皇帝行拜礼之后，讲武礼正式开始。开始前，大将起誓，告诫将士，然后步兵依次为主客，以五行相生的原则演练阵法。步兵演练结束之后，骑兵开始演练，具体步骤与步兵相同。（三）讲武结束，皇帝回宫。皇帝銮驾进出宫廷的礼仪与圆丘祭天时的礼仪基本相同，《通典》记载"唯不作鼓吹，不撞蕤宾"②，但根据礼仪内容来看，实际上是有鼓吹的。

同时，《大唐开元礼》中记载了一些讲武礼中的原则与细节。如战阵之中，"凡教为阵，少者在前，长者在后，其还，则长者在前，少者在后。长者持弓矢，短者持戈矛，力者持旌旗，勇者持钲鼓，刀楯为前行，持矟者次之，弓箭者为后行"。这样既体现了尊敬长者的儒家理念，又合理地将各个兵种排列在阵法之中；大将讲武礼开始前的誓词，"今行讲武，以教人战，进退左右，一如军法，用命有常赏，不用命有常刑，可不勉之"，是为了严明军法，告诫将士听从命令，不然就会身受刑罚；关于讲武礼实施中步卒、骑兵的人数和模拟作战

---

① 《大唐开元礼》卷八十五，第408—410页。
② 《通典》卷一百三十二《礼》，第3385页。

问题，也有相关规定，"凡步骑二军之士，备则满数，省则半之，损益随时，惟不得减将帅，凡相拟击，皆不得以刃相及，凡步士逐退，限过中表二十步而止，不得过也，骑士不在此例"①，保障了讲武礼仪的安全有序进行，正如唐玄宗所说："俾夫少长有礼，疾徐有节，将以伐叛怀服，将以保大定功，协于师贞，以弘武备。"②

将《大唐开元礼》所载讲武礼仪与史籍记载的北齐讲武礼仪进行对比可知，除去唐代新增的銮驾出宫及回宫礼仪外，二者在讲武礼的前期准备与具体实施过程中的内容基本相同，只是《大唐开元礼》的内容更加趋于完整，这说明了唐代讲武礼是承袭北齐而来，印证了陈寅恪先生关于隋唐礼制渊源的观点。而且唐朝在此基础上，增加了有关皇帝的礼仪程序，更加突出了皇帝的尊贵及其在讲武礼中的重要地位。

唐代讲武自高祖时期就开始实施，对于讲武的功能与意义，唐高祖有着清晰的认识。他在武德元年（618）发布《阅武诏》，认为"今农收已毕，杀气方严，宜顺天时，申曜威武，可依别敕，大集诸军，朕将躬自巡抚，亲临校阅"③。由于讲武可以训练军队，提升武备，有利于皇帝掌控军队，维持国家稳定，故而唐前期讲武礼仪作为国家武装演练的一部分，得到了多次实施。唐高宗认为："讲阅者，安不忘危之道也。梁朝衣冠甚盛，人物亦多，侯景以数千人渡江，一朝瓦解。武不可黩，又不可弃，此之谓也。"④ 唐玄宗在《骊山讲武赏慰将士诏》中说道："文事必有武备，耀德在于观兵……今孟冬戒时，农事爰隙。骊山之下，鸿门在望。横层阜以南属，耿长川而北流。严霜初霁，疾风始至。以时而命群帅，得地而临武臣。料其胜负，详其进退，以振国威，用蒐军实。"⑤

关于唐代讲武礼仪，学界也有诸多研究成果，尤其是讲武礼仪举

---

① 《大唐开元礼》卷八十五，第408—410页。
② 《唐会要》卷二十六《讲武》，第586页。
③ 《唐大诏令集》卷一百七《阅武诏》，第552页。
④ 《唐会要》卷二十六《讲武》，第585页。
⑤ 《唐大诏令集》卷一百七《骊山讲武赏慰将士诏》，第553页。

第三章 阅武练兵：唐代皇帝讲武、田狩礼仪研究 / 93

行的次数，诸家见解不一，如李训亮统计为 13 次①；韩国学者金相范统计为 14 次②；王瑜统计为 13 次③；王博经过分析之后认为唐代真正意义上的讲武共实施 13 次④；丸桥充拓认为有 17 次。⑤ 之所以会出现这样的数值差距，主要是因为"讲武"这一概念产生混淆，在史书记载中，还有"蒐""蒐狩""阅武""大阅"等称谓，与皇帝田狩混在一起，学者在研究统计时难以区分。而且，还存在关于实际实施的是否为讲武礼仪的争论，结果就出现了统计上的差异，其中李训亮、王瑜数值一致，而且认为最后一次讲武为代宗朝，金相范则认为唐武宗朝也有一例，王博则认为武宗朝、僖宗朝皆有一例。通过分析与研读史料，在总结前人研究成果的基础上，现将唐代的讲武礼实施情况统计如下。

表 6　　　　　　　　唐代皇帝讲武礼仪实施情况简表

皇帝	时间	地点	文献来源
唐高祖	武德元年十月		《唐会要》卷 26；《册府元龟》卷 124
	武德五年十一月	宜州	《册府元龟》卷 124
	武德八年十一月	宜州同官县	《唐会要》卷 26；《册府元龟》卷 124
	武德九年三月	昆明池	《册府元龟》卷 124
唐太宗	贞观七年十二月	城西	《唐会要》卷 26；《资治通鉴》194
	贞观十五年十月		《旧唐书·太宗本纪》
唐高宗	显庆二年十一月	许、郑之郊	《唐会要》卷 26；《旧唐书·高宗本纪》
	显庆五年三月	并州城西	《册府元龟》卷 124
	麟德二年四月	邙山之阳	《唐会要》卷 26；《册府元龟》卷 124
唐玄宗	先天二年十月	骊山	《唐会要》卷 26；《册府元龟》卷 124
	开元八年八月		《唐会要》卷 26

① 李训亮：《唐代讲武述论》，《西安文理学院学报》（社会科学版）2005 年第 5 期。
② 金相范：《唐代讲武礼研究》，《宋史研究论丛》2016 年第 7 辑。
③ 王瑜：《关于中国古代"讲武礼"的几个问题——以唐代为中心》，《求索》2009 年第 4 期。
④ 王博：《唐代讲武礼实施背景新考》，《隋唐辽宋金元史论丛》2016 年第 6 辑。
⑤ 《唐代军事财政与礼制》，第 281—283 页。

续表

皇帝	时间	地点	文献来源
唐肃宗	至德二载八月	凤翔	《唐会要》卷26；《册府元龟》卷124
	至德三年正月	含元殿	《唐会要》卷26；《册府元龟》卷124
唐代宗	宝应元年九月	明凤门街	《册府元龟》卷124
	大历九年四月		《旧唐书·代宗本纪》
唐武宗	会昌二年七月	左神策军	《新唐书·代宗本纪》
唐僖宗	广明元年十一月	左神策军	《新唐书·代宗本纪》

根据表6可知，唐代皇帝共实施讲武17次，其中唐高祖4次，唐太宗2次，唐高宗3次，唐玄宗2次，唐肃宗2次，唐代宗2次，唐武宗1次，唐僖宗1次。另有武则天圣历二年（699）十月欲行讲武，但因延期和官员的反对而未能实施。① 根据上表分析可知，唐代讲武礼主要实施于安史之乱以前，共计11次，而且时间主要集中在冬十月、十一月，基本符合礼仪的规定，当然也存在一些违礼之事，如唐高宗先后于三月份、四月份举行了讲武礼仪。安史之乱以后，尤其是肃代之际，朝廷出于平叛的需要和应对吐蕃的威胁，举行了4次讲武，虽然《唐会要》记载说至德三年讲武礼实施之后，"自后遂废"②，但实际上并非如此。唐武宗和唐僖宗时期均举行了讲武，且都发生在左神策军军营之中，这反映出唐代皇帝的个人权威和军队掌控能力的严重下降，也体现出神策军在唐后期逐渐成为皇帝唯一能够信任和依赖的军事力量。正如王博在其论著中所说，唐代前期的皇帝讲武扮演着向朝廷内外宣示皇帝及唐帝国权威的角色，但自唐代中后期开始，由于皇帝权力的衰落，皇帝讲武逐渐变成确认皇帝与禁军关系的重要环节之一。③

唐代讲武礼的实施有着深刻的时代与政治背景，同时也从侧面反映了唐朝统治的盛衰变化。唐高祖即位之初，就颁布了《阅武诏》，

---

① 《唐会要》卷二十六《讲武》，第585—586页。
② 《唐会要》卷二十六《讲武》，第587页。
③ 王博：《唐代讲武礼实施背景新考》，《隋唐辽宋金元史论丛》2016年第6辑。

第三章 阅武练兵：唐代皇帝讲武、田狩礼仪研究

申明了在"人蠹未尽，寇盗尚繁"①、割据政权尚存、国家尚未统一的情况下，以讲武来训练军队显得十分必要，并明确了自己要亲自举行讲武的意愿。武德五年（622）十一月，唐高祖在宜州讲武。其时正值太子李建成主动请缨前去征讨刘黑闼的第十二天，一方面，是为了严整军威，以激励李建成和出征将士，期待他们凯旋；另一方面，则是在太子李建成和秦王李世民兄弟争斗逐渐激烈的情况下，通过讲武来暗地里表明自己对太子李建成的支持，以约束秦王，达到稳定政治局面的作用。武德八年（625）十一月，高祖再次讲武于宜州同官县，该年六月，突厥大举入侵定州，李渊命皇太子前往幽州，秦王前往并州防备突厥；八月，唐朝并州道总管张公谨与突厥战于太谷，大败，甚至中书令温彦博都被突厥俘虏。虽然九月份的时候突厥撤退，但面对战争的失利，唐高祖不得不通过讲武来进一步提高军队作战能力，同时鼓舞士气，并在来年正月"命州县修城隍，备突厥"②，这种一系列的军事活动，正是为了在与突厥的作战中取得胜利。武德九年三月，唐高祖临幸昆明池，观看水战演练。有学者认为此次水战不属于讲武礼仪，而是娱乐性的游宴。③ 虽然史籍中并未记载此次水上军事演练的程序与目的，但水军讲武已有先例，早在南朝时就已经多次举行，而相对于陆地讲武来说，只是讲武场地由陆地变为昆明池，步卒骑兵变为水军舰船，其训练军队以提高作战能力的本义是相通的，符合讲武阅兵的基本内涵。唐高祖时期共举行 4 次讲武，2 次应对国内割据政权，1 次应对吐蕃，1 次训练水军，实施次数居唐朝历代之最。而且唐高祖多次前往宜州讲武，恰好符合宜州独特的军事地理位置，其境内有玉华山，东扼鄜、坊，西援庆、泾，居中遏制子午岭。正因如此，高祖修建了仁智宫，既符合朝廷内外加强军事防御的需要，又能充分利用玉华山的自然风光，集军事防御与休闲娱乐为一体。建成后，高祖也多次临幸仁智宫，使其成为唐朝临时军事指挥

---

① 《唐大诏令集》卷一百七《阅武诏》，第 552 页。
② 《旧唐书》卷一《高祖本纪》，第 16 页。
③ 王博：《唐代讲武礼实施背景新考》，《隋唐辽宋金元史论丛》2016 年第 6 辑。

中心。

　　唐太宗贞观七年（633）十一月，在长安城西举行讲武，高祖李渊也参与其中。这次讲武举行的时间，诸史料记载不一，《旧唐书》《新唐书》《唐会要》《太平御览》均记载为贞观八年十二月，而《资治通鉴》记作贞观七年十二月，经胡三省考证，当为贞观七年。① 王博认为这次讲武与《贞观礼》的修成颁行有很大关系②，但实际上，《贞观礼》修撰完成的时间是在贞观十一年，而贞观七年的讲武应该与当时国内外良好的政治局面有关。贞观六年，唐平突厥，年谷丰登，百官纷纷上言请求太宗前往泰山进行封禅，均被太宗推辞，但之后国内外又大量上表，太宗也不好再次拒绝，就令礼官修撰封禅仪注，并遣中书侍郎杜正伦前往泰山寻找七十二帝坛遗迹，准备工作做好之后开始进行，却因两河发大水而寝废。③ 贞观七年十一月讲武结束以后，十二月，太宗又于少陵原进行校猎，并跟从太上皇李渊置酒汉未央宫，李渊命突厥颉利可汗起舞，又命南蛮酋长冯智戴咏诗，既而笑着说："胡、越一家，自古未有也！"太宗也举杯为太上皇上寿曰："今四夷入臣，皆陛下教诲，非臣智力所及。昔汉高祖亦从太上皇置酒此宫，妄自矜大，臣所不取也。"④ 太上皇大悦。可见，此时的唐王朝外无强敌，四夷宾服，内政也相对安稳，高祖与太宗能够共同参加讲武、校猎活动，接受外蕃的庆贺，也说明他已经渐渐认可了太宗的政治才能。虽然太宗无法顺利封禅以旌表功勋，但仍旧能通过校猎、讲武等活动来彰显自己的统治功勋，并借此缓和他与高祖之间的关系。

　　贞观十五年（641）十月，"大阅于伊阙"⑤，应该是战争前的讲

---

① 《资治通鉴》卷一百九十四太宗贞观七年十二月条，第6216页。
② 王博只根据《唐会要》的记载，误以为《贞观礼》的修撰完成是在贞观七年，同时《通典》《册府元龟》也记为贞观七年，但实际上，《旧唐书》《资治通鉴》记载《贞观礼》修撰完成的时间为贞观十一年，而且高明士曾经过研究论证，确为贞观十一年，见高明士《中古礼律综论》，第288—289页。
③ 《旧唐书》卷二十三《礼仪志》，第881—882页。
④ 《资治通鉴》卷太宗贞观七年十二月条，第6216页。
⑤ 《旧唐书》卷三《太宗本纪》，第53页。

武阅兵礼仪，"先讲武于国中，教习步战；每五人，以一人经习战阵者使执马，而四人前战；克胜即授马以追奔，失应接罪至于死，没其家口，以赏战人，至是遂行其法"，之后李勣、薛万彻大败薛延陀，"相腾践而死者甚众，伏尸被野"①。但这次讲武并未引起史家关注，主要是史书关于此次讲武记载不一，《新唐书》《资治通鉴》均写作"猎于伊阙"，即田狩礼，故而研究讲武时有所疏漏。

唐高宗显庆二年（657）十一月，在许、郑之郊，潩水之南举行讲武，并且随后举行了田猎"三驱之礼"，高宗设皇帝御座于尚书台（东汉马融讲解《尚书》之地），并接受许州长史封道宏的建议将其改名为讲武台②，表达了自己安不忘危、强化武备的决心。显庆五年三月，唐朝联合新罗讨伐百济，大军进到并州，高宗在此举行讲武，御飞龙阁观看。"左卫大将军张延师为左军，左右骁武等六卫、左羽林骑士属焉；左武候大将军梁建方为右军，领威武候等六卫、右羽林骑士属焉。一鼓而示众，再鼓而整列，三鼓而交前。左为曲直圆锐之阵，右为方锐直圆之阵，三挑而五变，步退而骑进，五合而各复其位。"③分左右二军，结五行相克之阵，步卒在前，骑兵在后，完全符合礼仪规定，相当于提前演练出征大军，为战争做好准备。麟德二年（665）四月，讲武于邙山之阳，高宗御北城楼进行观看，由于唐高宗下诏于麟德三年举行泰山封禅大礼，队伍中肯定夹杂有大量外藩使臣，故而这次讲武的主要目的便是宣扬军威，警示外族。虽然唐高宗举行的3次讲武礼仪中，有2次不符合讲武礼仪的时间规定，但都有着现实的政治军事诉求。

唐玄宗先天二年（713）十月，在骊山进行讲武，"往以韦氏构逆，近又凶魁作祸，则我宗社危如缀旒，故斩长蛇，截封豨，戮枭獍，扫欃枪。使武之不修，人何克义？"④玄宗通过发动政变结束了长久以来的朝政动荡，获得帝位，急欲树立自己的权威地位，故而登

---

① 《旧唐书》卷一百九十九《铁勒传》，第5345页。
② 《唐会要》卷二十六《讲武》，第584页。
③ 《唐会要》卷二十六《讲武》，第584—585页。
④ 《唐大诏令集》卷一百七《骊山讲武赏慰将士诏》，第553页。

基三个月之后就举行讲武，并号召百姓围观，谁料期间发生变故，导致郭元振被贬、唐绍被杀，玄宗无奈只能通过大量赏赐来挽回颜面。开元八年（720）八月，唐玄宗发布敕书，选兵讲武，"差使于两京及诸州，拣取十万人，务求灼然骁勇，不须限以蕃汉，皆放番役差科，惟令围伍教练，辨其旗物，简其车徒，习攻取进退之方，陈威仪贵贱之等"，表达自己"四方虽安，不可忘战"①的居安思危之意。

唐肃宗分别于至德二年（757）八月，至德三年正月举行讲武，其间仅相隔5个月。安史之乱爆发以后，叛军迅速南下，占领洛阳、长安，唐玄宗被迫逃亡蜀地，途中马嵬驿兵变，杨国忠、杨贵妃死，太子李亨前往灵武，之后即帝位，开始平叛。至德二年初，安史叛军内部出现矛盾，安禄山被其子安庆绪所杀，肃宗也由灵武进入凤翔，"陇右、河西、安西、西域之兵皆会，江、淮庸调亦至洋川、汉中，上自散关通表成都，信使骆驿。长安人闻车驾至，从贼中自拔而来者日夜不绝"②，平叛形势一片大好。于是肃宗开始计划收复长安，部署好军队之后，于其年八月在凤翔举行讲武，大阅六军，肃宗于城楼观阵。讲武之后劳飨诸将，遣攻长安，并问郭子仪此战能否取胜，郭子仪回答说："此行不捷，臣必死之！"③九月，唐、回纥及西域共十五万大军进攻长安，于长安郊外香积寺附近与叛军作战，大败叛军，进而收复长安，肃宗也于该年十月由凤翔进入长安，十二月，唐玄宗由蜀地到达长安。三年正月（二月份改元乾元），肃宗于含元殿举行讲武大阅，登楼鸾阁观礼。可见，肃宗举行的两次讲武，都是出于时势的需要，一是战前鼓舞士气，二是战争胜利之后叙功封赏，并且在玄宗到达长安之后，肃宗举行讲武，无疑凸显了他的平叛功绩和至尊地位。

唐代宗宝应元年（762）九月，大阅兵马于明凤门街，明凤门即丹凤门，大明宫正南门，肃宗时改名，之后又复。丹凤门上有非常高

---

① 《唐会要》卷二十六《讲武》，第586页。
② 《资治通鉴》卷二百一十九肃宗至德二载二月条，第7136页。
③ 《资治通鉴》卷二百一十九肃宗至德二年八月条，第7149页。

大的城楼，唐朝皇帝经常在此举行登基、改元、大赦等礼仪活动，另外丹凤门下街道宽广，有足够的空间陈列军队，也适合举行讲武。宝应元年，平定安史之乱的战争逐渐进入尾声，史朝义也节节败退，国内政局逐渐稳定，此次讲武主要还是为了加强皇帝对军队的控制，以防止军将在战争中势力坐大，威胁皇权。大历九年（774）四月，诏命郭子仪等人"大阅兵师"以防备吐蕃。① 安史之乱平定以后，唐朝的主要威胁是来自西边的吐蕃，在唐朝平定叛乱、无暇自顾的时候，吐蕃趁机侵占河西地区，扩充势力，"兼河、陇之地，杂羌、浑之众，势强十倍"②，并不断侵扰唐朝内地，广德元年（763）甚至短暂地攻占了唐都长安，唐军收复长安之后，便开始重点布兵防御吐蕃，防秋兵即设置于此背景之下。大历九年所举行的讲武就是为了检阅军队，提高军队作战能力以防御吐蕃，代宗之后发布诏书称"四海之内，方协大宁，西戎无厌，独阻王命，不可忘战，尚劳边事"③，与此次讲武紧密相连，向国民传达了安不忘危的讯息。

唐武宗会昌二年（842）七月，幸左神策军阅武。神策军本是哥舒翰在天宝年间在西北建立的防御吐蕃的军队之一，但由于安史之乱爆发，河陇军队奉命返回内地平叛，神策军也参与其中，并且在广德元年吐蕃入侵长安之际，护卫代宗，立下军功。永泰元年（765），吐蕃再次入侵，代宗便将神策军分为左右二厢，屯于禁苑，正式成为天子禁军。但唐德宗建中年间发生"四王二帝之乱"以后，唐德宗更加不信任武将，意识到必须把军权掌控到自己手中，于是兴元元年（784），唐德宗命令宦官分领神策军，为左、右厢都知兵马使。贞元二年（786年），改神策左、右厢为左右神策军。贞元十二年（796）又置左右神策军护军中尉。至此，神策军虽然直属于皇帝，但军权却逐渐落入宦官之手，宦官凭此权利迅速膨胀，"气益盛，迫胁天子，下视宰相，陵暴朝士如草芥"④，动辄行废立之事。唐文宗时期想要

---

① 《旧唐书》卷十一《代宗本纪》，第304页。
② 《资治通鉴》卷二百一十九代宗大历九年二月条，第7345页。
③ 《旧唐书》卷十一《代宗本纪》，第304页。
④ 《资治通鉴》卷二百四十五文宗大和九年十一月条，第8041页。

诛杀宦官，却被宦官发动"甘露之变"，公卿大臣惨遭屠戮，文宗也被幽闭于深宫之中，唐武宗的即位正是宦官仇士良矫诏拥立的结果，武宗登基以后，不得不亲信宦官，依赖神策军。故而唐武宗选择在神策军中进行阅武，也是为了安抚神策军，通过讲武来体现对他们的重视和与他们的亲密关系。

到了宣宗时期，唐朝中央已经很少实施讲武，讲武转而成为地方拣选兵马的活动之一，如大中六年（852）宣宗发布敕书称："天下军府有兵马处，宜选会兵法能弓马等人，充教练使，每年依礼教习，仍以其数申兵部。"① 这种"申报兵部"的象征性说辞，表达了皇帝在藩镇势力根深蒂固以后的无奈，而这种做法又将进一步增强地方藩镇的军事力量，转而严重威胁中央王朝的统治。这一现象并非偶然，早在东晋成帝以后，由于地方桓、庾等势力太大，基本掌控了东晋的军政大权，讲武就成为地方藩镇训练军队的常用方式，而东晋朝廷再也无力举行，"自后蕃镇桓、庾诸方伯，往往阅习，然朝廷无事焉"②。

唐僖宗广明元年（880）十一月，其时黄巢叛军正盛，势如破竹，逼近两京，唐僖宗在左神策军军营之中进行讲武，并命令护军中尉田令孜为诸道兵马都指挥制置招讨使，忠武军监军杨复光为副，企图通过讲武来振奋士气、抵抗黄巢，但此时军心涣散，军队作战能力低下，根本无法抵御叛军，长安被黄巢迅速攻破，僖宗不得不在宦官的陪同下前往凤翔避难。所以，此次讲武纯属形式表演，没有什么实际意义，这也是唐朝皇帝实施的最后一次讲武，如同唐朝的国运一般，日落西山，寿终正寝。

第二节 唐代皇帝田狩礼仪的发展与具体实践

皇帝田狩，又称田猎，指的是皇帝在田内举行狩猎的一种礼仪，

---

① 《唐会要》卷二十六《讲武》，第587页。
② 《通典》卷七十六《礼》，第2062页。

第三章 阅武练兵：唐代皇帝讲武、田狩礼仪研究

其礼来源于先秦，与讲武礼仪同出一源。《周礼·夏官·大司马》中记载中春蒐田、中夏苗田、中秋狝田、中冬狩田①，即春蒐、夏苗、秋狝、冬狩四时田猎之礼，其中冬狩礼为规模最大、记载最详细的田狩礼仪，在中冬讲武之后举行。后世继承周礼，开始实施田狩，始见于东汉年间的"貙刘"。《后汉书》记载："立秋之日，自郊礼毕，始扬威武，斩牲于郊东门，以荐陵庙。……习战阵之仪、斩牲之礼，名曰'貙刘'。"②其中，习战阵之仪，即讲武而斩牲之礼，就指的是田狩礼。

宋文帝元嘉二十五年（448）闰二月，大蒐于宣武场③，并详细记载了其田狩礼仪程序，梁陈依之，只是在一些方面稍有改变，如"猎讫，宴会享劳，比校多少。戮一人以惩乱法"④。北齐时期的四时田狩礼皆同，而且礼仪程序更加完善，已经出现了三驱之礼，并且在田狩礼仪结束之后，分类处理所获猎物，"命有司，每禽择取三十，一曰干豆，二曰宾客，三曰充君之庖。其余即于围下量犒将士"⑤。北周时期的田狩礼仪上追周礼，将讲武与田狩再次结合在一起，并以太牢祭祀黄帝轩辕氏。隋代延续其礼，大业三年（607），隋炀帝巡边榆林，其时突厥启民可汗、东胡军长前来朝贡，为了彰显武装军备，"示以甲兵之盛"，就在榆林实施了冬狩之礼。⑥唐代的田狩礼仪上承北齐、隋，并在自身军礼内容不断完善的情况下，最终纳入国家礼典之中。

唐代皇帝普遍热爱游猎活动，但是这些游猎活动并不都属于皇帝田狩礼仪。李靖曾在其兵法著作中提到校猎时的程序细节："校猎：一人守围地三尺，量人多少，以左右两将为交头，其次左右将各主士伍为行列，皆以金、鼓、旗为节制。其初起围张翼，随山林地势，无

---

① 《周礼正义》卷五十五，第2307—2342页。
② 《后汉书》志第五《礼仪志》，第3123页。
③ 《隋书》卷八《礼仪志》，第163页。
④ 《隋书》卷八《礼仪志》，第164页。
⑤ 《隋书》卷八《礼仪志》，第165页。
⑥ 《隋书》卷八《礼仪志》，第167—168页。

远近部分。其合围地,虞候先择定讫。以善弧矢者为围中骑,其步卒枪幡守围,有漏兽,坐守围吏。大兽公之,小兽私之,以观进止。"① 虽然这反映的是军队中的校猎场面,猎兽的主体为步卒将士,实施的目的也更倾向于军事训练,但其程序已经具备了一些礼仪形式,与《开元礼》记载的有关内容颇为相似。

唐代田狩礼仪的发展与成熟与讲武礼仪如出一辙。经过太宗时期《贞观礼》的补充完善、高宗时期《显庆礼》的部分修改,再到《大唐开元礼》的折中与定型。唐代皇帝田狩礼仪注的经学依据主要来自《周礼·夏官·大司马》和《礼记·王制》②,并借鉴吸收北齐、隋代的田狩礼仪,最终定于《大唐开元礼》卷第八十五:

> 仲冬,狩田之礼。
>
> 前期十日,兵部征众庶循田法,虞部量地广狭,表所田之野。
>
> 前狩二日,本司建旗于所田之后,随地之宜。
>
> 前一日未明,诸将各帅士徒集于旗下,不得喧哗。
>
> 质明,弊旗,后至者罚之。兵部分申田令,遂围田。其两翼之将皆建旗,及夜布围讫(若围广,或先期二日、三日)围阙其南面。(且据南面。及狩,随地所宜)驾出以刚日,其发引、次舍如常。将至田所,皇帝鼓行入围。鼓吹令以鼓六十陈于皇帝东南,西向。六十陈于皇帝西南,东向,皆乘马。(各备萧角)诸将皆鼓行赴围。乃设驱逆之骑百有二十。既设驱逆,皇帝乘马南向,有司敛大绥以从,诸公王以下皆乘马带弓矢陈于驾前后,所司之属又敛小绥以从。乃驱兽出皇帝之前。初一驱过,有司整饬弓矢以前。再驱过,本司奉进弓矢。三驱过,皇帝乃从禽左而射之。每驱必三兽以上。皇帝发,亢大绥。皇帝既发,然后公王发。公著,亢小绥。诸公既发,以次射之讫,驱逆之骑止,然后

---

① 《通典》卷一百四十九《兵》,第3802页。
② 颜逸凡:《唐代皇帝田猎研究》,硕士学位论文,上海师范大学,2016年。

百姓猎。凡射兽，自左而射之，达于左䏶，为上射。达右耳本，为次射。左䏶达于右（骨肙）为下射。群兽相从，不尽杀。已被射者，不重射。又不射其面，不剪其毛。其出表者，不逐之。田将止，虞部建旗于田内，乃雷击驾鼓及诸将之鼓，士徒噪呼。诸得禽者，献于旗下，致其左耳。大兽公之，小兽私之。其上者以供宗庙，次者以供宾客，下者以充庖厨。乃命有司馌兽于四郊，以兽告至于庙社。（其因讲武以狩，则先设围亦如之）①

《大唐开元礼》将讲武与田猎置于一篇，并在内容上互相渗透，如《大唐开元礼》在陈述讲武礼仪之后，注有"若因田狩，则令讲武军士之外，先期为围，观讫，乘马鼓行，亲禽如别礼，狩讫，乘辂振旅而还，如常仪"②，说明讲武礼与田狩礼在一些礼仪程序上是相通的，而且二者的举行时间都是仲冬，说明如同讲武礼一样，唐代田狩礼的发展也逐渐摒弃了《周礼》四时讲武田狩的说法，只选择其中规模最大、礼仪最完备的仲冬举行田狩礼，也更加符合不违农时的礼仪思想。

唐代皇帝田狩礼中主要的礼仪程序有以下四条：（一）围田。即表明唐代田狩礼的实施有着明确的场所与范围，并树立表与旗帜以标注。（二）围阙。即围三面阙一面，表示不赶尽杀绝。（三）三驱。即将野兽驱赶至皇帝面前。唐代田狩礼设置驱逆骑兵，分三次将野兽驱赶至皇帝面前，皇帝最后才"从禽左而射之"。（四）分兽献祭，即将射猎所得的野兽分类处理，"大兽公之，小兽私之。其上者以供宗庙，次者以供宾客，下者以充庖厨"，并且命令有司"馌兽于四郊，以兽告至于庙社"。此四项程序，每一项都充满了礼仪性，充分表达了田狩礼的礼仪色彩，也将其与一般的皇帝射猎活动进行区别。

颜逸凡根据唐代皇帝田猎的形式将唐代皇帝的田猎活动分为四个时期，即高祖的纵情畋游期，太宗、高宗、玄宗的田狩礼的形成确立

---

① 《大唐开元礼》卷八十五，第410—411页。
② 《大唐开元礼》卷八十五，第410页。

期，德宗的崇重礼制期，宪宗以后的衰弱娱乐期，并统计出唐代皇帝共举行田猎活动72次。① 但他在研究过程中并未明确区别一般田猎与田狩礼，导致二者混在一起，难以分辨，忽略了皇帝田狩的礼仪性。

一般的田猎活动主要是为了满足君主个人休闲娱乐的需要，因此，这种田猎活动往往招致臣下的强烈反对与劝谏。唐高祖武德五年（622）十二月，临幸泾阳华池进行校猎，之后便询问群臣举行的田猎活动是不是很有趣，结果遭到了谏议大夫苏世长的讽谏，"陛下游猎，薄废万机，不满十旬，未为大乐"，使得李渊色变。② 太宗贞观五年（631）十月二十日，准备在内苑打猎逐兔，左领军执失思力进行劝谏，太宗不听，执失思力不得不"脱带巾，跪而固请"，太宗才放弃狩猎③。唐高宗永徽元年（650）冬，出猎，途中遇雨。就问谏议大夫谷那律怎么样才能使得油衣不漏雨？谷那律回道："能以瓦为之，必不漏矣。"高宗因此不复出猎。④ 开元七年（719），右补阙崔向上疏劝谏玄宗："臣闻千金之子，坐不垂堂，百金之子，立不倚衡，况居大宝之位也哉。陛下宜保万寿之体，副三礼之望，安可轻出入，重盘游乎？"⑤ 元和五年（810）十一月，宪宗频出游畋，吏部郎中柳公绰因事讽谏，乃献《医箴》一篇，其中提到："畋游恣乐，流情荡志，驰骋劳形，叱咤伤气。"⑥ 武宗会昌二年（842）十月，校猎于太白原，谏议大夫高少逸上奏："陛下校猎太频，出城稍远，万机废弛，晨去暮归，况方用兵师，尤宜停止。"武宗听取了他的谏言，并赏赐了他⑦。

至于为什么皇帝每逢出猎都会招致劝谏，元和时期宪宗与李吉甫的君臣问答就有所揭示。元和三年七月，宪宗出行巡视秋收情况，引

---

① 颜逸凡：《唐代皇帝田猎研究》，硕士学位论文，上海师范大学，2016年。
② 《旧唐书》卷七十五《苏世长传》，第2628页。
③ 《唐会要》卷二十八《蒐狩》，第612页。
④ 《唐会要》卷二十八《蒐狩》，第614页。
⑤ 《唐会要》卷二十八《蒐狩》，第615页。
⑥ 《唐会要》卷二十八《蒐狩》，第617页。
⑦ 《唐会要》卷二十八《蒐狩》，第618页。

发了众臣劝谏,宪宗疑惑不解,认为自己并非为了游猎,又没有伤害庄稼,为什么还会招来反对,"本非畋猎。于时虽觉行人聚观,亦无伤稼之意,而谏官在外,章疏颇烦,不解何为?"便问身边宰相。李吉甫回答说:"陛下轸念黎元,亲问禾黍,察闾里之疾苦,知稼穑之艰难,此则圣主忧勤,天下幸甚。但以弧矢前驱,鹰犬在后,田野纵观,见车从之盛,以为万乘校猎,传说必多。谏诤之臣,义当守职,既有闻见,理合上谏。拱默则怀尸素之惭,献言又惧触鳞之祸,果决以谏,实谓守官,正当嘉尚,非足致诘。夫蒐狩之制,古今不废,必在三驱有节,无驰骋之危,戒衔橛之变,既不殄物,又不数行,则礼经所高,固非有害。然逐兔呼鹰,指顾之乐,忘危履险,易以溺人。故老氏譬以发狂,昔贤以为至诚。陛下每与臣等讨论古昔,追踪尧、舜,固当弃常俗之末务,咏圣祖之格言,愿以徇物为心,克己为虑,则升平可致,圣祚无疆,群臣异议,不禁自息。"① 李吉甫的回答首先肯定了宪宗亲自检视庄稼、关心农事的功绩;其次,针对宪宗出行时带着弓箭与鹰犬提出了批驳,认为宪宗此举使群臣产生了其将要出猎的误解,故而招致谏诤之臣的反对,这种劝谏是谏官职责和忠贞的体现;最后,李吉甫针对田狩之礼进行了辩证总结,认为皇帝举行田狩礼仪虽然是出于礼经的需要,但是皇帝自身应该时刻徇物克己,摒弃出猎,这样其他大臣的异议就会自然而然消失。宪宗听后深以为然,接受了李吉甫的建议。

唐代皇帝自身对于田狩礼仪有着深刻的理解,高祖武德八年(625)十二月,对侍臣说:"狩以供宗庙,朕当躬其事,以申孝享之诚。"② 于是狩猎于鸣犊泉之野,由于唐高祖之时田狩之礼尚未完备,故而李渊狩猎的主要目的是供奉宗庙。贞观五年(631)正月十三日,太宗与蕃夷君长狩猎于昆明池,他对高昌王麴文泰说:"大丈夫在世,乐事有三:天下太平,家给人足,一乐也;草浅兽肥,以礼畋狩,弓不虚发,箭不妄中,二乐也;六合大同,万方咸庆,张乐高

---

① 《唐会要》卷二十八《蒐狩》,第 616—617 页。
② 《唐会要》卷二十八《蒐狩》,第 612 页。

宴，上下欢洽，三乐也。"① 先天元年，唐玄宗猎于骊山，魏知古上书劝谏，玄宗对魏知古说："开一面之罗，展三驱之礼，无情校猎，偶慕前禽。"② 开元三年（715）十月，玄宗猎于凤泉汤，发布制书称："因孟冬之月，临右辅之地，戒兹五校，爰备三驱，非谓获多，庶以除害。"③ 但即使如此，皇帝们往往为了满足个人私欲而假借田狩礼仪之名来频繁举行田猎活动，这也是臣下们屡屡劝谏皇帝出猎的原因之一，尤以唐前期为甚。

前述唐朝皇帝 72 次田猎活动中，安史之乱以前达 57 次，其中高祖 19 次，太宗 19 次，高宗 8 次，玄宗 10 次④，可见其田猎活动的频繁。同时，臣下们劝谏皇帝出猎除了担心耽误政务之外，还有就是为了皇帝自身安危和国家稳定。唐高祖、唐太宗、唐高宗、唐玄宗都有在田猎活动中亲自与猛兽搏斗的记载，这种举动在众臣看来无疑是弃国家安危于不顾，自然会冒死进谏，如武德八年（625）十月，高祖校猎于周氏陂，褚亮便上谏言："亲迫猛兽，臣窃惑之。何者？筋力骁悍，爪牙轻健，劲弩一发，未必挫其凶威；长戟才挥，不能当其愤气。猝然惊轶，事生虑外。如或奔近林丛，未填坑谷，骇属车之后乘，犯官骑之清尘，小臣怯懦，私怀悚慄。陛下以至圣之姿，垂将来之教，降情纳下，无隔直言，敢缘天造，冒陈丹恳。"⑤ 唐太宗贞观十一年（637）十月，射猛兽于洛阳苑，险些发生意外，户部尚书唐俭便对太宗说："汉祖以马上得之，不以马上理之。陛下以武定四方，岂复逞雄心于一兽。"魏徵知道后便劝谏太宗："车驾近出，亲格猛兽，晨趋夜还，以为万乘之尊，闇行荒野，践深林，污丰草，甚非万全之计。愿陛下割私情之娱，罢格兽之乐，则天下幸甚！"⑥ 唐玄宗开元七年（719）十月，右补阙崔向上疏劝谏玄宗，也提及了田猎时

---

① 《唐会要》卷二十八《蒐狩》，第 612 页。
② 《唐会要》卷二十八《蒐狩》，第 615 页。
③ 《唐会要》卷二十八《蒐狩》，第 615 页。
④ 颜逸凡：《唐代皇帝田猎研究》，硕士学位论文，上海师范大学，2016 年。
⑤ 《唐会要》卷二十八《蒐狩》，第 612 页。
⑥ 《唐会要》卷二十八《蒐狩》，第 612—613 页。

皇帝亲身搏兽的危险："攒镝乱下，交刃霜飞，而降尊乱卑，争捷于其间，岂不殆哉！夫环卫而居，暴客攸待，清道而出，行人尚惊，如有坠驾之虞，流矢之变，兽穷则搏，鸟穷则攫，陛下何以当之哉？"①面对这些事关国本的谏言，皇帝们不得不表示接受，并在短期内有所收敛。

综上观之，尽管唐代皇帝的田猎活动非常频繁，但田狩礼仪的实际施行情况并不明确，有些史籍中甚至对二者发生了混淆，故而，需要对唐代皇帝田狩礼的具体实施状况进行分析与总结，以全面把握田狩礼在唐代的发展变化与实际地位。现根据史料记载，通过对比与分析，将唐代皇帝田狩礼的实施情况列成下表。

表7　　　　　　　　　唐代皇帝田狩礼实施简表

时间	地点	相关礼仪	资料来源
武德八年十二月	鸣犊泉之野	供宗庙	《唐会要》卷28《蒐狩》
贞观五年正月	昆明池	以礼畋狩；弓不虚发，箭不妄中	《唐会要》卷28《蒐狩》
贞观十六年十二月	骊山	围田	《唐会要》卷28《蒐狩》
显庆二年十一月	许、郑之郊	三驱之礼	《唐会要》卷26《讲武》
龙朔元年十月	陆浑县、飞山顿	围田	《唐会要》卷28《蒐狩》
总章二年九月	自麟游西北，绕岐梁，历普润至雍	围田	《唐会要》卷28《蒐狩》
先天元年十月	骊山之下	开一面之罗，展三驱之礼	《唐会要》卷28《蒐狩》
开元三年十月	凤泉汤	孟冬之月，临右辅之地，戒兹五校，爰备三驱，非谓获多，庶以除害	《唐会要》卷28《蒐狩》
贞元十一年十二月	禁苑	止其多杀，行三驱之礼	《唐会要》卷28《蒐狩》

① 《唐会要》卷二十八《蒐狩》，第616页。

据表 7 可知，唐代皇帝真正举行田狩礼仪的次数屈指可数，尤其是安史之乱以后，礼仪性的田猎活动只在唐德宗时期举行了一次。

唐高祖李渊特别喜爱田猎，其在位不足十年，仅见记载的田猎活动就达 19 次，与太宗并列唐朝诸皇帝之首。他尚在太原之时，就模仿突厥习俗，四处游猎，"亲选精骑二千出为游军，居处饮食，随逐水草，一同于突厥。见虏候骑，但驰骋畋猎，示若轻之"①。唐朝刚刚建立，武德元年（618）六月，万年县法曹孙伏伽就以高祖恣意游猎、非时妄动为由上书劝谏。② 武德八年（625）十月，李渊校猎于周氏陂，秦王文学褚亮也劝谏高祖不应该频繁游猎，甚至亲迫猛兽，高祖采纳了他的建议。但两个月之后，唐高祖再次田狩于鸣犊泉之野，并对侍臣说"蒐狩以供宗庙，朕当躬其事，以申孝享之诚"③。由于当时唐朝初立，礼仪制度尚未建立，故而唐高祖简化了田狩礼的礼仪程序，只供奉宗庙，以至于使读者误认为这是李渊不听劝谏、再次游猎的借口。

唐太宗自武德年间便东征西讨，常年身在军队之中，自然非常爱好田猎。贞观五年（631）正月，贞观五年（631）正月十三日，太宗与蕃夷君长狩猎于昆明池，他对高昌王麴文泰说："大丈夫在世，乐事有三：天下太平，家给人足，一乐也；草浅兽肥，以礼畋狩，弓不虚发，箭不妄中，二乐也；六合大同，万方咸庆，张乐高宴，上下欢洽，三乐也。"④ 所谓"以礼畋狩"，又突出了"弓不虚发，箭不妄中"，可见这次田狩礼中太宗的箭法相当精准，也从侧面反映出田狩当中已经出现了围田之礼，这更加有利于皇帝射中猎物。贞观十六年（642）十二月，太宗田狩于骊山。由于天气阴寒晦冥，负责围圈场地的士兵断绝，太宗在高山上看见了这种情况，想要放弃处罚他们，但又怕失去军法，故而"回辔入谷以避之"⑤，假装没有看见。这时

---

① 《册府元龟》卷七《帝王部·创业》，第 70 页。
② 《唐会要》卷二十八《蒐狩》，第 611 页。
③ 《唐会要》卷二十八《蒐狩》，第 612 页。
④ 《唐会要》卷二十八《蒐狩》，第 612 页。
⑤ 《旧唐书》卷三《太宗本纪》，第 54 页。

期的田狩礼仪逐渐完善,出现了田狩时围田的礼仪程序,但其他程序未见记载。

唐高宗自幼"宽仁孝友",而且不爱射猎①,加之后来风疾缠身,射猎之事相对较少,但其在田狩礼仪方面,实施颇多,应该是随着田狩礼的完善,已经不需要皇帝骑在马上东奔西跑,将士们会将猎物主动驱赶到皇帝面前,皇帝只需要搭弓射箭即可,也就是"三驱之礼"。显庆二年(657)十一月,在许、郑之郊,潩水之南,唐高宗讲武结束以后,随即举行了田猎"三驱之礼"②。龙朔元年(661)十月五日,高宗狩于陆浑县。六日,至飞山顿。高宗亲自搭弓射箭,捕获鹿四头、雉兔数十头。九日,又于山南布围,大顺府果毅王万兴在围田时不听军令,"辄先促围",将要被杀,但高宗认为虽然王万兴违犯军令,死不足惜,只是因此而使他人误以为自己只喜欢田猎而轻视人命,则得不偿失,而且王万兴从征辽东有功,可以特地进行赦免。高宗不仅免去其死罪,还创作了《冬狩诗》。总章二年(669)九月,高宗从九成宫返回长安的途中,围田狩猎,自"麟游西北,绕岐梁,历普润至雍,为两围",并命令殿中侍御史杜易简、贾言忠监围。由于山势陡峭,士卒难行,总计五日时间才围田成功,但仍然有人劾奏将军刘元意"黄河上等处断围",后来黄河断围处重新围好之后"军容齐整",高宗特意下诏免罪。③ 可见,高宗时期的田狩礼已经增加了"三驱之礼",而且高宗更加重视在田狩礼时提高军队对军令的服从。其中发生的两则不听从军令事件,高宗在怪罪之余,又合理地进行赦免,恩威并用,牢牢地掌控军队的指挥权,也提高了军士对他个人的忠心。

唐玄宗本人也爱好田狩,尚未登基之时便每年游猎于城南韦、杜之间④,后世也有对其好猎的评价"开元政事与贞观不同,玄宗或好

---

① 《新唐书》卷三《高宗本纪》,第51页。
② 《唐会要》卷二十六《讲武》,第584页。
③ 《唐会要》卷二十八《蒐狩》,第614页。
④ (宋)王谠撰,周勋初校证:《唐语林校证》卷四《豪爽》,中华书局1987年版,第325页。

畋游，或好声色"①。先天元年十月，临幸新丰，田狩于骊山之下，侍中魏知古上诗讽谏，玄宗为此发布制书称："予向温汤，观省风俗，时因暇景，掩渭而畋。开一面之罗，展三驱之礼，无情校猎，偶慕前禽"，并赏赐了魏知古。开元三年（715）十月，田狩于凤泉汤，由于天气突然降雪，非常寒冷，玄宗念及围田士兵衣薄受冻，便发布制书免去他们的围田任务，并赏赐钱物，称："朕为父母，育彼黎元，中宵耿然，明发增惕。其围兵并放散，各赐布二端，绵一屯。"② 可见，玄宗时期的田狩礼已经非常完备，有围田、围阙、三驱等必要的礼仪程序，但由于记载相当粗疏，导致实施田狩礼时的礼仪程序未能完备地保留下来，这就使得研究者不能轻易地下结论，对于一般的田猎活动与田狩礼仪的区别也增加了难度。

　　安史之乱以后，在众多的皇帝田猎活动中仅见德宗一人实施田狩礼仪，这与他所处的时代背景和个人政治选择有关。肃代之际忙于平叛，在国家礼制方面建树不多，德宗建中年间，意图通过武力解决藩镇问题，却适得其反，发生了"四王二帝之乱"，最后德宗不得不选择妥协，承认了藩镇存在的事实。贞元年间，国家政局逐渐稳定，德宗经过一系列设置，将神策军地位提高，并将其指挥权收归宦官，提高了唐朝中央的军事力量。同时，德宗在国家财政和礼仪制度方面加大力度，渐渐恢复唐帝国的统治权威与经济收入，经过他在位二十多年的努力，后继的唐宪宗才能实现短暂的"元和中兴"。贞元十一年（795）十二月，德宗在禁苑实施田狩礼，"止其多杀，行三驱之礼"③，参与的军士无不知感，可见礼仪活动对于大众的影响，礼仪实施完毕之后，德宗还亲自前往神策军左厢，劳慰奖赏士兵，通过礼仪与赏赐的双重活动来加强皇帝与军队之间的联系，维持国家统治。

　　唐代皇帝的田猎活动除了国家礼仪的需要之外，还在宣扬军威、

---

① 《旧唐书》卷十七下《文宗本纪》，第577页。
② 《唐会要》卷二十八《蒐狩》，第615页。
③ 《唐会要》卷二十八《蒐狩》，第616页。

为民除害①、军事以及外交②等方面都有极大的积极意义。因此,除了史籍中记载的大臣劝谏皇帝田猎的事迹外,还有很多大臣对皇帝的田猎活动都表达了赞扬,如张说的十首《皇帝马上射赞》、常衮的《春蒐赋》、路季登的《皇帝冬狩一箭射双兔赋》、陆贽的《圣人苑中射落飞雁赋》、裴度的《三驱赋》、颓喻的《畋获非熊赋》《开三面网赋》③等文章,对皇帝个人的勇武、田猎活动的礼仪等方面的赞美溢于言表。

第三节 唐代讲武、田狩与时代变迁

上文详细论证了唐代皇帝讲武与田狩礼仪的发展与实践情况,也指出了二者在不同时期的变化与特点,但这种整体研究略显单薄,无法从细节上掌握其实质内容。故而本节内容分别从与讲武、田狩礼有关的两个具体事件入手,从侧面展现其礼仪内容的发展变迁轨迹。

一 唐玄宗骊山讲武与唐绍之死

唐玄宗先天二年(713,十二月改元开元)十月十三日,讲武于骊山之下。此次讲武由唐玄宗亲自主持,点兵二十万,旌旗连绵五十余里,场面非常浩大,军队将士们都穿着金光闪闪的铠甲,拿着戈铤,在讲武场所排练阵法,根据金鼓敲击的节奏来坐作进退。玄宗本人也威风凛凛,"亲擐戎服,持大枪,立于阵前"④,如此宏大的场面,自然引来了百姓围观,"长安士庶奔走纵观,填塞道路"⑤。但在讲武实施过程之中,军队布阵发生了混乱,唐玄宗非常

---

① 乜小红:《略论唐代统治者的畋猎》,《武汉大学学报》(人文科学版)2009年第3期。
② 颜逸凡:《唐代皇帝田猎研究》,硕士学位论文,上海师范大学,2016年。
③ 《文苑英华》卷一百二十四,第565—567页。
④ 《唐会要》卷二十六《讲武》,第586页。
⑤ 《册府元龟》卷一百五十二《帝王部·明罚》,第1700页。

生气，便下诏将时任兵部尚书的郭元振以"亏失军容"的罪名斩于纛下，多亏宰相刘幽求、张说求情劝谏，郭元振才免于一死，流配新洲；给事中知礼仪事唐绍因"草军仪有失"被斩。讲武礼仪结束之后，唐玄宗颁发《骊山讲武赏慰将士诏》，赏赐讲武将士及新丰百姓，以缓解仪式进行中的尴尬场面，抚慰人心。

纵观此次讲武，其场面及阵势堪称历代之最，而且正值唐玄宗诛杀太平公主、夺得皇帝宝座三月之后，是向全国军民宣扬自身统治地位的绝佳机会，谁料会在讲武过程中发生这种失误，导致郭元振差点被杀、唐绍惨遭杀害。关于这次事件，学界也有讨论，唐雯认为这是唐玄宗想要罢免郭元振的兵权而处心积虑安排的一次政治事件①；而王博反驳了唐雯的说法，主要认为之所以会发生这次意外，主要是礼官不谙军礼、军队缺乏训练所致。②唐雯之说确实无法立足，而王博的说法也有值得商榷之处。

负责这次讲武礼仪编排的唐绍，是高宗朝刑部尚书唐临之孙，两唐书有传，附在唐临之后。唐绍本人善学，擅长《三礼》，从武则天时期至睿宗朝一直担任礼官。则天时，由于现有礼仪官员不甚详明，"特诏国子博士祝钦明及叔夏，每有仪注，皆令参定。叔夏卒后，博士唐绍专知礼仪，博学详练旧事，议者以为称职"③。景龙二年（708），唐中宗韦皇后上言请为后妃、公主、宫官葬日赏赐鼓吹，遭到了唐绍的反对劝谏，但中宗没有接受唐绍的谏言。之后又反对南郊祭天时以皇后为亚献、武氏外戚墓葬逾越礼制，虽然都没有被中宗听从，但"深为议者所美"④，睿宗朝景云初年，时任右司郎中的唐绍奉诏与户部尚书岑羲、中书侍郎陆象先、右散骑常侍徐坚、右司郎中唐绍、刑部员外郎邵知与、删定官大理寺丞陈义海、

---

① 唐雯：《唐国史中的史实遮蔽与形象建构——以玄宗先天二年政变书写为中心》，《中国社会科学》2012年第3期。
② 王博：《唐代讲武礼实施背景新考》，《隋唐辽宋金元史论丛》第6辑，上海古籍出版社2016年版。
③ 《旧唐书》卷二十一《礼仪志》，第818页。
④ 《旧唐书》卷八十五《唐绍传》，第2813—2814页。

右卫长史张处斌、大理评事张名播、左卫率府仓曹参军罗思贞、刑部主事阎义颙等十人,删定格、式、律、令,于太极元年(712)完成,名为《太极格》,又多次针砭时弊,官至给事中兼太常少卿,知礼仪事。《全唐文》中留下了唐绍的五篇奏疏,《请停四季节日起居诸陵奏》《论妇人葬礼用鼓吹疏》《禁奢侈疏》《请量减武氏韦氏诸陵守户疏》《请以正冬至日祀圆丘议》,反映出唐绍其人熟知礼仪,却又不媚言取宠,能够坚守礼法、不畏权贵、直言进谏,深受时人的赞美。

因此,尽管讲武礼从麟德二年(665)直至先天二年(713),其间近六十年没有实施,但因此便认为唐绍不知军礼是不够恰当的,因为礼仪具有长久性,一些先秦时期的礼仪能够沿袭上千年,是因为有文献的记载和传承,相较于此,六十年便显得微不足道。而且,唐绍本人熟知三礼,不会在国家礼仪大事上产生如此低级错误,所以,唐绍的"草军仪有失"的罪名是难以成立的。当唐玄宗下诏斩杀郭元振和唐绍时,郭元振有宰相刘幽求、张说共同劝谏,才得以免死,而唐绍临罪之时,"左右犹冀少贷"①,却没有人为他站出来求情,遂被金吾将军李邈斩杀。唐绍去世之后,唐玄宗深感后悔,但为时已晚,只能罢免李邈官职,终身不用。时人也深感痛惜,以为冤枉,后来甚至流传出了唐绍前世为灞陵王氏子妻,怒杀一犬,恰为李邈前世,遂于后世反被李邈所杀的冤报故事。而此则故事中,也为世人交代了一些细节,"唐开元初,骊山讲武,绍时摄礼部尚书,玄宗援枹击鼓,时未三合,兵部尚书郭元振遽令诏奏毕。神武赫怒,拽元振坐于纛下。张说跪奏于马前,称元振于社稷有保获大功,合赦殊死。遂释,尤恨而斩绍"②。若果真如此,则完全是因为郭元振擅改诏令,导致军队演练失序,原本威风十足的玄宗在围观百姓面前丢了颜面,触动龙鳞,引起杀意,结果由于郭元振有功于玄宗,加之宰相求情才免死罪,而无法消解怒气的玄宗一

---

① 《新唐书》卷一百一十三《唐绍传》,第4185页。
② 《太平广记》卷第一百二十五《报应》二十四,第882—883页。

时冲动，才波及了礼官唐绍，加之无人为他求情便被立即斩杀，真是冤枉至极。

当然，此次讲武出现变故，也与唐玄宗过于急躁有关。先天二年（713）七月，唐玄宗与岐王范、薛王业、郭元振及龙武将军王毛仲、殿中少监姜皎、太仆少卿李令问、尚乘奉御王守一、内给事高力士、果毅李守德等"取闲厩马及兵三百余人"① 发动政变，诛杀太平公主及其党羽，并逼迫睿宗退位。其时政出多门，太平公主党羽遍及朝野，"宰相七人，五出其门。文武之臣，太半附之"②，禁卫军队也多次参与到军事政变当中，虽然玄宗为太子监国时，对禁军队伍进行了整改，"玄宗为皇太子监国，因奏改左右万骑左右营为龙武军，与左右羽林为北门四军，以福顺等为将军以押之"③，但尚且无法绝对控制禁军，故而政变时只能采用亲信兵马三百余人。玄宗获得帝位之后，尚未重新整肃军队，便在三个月之后举行二十万人的大型讲武活动，自然显得过于急切。而且唐代的讲武礼仪中皇帝一般都在讲武场地设御座，进行观礼，如高宗御讲武台、飞龙阁，代宗御丹凤门楼，主持工作由兵部尚书担任，具体的军队指挥与命令由大将与礼部有司下达，而此次讲武中玄宗选择亲自"援桴击鼓"，打破了常规，也会在无形之中令参与讲武的将士产生紧张与压力。果然在发生骚乱并斩杀唐绍之后，"诸军多震慑失次"，乱作一团，二十万大军中只有"左军节度薛讷、朔方道大总管解琬二军不动"④，就连玄宗想要派人去传达召见命令，也不能进入二人军阵，唐雯据此认为是薛讷、解琬二人与郭元振有旧，不让玄宗使者入阵表明了他们支持郭元振、反对唐玄宗的态度⑤，无疑过度理解二人行为，这只能反映出薛讷、解琬久在军阵，能够严明

---

① 《资治通鉴》卷二百一十玄宗开元元年七月条，第6801页。
② 《资治通鉴》卷二百一十玄宗开元元年六月条，第6799页。
③ 《旧唐书》卷一百六《王毛仲传》，第3253页。
④ 《资治通鉴》卷二百一十玄宗开元元年十月条，第6806页。
⑤ 唐雯：《唐国史中的史实遮蔽与形象建构——以玄宗先天二年政变书写为中心》，《中国社会科学》2012年第3期。

军纪,整肃队伍,所以在其他队伍混乱的情况下能够保持不动。因此玄宗最后不但没有怪罪他们,反而慰劳奖赏他们,也算是对他们治军有方的一种赞扬。

二 唐后期地方节度使的田狩礼仪——以贞元六年鄀州的田狩礼仪为例

安史之乱以后,唐朝皇帝中只有德宗一人实施了一次田狩礼仪,究其原因,还是由于叛乱发生以后,皇帝个人的权威受到了很大的挑战,而且为了平定叛乱,又导致了地方军事力量的增强,代宗皇帝的妥协政策、德宗建中初年的战乱,更进一步奠定了地方节度使的存在基础与个人权威。河朔藩镇常年割据,不听中央号令,其他地方的节度使时忠时叛,无不牢牢地把控着自己手中的地方管理之权,为了增强自身实力,地方节度使广泛地吸纳人才,扩充军队,并通过一些礼仪活动来加强自己与地方军民之间的联系,宛若唐代皇帝实施田狩礼一样。

《文苑英华》中收录有符载所作的一篇文章,名为《畋获虎颂并序》,描述了唐德宗贞元年间鄀州城的一次军礼田猎活动。文章首先简述了此次田狩礼的时间、地点和田猎对象。"虎在毛物,有刚猛而为暴者也。畋而获之,睹令施而士勇者也。且荆为泽国,疆亘云梦,伐麢麚,弋鸿雁,盖便习也,唯获虎则异,故大而张之。六年冬十二月腊日甲辰,节度使御史大夫樊公大畋于鄀城,修军礼也。"

然后介绍田猎活动之前鄀州地方军队的准备工作,"先期之辰,命耆将宿帅,将骑步兵五千,盛陈于所舍之地。越翌日,朝阳始升,郊牧静夷,建大旆之彤彤,抗高旌之萋萋,无小无大,千戟万羽,闪舒绚焕,胶䐺硑错,状涛涌而波汩,咸从公而观之。于是树兰防,列辕门,表旗鼓,而卒伍萦纡辽蔓,星陈鳞次。中军发号,沸渭泗起,拉榛棘,秘梗樟,高块埠,蹈健足,划骁翅。脂染鸣镝,血渜飞帜,或溃溃以狂顾,或奔豫而灭地,竭锐精以图免,虽绝胭而犹视。士气方雄,乃纵火攻,烈焰炎炎,烧云飙风,燧阴深巷，荟翳蒙笼，抃呼未终，山平泽通。其有冒郁攸，走煤烬，蒙茸袒裼，徒搏独杀者，不可胜道。"

接着描述了第二天的田猎活动，并将整个田猎活动的全过程和热闹场面记录了下来。"维明日，复围于龙山之北冈。先是里人之讼乳虎为暴，肆毒贪婪，白昼族行，圈皂无豕牛，林麓绝樵苏，老幼愁恐，极于兵寇。既卜其穴，乃大搜而取之。爽气凌厉，士拗余怒，思与斗死，莫有异虑。敲扣拍扑，芟杀策硺，洞篁篠之冥密，划蒙蔓之累络，势穷则搏斗于莽下。观其怒气之所狡愤，迅躯之所腾跱，锯牙之所啖齭，钩爪之所拏玃，杰作人立，呀若箕张，声轩暴雷，目烁灿炬。爰有一人，乌获之伦，威郁乔杰，骠狡犷决，凭髯奋怒，毛竖皆裂，鐏长戟以撑拒，乃匍身而掩刃。势倾力绝，四偃在地，穿喉贯背，爪有余搏。于是腾气射虹蜺，酣噪破山林，耋老庆，童幼抃，淋漓贔负，献于公所。公以为天稔其毒，必将妊孕，剖视其腹，即获乎四子矣。于是回镳返斾，校能计获，发府库，行饮劳，赏功也。"

同时，作者引经据典，对这次田猎活动进行了总结和赞扬，并作颂词以示庆贺。"大凡古者天子诸侯，四时皆畋，因畋以理兵。先视其礼仪，次察其号令。后观其坐作进退之度，有不用命者，乃斩之以徇于众焉。武德修备，乃事蒐狩，上以奉宗庙，下以礼宾客。其有肉不登俎，材不中器，则谓之不轨不物，而君子讥之。今大夫法先王之制，顺时序之气，展敬农隙，大讲戎事。卒乘具，文章明，武修也；威仪肃，行伍列，礼盛也；无逸飞，无漏走，令张也。繄是三者，备足焜耀。况乎启沉毅，诛暴横，耽耽五虎，毙在指顾，是得不谓动合模范，成堂堂之观乎？公常握文武之柄，荷申甫之寄，拥旄荆国，星霜四周，流恺悌之仁，布大中之化。政之被民者，如阳和熙熙，蒸变生物，各遂畅达，不知其然，故无得而称焉。洎于军旅之际，德礼也如是，勇练也如是，播此智略，寓诸形容。因知公之师，可以振文经，可以翊皇威，可以截不庭，可以摄四夷，与上古俦侣，赫赫巍巍，即岂独躏荒山，殪猛兽，驰骋触蹙，左旋右抽而已哉！载末儒也，猥以缝掖，获陪鞭弭之后，目睹盛烈，失去畏懦，敢爱文字，使其闇然而不彰乎？乃作颂曰：玄阴凝兮杀气厉，扬三军兮顺时杀。鋋戟罗兮山谷隘，飞走殚兮林莽坏。有虎勃起兮万夫骇，阚呀夭矫兮雷霆唱。纡沉虑兮振明戒，于一奋兮倾五害。旋胜军兮翻大旆，空皋薮兮乐幼艾。勇毅之师无与对，可诛不王截海外。"①

文中提到了此次田猎的时间为六年冬十二月腊日甲辰，主人公为节度使御史大夫樊公，地点为郢城，即郢州（今湖北省钟祥市）。其他信息所涉无多，故而还得根据其他资料进行分析考证。符载在两唐书中虽然没有传记，但仍有一些踪迹可以追寻。《新唐书·孟浩然传》记载孟浩然死后，其墓庳坏，符载上书其时任节度使的樊泽，请其修缮孟浩然墓，樊泽同意了他的请求，封宠其墓，并为其刻碑。②孟浩然为襄州人，襄州，安史之乱以后属山南东道，根据史传记载，樊泽恰好前后两次担任山南东道节度使，且第二次于贞元三年以后担任，直至贞元十四年死于任上③，故而上文中的时间可以确定为贞元六年冬十二月腊日甲辰，而郢州在当时也处于山南东道节度使的管辖之内。两唐书樊泽传中记载樊泽曾出使吐蕃、参与唐蕃清水会盟、平定李希烈的叛乱，皆立功勋，而且樊泽是一个有勇有谋、喜爱射猎的人，但关于樊泽的卒年岁数存在歧义，《旧唐书》记为五十岁，《新唐书》记为五十七岁，二者孰是孰非，难以判定。符载是一个有文才、有志向的人，《新唐书·艺文志》中记载有"《符载集》十四卷"④，宋人晁公武在《郡斋读书志》中不仅提及其文集，并描述其"幼有宏达之志，隐居庐山，聚书万卷，不为章句学"⑤。而且，樊泽充使前往吐蕃求和，符载曾任奉礼郎⑥，

---

① 以上引文皆出自《文苑英华》卷七七九《畋获虎颂并序》，第4113—4115页。另见《全唐文》卷六八八《贺樊公畋获虎颂（并序）》，第7043—7044页。
② 《新唐书》卷二百三《孟浩然传》，第5779—5780页。
③ 《旧唐书》卷一百二十二《樊泽传》，第3506页。
④ 《新唐书》卷六十《艺文志》，第1605页。
⑤ （宋）晁公武著，孙猛校证：《郡斋读书志校证》卷十八，上海古籍出版社1990年版，第893页。
⑥ 《郡斋读书志校证》卷十八，第893页。

无不体现出二人具有足够的礼学素养,所以,郢州城的这次田狩礼活动由樊泽主导,由符载进行记述,可谓是相得益彰,礼仪色彩浓厚。

有关田狩礼在地方施行的记载并不多见,而像郢州城这次田狩礼能被记载并流传下来,符载在其中起着关键作用。符载个人的才能前文已述,而他传奇的经历也值得留意。符载最早见于史籍记载的是唐宪宗时期的西川刘辟事件,他在韦皋镇蜀时就被任支使,后刘辟任其为仓曹参军,在刘辟未反叛之前,符载为刘辟的未来已经做好了谋划,"行义则固,辅仁乃通。它年良觌,麟阁之中",但刘辟一意孤行,最终反叛失败而亡,符载只能背负戴罪之身,长期得不到重用,在中央"小人浮议,困在交戟",地方上"诸侯之欲得符君者,城联壤接,而惑于腾沸,环视相让,莫敢先举",这无疑使他"王霸自许"的志向遭受了重大打击。① 当然,这都是发生在宪宗时期的事情,而在贞元六年前后,当时符载或隐居庐山,或出游,正处于积极寻求官职、实现自身理想的阶段。由于史料不足,暂时无法判断他在樊泽的幕府之下所任何职,但这篇《畋获虎颂并序》写得颇具自信与风采,也展现了他的个人能力。符载本人文学武艺双绝,《太平广记》中甚至有他执剑斩杀恶蛟的记载,极其传奇②,另外《文苑英华》《全唐文》也留下了很多符载个人的文章与往来书信,对于相关历史的研究大有裨益。

樊泽临危受命,再次出任山南东道节度使,他文武双全,与唐德宗在延英殿论兵时,德宗称叹其"与我意合"。在外出射猎时,诸将都"惮其材武"③,且从他听从符载建议并为孟浩然修墓立碑可以看出,他对于人才非常爱惜和尊重,这也是唐中晚期地方长官开辟幕府、招揽人才、谋求自身发展的关键品质。他主导的这次田猎活动,"大修军礼",也是为了更好地宣扬教化、稳定人心,以巩固

---

① 《文苑英华》卷六五二《贺赵江陵宗儒辟符载启》,第3353—3354页。
② 《太平广记》卷二百三十二《器玩》四符载,第1775页。
③ 《旧唐书》卷一百二十二《樊泽传》,第3506页。

自己在地方上的权威。

　　当然,樊泽主导的这次地方田狩活动充满了礼仪性。在时间的选取上,这次田猎活动时间是该年冬十二月腊日,"今大夫法先王之制,顺时序之气,展敬农隙,大讲戎事";围田,"围于龙山之北冈";至于三驱和射猎以及告庙环节,则在这次活动中并没有提及太多,因为这次主要的田猎对象是山中的暴虎,一切以捕杀为主,在这个过程中并不需要太多的礼仪程序,而且樊泽身处地方,不具备告庙的条件与资格。符载文中也主要描写了老虎的残暴与军将的勇猛,突出其搏斗的精彩场面,最后成功绞杀,"献于公所"。樊泽在猎虎成功以后,"校能计获,发府库,行饮劳"以赏功,这是对唐代饮至礼的变相应用,其目的还是在于激励士众、拉拢人心。

　　同时,这次田狩活动还有较强的现实意义。文中记载:"卒乘具,文章明,武修也;威仪肃,行伍列,礼盛也;无逸飞,无漏走,令张也。"撇开文字间的修饰,这次田猎除了训练军队、贯彻号令之外,更多的是出于实际需要,礼仪只是起点缀作用,为民除害才是这次田猎活动的出发点和目的所在,以此来表达地方长官关心民生、守护一方的职能与责任。而樊泽主导的郢州田猎,属于地方官员的民政职能,参与者有下属官员和"骑步兵五千",甚至地方百姓也参与其中,"耋老庆,童幼抃",体现了官民同庆的和谐场景。

　　皇帝主导的田狩礼,要突出其礼仪性,故而各个环节必不可少,要符合礼仪制度的规范,体现国家礼仪的秩序与威严,在这种情况下,皇帝个人甚至都是整个礼仪程序上的一环,并没有太多的权力干涉和私人情感。而在郢州地方所举行的田狩礼,樊泽身为地方节度使,"握文武之柄,荷申甫之寄,拥旄荆国,星霜四周,流恺悌之仁,布大中之化",尤其是处于刚刚经历过"四镇之乱""泾原兵变"的贞元初期,其地位俨然超越了礼仪本身,他借助田猎,捕杀暴虎,施行惠政,在地方军民心中树立了权威,符载在文中不惜文字,称其"德礼也如是,勇练也如是,播此智略,寓诸形容",更是对其军队大加赞赏"知公之师,可以振文经,可以翊皇威,可以截不庭，可以摄四夷，与上古俦侣"，将其尊崇之意表达得淋漓尽致。当田狩礼从中央转移到地方，所有必要的礼仪要素都会随着现实条件的改变而改变，那些华而不实的礼仪细节会被舍弃，参与者会更加注重礼仪所能带来的实际效果，甚至礼仪本身也是作为一种实施者为达到目的所采用的手段。

从中可以看出，虽然唐玄宗在举行讲武礼仪时出现了混乱与波动，影响了礼仪的正常进行，但尚处于玄宗的掌握之中，通过一些惩罚与奖赏尚能维持局面，皇帝个人的权威也没有受到影响。但贞元六年樊泽在山南东道境内的郢州举行田猎礼，虽然是以"为民除害"为主，但依旧显示出安史之乱后藩镇节度使的权利日益扩大，掌握地方军政大权，借用唐前期皇帝的专用礼仪活动来强化州县长官与平民百姓之间的联系，存在违礼与僭越的意图。

小 结

综上所述，唐代的讲武得到了唐朝皇帝的充分重视与运用，其完备的礼仪程序、实施的广泛，在整个中国古代历史时期都首屈一指。同时，唐代的讲武礼仪随着唐代政治军事生活的变化，也在逐渐发生着改变，并对后世讲武礼产生深远影响。唐代皇帝讲武礼仪的主要作用体现在平时训练军队，战时鼓舞士气，强调皇帝对军队的掌控和皇帝个人的权威，但安史之乱以后，虽然也有皇帝举行讲武的实例，但随着地方藩镇军事力量的崛起，唐朝中央自身权威下降，军事掌控能力减弱，所实施的讲武均是被迫而为，甚至完全萎靡[①]，唐武宗和唐僖宗只能在神策军军营之中实施讲武，其作用与影响自然无法同安史之乱前所举行的讲武礼仪相提并论。僖宗之后，唐朝统治摇摇欲坠，统治者已无心再行讲武，虽然因宋初统一战争的需要，在北宋初年编修的《太常因革礼》中，尚有皇帝讲武礼仪，宋初的皇帝们也曾亲自实施过其礼，但自宋辽澶渊之盟以

---

① 王博：《唐代讲武礼实施背景新考》，《隋唐辽宋金元史论丛》2016年第6辑。

后，为了维持和平局面，讲武礼便不再实施①。而且其实质已经发生了变化，礼仪性严重下降，形式也逐渐简化，更加突出其实用性，皇帝实施讲武"不尽用定仪，亦不常其处"②。日本学者丸桥充拓即认为北宋时期的皇帝讲武是在都城内的殿庭及其他场地中召集禁军举行，或者由皇帝亲自前往禁军军营进行讲武，讲武的内容也由唐代的阵型演练变为个人武艺考验，之后进行赏宴、赐予③。虽然在宋神宗"富国强兵"的变法时代，讲武再次得到重视，但仅是昙花一现。自此之后，讲武之礼逐渐废弛，宋徽宗政和三年（1113）撰成颁行的二百二十六卷《政和五礼新仪》中，军礼只剩八卷，讲武礼也不复存在，只有皇帝田狩之礼见于《政和五礼新仪》之中，并共同消失于南宋时期编撰的《中兴礼书》。

唐代的皇帝田狩之礼亦如此，由于其符合大多数皇帝畋猎享乐的心理需求，也得到了皇帝的重视与实践，甚至借用礼仪的名目来实现自己游玩打猎的个人活动，由于田猎的规模可大可小，比较随意，也因此能长久不衰地作为大多数皇帝的娱乐与礼仪活动之一。同时，唐代的畋猎礼仪除了国家礼仪建设的需要之外，还在宣扬军威、为民除害、军事以及外交方面有着无法替代的实际意义。在田猎活动结束之后，通过礼仪活动的举行与相应的赏罚，凸显了皇帝至高无上的君主地位，并加深了皇帝与将士之间的精神联系，提高了他们在军事征伐活动中的积极性，当安史之乱以后，随着中央权威的衰弱，地方节度使也可以仿照唐前期的皇帝田狩礼仪，在其辖区内举行田狩活动，并辅之以礼仪，也起到了与皇帝田狩礼仪的相同效果。

唐代皇帝的讲武礼仪与田狩礼仪，均来源于《周礼》四时练兵田猎之礼，有着训练军队、加强君主与士卒之间的联系、提高君主个人权威等礼仪与现实方面的功能与意义，而且二者举行时间多在

---

① 尹承：《北宋讲武礼新探》，《中国史研究》2017年第1期。
② 陈峰、刘缙：《北宋讲武礼初探》，《清华大学学报》（哲学社会科学版）2007年第5期。
③ 《唐代军事财政与礼制》，第285—292页。

农隙，以冬季为主，甚至可以合并举行，体现了讲武与田狩在渊源、功能等方面的统一。唐前期的皇帝们都积极地实施讲武与田猎，除了皇帝个人喜好之外，更多地与唐代当时的社会风气和统治状况有关。那时的唐代社会从上到下弥漫着一股浓重的尚武之风，胡人蕃将也在此时崭露头角，大显光彩，由于府兵制的实施与保障，皇帝实行田猎来训练军队，发号施令，都是在足够军事实力的支持下进行的，已发现的唐代墓葬壁画中，也留下了很多狩猎图，这正是唐代前期社会风气的写照。而安史之乱发生前后，府兵制已被严重破坏，中央军事力量被削弱，整个社会遭受重创，而平叛之后地方军事力量崛起，中央权威受到了极大的挑战，皇帝们不得不培植亲信武装力量——神策军，但由于皇帝个人不信任武官，将神策军的军权交到宦官手中，又引发了唐后期宦官干政的历史局面。与此同时，唐朝社会日趋保守，排斥胡人，惧于言兵，限制武将，失去了唐前期的自信与活力，随着五代乱世的进一步发酵，到了宋代，在国家文武之争的政策层面，以文人取得全面胜利而告终，讲武与田猎则被更多地用于皇帝休闲娱乐，已经失去了其本质内涵与礼仪精神。

第 四 章

庆赐之间：唐代皇帝射礼研究

在《大唐开元礼》中，有皇帝射于射宫和皇帝观射于射宫二礼，分皇帝亲射与皇帝观射两种情况介绍了唐代皇帝的大射礼仪，但实际上，唐代的射礼与先秦时期的射礼相比，其内容与性质已经发生了巨大的变化，主要以游宴赏赐为主。但其中的缘由与具体细节，仍需要展开详细的论证与研究。

第一节 唐代大射活动的渊源与实施情况

射，本是军事射猎活动的主要技能之一，在商、周时期，发展形成了射礼，用来观德选士，成为"六艺"之一。《礼记·射义》曰："射者，男子之事，因而饰之以礼乐也。故事之尽礼乐，而可数为。以立德行者莫若射。故圣王务焉。"① 周代射礼共分四类：一曰大射，"大射为将祭择士，中多得与于祭，中少不得与于祭"②，即天子诸侯在祭祀之前为选取与祭之人而举行的射礼。周制，天子大射时司裘"供虎侯、熊侯、豹侯，设其鹄。诸侯则供熊侯、豹侯，卿大夫则供麋侯，皆设其鹄"，等级分明，"虎侯，王所自射也；熊侯，诸侯所射；豹侯，卿大夫以下所射"③；二曰宾射，"以宾射之礼，亲故旧朋

---

① 《礼记集解》卷六十《射义》，中华书局1989年版，第1400页。
② 《礼记集解》卷六十《射义》，第1441页。
③ 《周礼正义》卷十三《天官·司裘》，中华书局1987年版，第497页。

友"①，是诸侯朝见天子或诸侯相会时举行的射礼；三曰燕射，《周礼·春官·乐师》曰："燕射，帅射夫以弓矢舞。"孙诒让解释为："燕射者，王与诸侯、诸臣因燕而射。"②即平时宴饮之日举行的射礼；四曰乡射，《周礼·地官·乡大夫》："退而以乡射之礼五物询众庶。"孙诒让解释为："退，谓王受贤能之书事毕，乡大夫与乡老则退，各就其乡学之庠，而与乡人习射，是为乡射之礼。"③故而乡射是在地方乡学举行，以荐贤举士。秦汉以后，前三种射礼逐渐融合，统称大射礼，并逐渐呈现出尚武与欢娱的特征。④

后世史料中始见射礼为汉宣帝甘露三年（前51），与诸儒于石渠阁讲论经义，提及并讨论了大射与乡射用乐的不同。⑤东汉明帝永平二年（59），"临辟雍，初行大射礼"⑥，为后世施行大射礼之始，但并未得到延续。直到东晋咸康五年（339）春，征西将军庾亮"行乡射之礼，依古周制，亲执其事，洋洋然有洙泗之风"，颇具儒家复古之意。刘宋武帝尚在彭城之时，"九月九日，出项羽戏马台射，其后相承，以为旧准"⑦。北魏时的国家射箭活动深受其部落风俗的影响，多为马射，并且常与讲武练兵共同举行⑧，具有很强的军事色彩，对于北周、北齐的大射礼仪颇有影响。北周建德二年（573）十一月，武帝先在城东亲率大军进行讲武，接着召集都督以上五十人在道会苑实施大射，武帝亲自临幸射宫，军容大备。⑨到了北齐，才正式将射礼列入国家礼仪，分别于三月三日、季秋举行，故又称"三九射礼"，从而对隋唐时期的射礼产生了重要影响。

---

① 《周礼正义》卷三十四《春官·大宗伯》，第1362页。
② 《周礼正义》卷四十四《春官·乐师》，第1811页。
③ 《周礼正义》卷二十一《地官·乡大夫》，第850—851页。
④ 蔡艺：《秦汉之后大射礼的发展与嬗变》，《湖南工业大学学报》（社会科学版）2015年第6期。
⑤ 《通典》卷七十七《军礼》，第2087—2088页。
⑥ 《后汉书》卷二《明帝本纪》，第102页。
⑦ 《通典》卷七十七《军礼》，第2088页。
⑧ 《魏书》卷七下《高祖本纪》，第170页。
⑨ 《周书》卷五《武帝本纪》，第83页。

隋文帝、隋炀帝在位时期，都举行了大射之礼，但时间相对灵活，多在正月、十一月举行。如隋文帝开皇四年（584）正月甲戌，在宫内北苑举行大射礼，十日而罢。① 十二年十一月甲子，文武百官大射于武德殿。② 十九年正月戊寅，在武德殿举行大射礼，并宴赐百官。③ 隋炀帝大业四年（608）正月庚戌，官员们在允武殿行大射之礼。④ 到了唐代，唐太宗更进一步将天子大射之礼加入国家礼典之中，使其成为军礼内容之一，根据《大唐开元礼》的记载，唐代军礼中有"天子射于射宫""天子观射于射宫"二礼，现先根据史料记载，将唐代实施大射活动的实际情况进行统计说明，然后再具体说明其礼仪。

唐代大射礼仪活动，集中的记载见于《唐会要》卷二十六《大射》一节，另有少部分见于两唐书与《册府元龟》之中，现根据其记载，总结列表如下。

表8　　　　　　　　　唐代大射礼仪实施简表

皇帝	时间	对象	地点	史料来源
唐高祖	武德二年正月	群臣	玄武门	《唐会要》卷26
	武德四年八月	三品以上	武德殿	《唐会要》卷26
	武德五年正月	群臣	玄武门	《册府元龟》卷79
唐太宗	贞观三年三月三日	重臣	玄德门	《唐会要》卷26
	贞观五年三月三日	文武五品	武德殿	《唐会要》卷26
	贞观五年九月九日	群官	武德殿	《唐会要》卷26
	贞观六年三月三日	群臣	武德殿	《唐会要》卷26
	贞观十一年三月三日	五品以上	仪凤殿	《唐会要》卷26
	贞观十六年三月三日	百僚	观德殿	《唐会要》卷26
	贞观十六年九月九日	文武五品以上	玄武门	《唐会要》卷26

---

① 《隋书》卷一《高祖本纪》，第21页。
② 《隋书》卷二《高祖本纪》，第37页。
③ 《隋书》卷二《高祖本纪》，第44页。
④ 《隋书》卷三《炀帝本纪》，第70页。

续表

皇帝	时间	对象	地点	史料来源
唐高宗	永徽三年三月三日	群臣	观德殿	《唐会要》卷26
	永徽四年三月三日	王公、诸亲、蕃客及文武九品以上	观德殿	《旧唐书》卷4
	永徽五年九月三日	三品以上	丹霄楼	《唐会要》卷26
	永徽五年九月四日	五品以上	永光门楼	《唐会要》卷26
	麟德元年三月三日		万年宫	《唐会要》卷26
唐玄宗	先天元年九月九日	百僚	安福门	《唐会要》卷26
	开元四年三月三日	百官		《唐会要》卷26
	开元二十一年九月九日		安福楼	《唐会要》卷26

由表8可见，唐代的大射之礼都集中于唐前期，自开元二十一年九月九日实施之后，《唐会要》记载："自此已后，射礼遂废。"① 说明大射礼在唐前期也经历了许多变化与改革，从时间上来看，除了武德时期，其余大射的实施时间都在每年三月、九月，可见其深受北齐大射礼仪的影响。唐代的大射多与皇帝赏赐有关，赏赐的对象也以百官为主，皇帝本人或亲身参与，或在门楼上观看。从表格来看，唐代皇帝共计实施大射礼仪17次，其中高祖3次，太宗7次，高宗4次，玄宗3次，

唐高祖举行的3次大射，一为武德二年（619）正月，当时唐朝刚刚代隋而立，李渊实施天子大射之礼，无疑是为了表明自己君临天下的至尊地位，故而他在玄武门赐群臣大射，向外宣示其天子身份；二为武德四年八月，赐三品以上官员大射于武德殿。② 该年五月，太宗平王世充，献捷京师，高祖设宴款待群臣，并根据等级赏赐绢帛各有差。七月，太宗至京师，"世民被黄金甲，齐王元吉、李世勣等二十五将从其后，铁骑万匹，甲士三万人，前后部鼓吹，俘王世充、窦

---

① 《唐会要》卷二十六《大射》，第582页。
② 《唐会要》卷二十六《大射》，第582页；《册府元龟》卷七十九《帝王部·庆赐》作武德四年九月癸亥，赐五品以上射于武德殿，第866页。

建德及隋乘舆、御物献于太庙，行饮至之礼以飨之"①。此役过后，天下大定，高祖还特意大赦天下，以示其统治功勋，故而八月再次举行大射之礼，与官员共同庆贺；三为武德五年正月，其事不见于《唐会要》，而是记载于《册府元龟》，"正月辛丑，赐群臣大射于玄武门，赍彩帛各有差"②。据此可知，由于高祖武德时期礼仪制度尚未完备，朝廷制度基本沿用隋代旧仪，故而大射礼的实施受隋朝影响较大，多在正月举行，而且多与庆祝活动有关，都伴随着大量的物质赏赐。

唐太宗共举行 7 次大射礼，这与其本人射箭技术精湛、热爱武功的个性息息相关。早在李渊镇守太原之际，太宗时年十八，高阳贼攻太原，高祖陷于战阵，太宗"以轻骑突围而进，射之，所向皆披靡，拔高祖于万众之中"③。武德三年（620），太宗讨王世充，"左右射之，无不应弦而倒，获其大将燕顼"④。贞观元年（627），太宗曾对萧瑀说："朕少好弓矢，自谓能尽其妙……朕以弧矢定天下四方，用弓多矣。"⑤面对突厥的威胁，太宗亲自挑选将士，在宫廷之内教习射箭，并对诸将说："我今不使汝等穿池筑苑，造诸淫费，农民恣令逸乐，兵士唯习弓马，庶使汝斗战，亦望汝前无横敌。"并且亲自测试其学习效果，对于射中的人随即赏赐弓刀、布帛，此举引来众多大臣的劝谏，多认为在皇帝身边搭弓射箭，危及社稷，太宗拒绝了他们的劝谏，仍然坚持己见，最终取得了明显的效果，"士卒皆为精锐"⑥。贞观三年三月三日，太宗赐重臣大射于玄德门。玄德门，又称至德门，长安城太极宫东宫北面一门，虽然此时太宗已经取得皇位，统治也趋于稳定，但直到该年四月以前，太宗一直于东宫执政，

---

① 《资治通鉴》卷一百八十九武德四年七月条，第 6034 页。
② 《册府元龟》卷七十九《帝王部·庆赐》，第 866 页。
③ 《旧唐书》卷二《太宗本纪》，第 22 页。
④ 《旧唐书》卷二《太宗本纪》，第 26 页。
⑤ 《通典》卷七十七《军礼》，第 2089 页。
⑥ 《旧唐书》卷二《太宗本纪》，第 31 页。

"四月辛巳，太上皇徙居大安宫。甲午，太宗始于太极殿听政"①，故而这一次大射礼选在东宫北门举行。第二次大射礼为贞观五年三月三日，太宗赐文武官员五品以上射于武德殿。武德四年，太宗破东突厥，擒获颉利可汗，四夷君长共奉其为"天可汗"，"是岁，天下大稔，流散者咸归乡里，米斗不过三、四钱，终岁断死刑才二十九人。东至于海，南及五岭，皆外户不闭，行旅不赍粮，取给于道路焉"②。五年正月，太宗"大猎于昆明池，四夷君长咸从"③，甚至有官员上书请求太宗封禅，这一时期，太宗的文治武功彰显内外，大射礼的实施也是其地位与功绩的展现，同年九月，太宗再次实施大射礼，赐群官射于武德殿。

贞观六年三月三日，太宗赐群臣大射于武德殿，应是贞观五年三月三日、九月九日两次实施大射礼的延续。自此以后，直到贞观十一年（637），未再举行大射礼。十一年三月三日，太宗"引五品以上，大射于仪凤殿"④，可见其时太宗亲自进行了大射，这与贞观十一年三月《贞观礼》的撰成与颁行密切相关。太宗即位以后，有感于礼乐制度的崩坏，故而专门诏令中书令房玄龄、秘书监魏徵等礼官学士修撰礼仪，直到十一年，新礼修成，天子大射礼仪作为新加入之礼，自然引起了太宗亲身实践的浓厚兴趣，故而此次的大射礼仪，太宗亲射，也是《贞观礼》的一次重要实践。但自此以后，大射礼再次搁置，直到贞观十六年三月三日，太宗赐百僚大射于观德殿。其年九月九日，太宗又赐文武五品以上大射于玄武门⑤，应该与唐朝"四方无虞"有关。贞观十五年，文成公主和亲吐蕃，西突厥沙钵罗叶护可汗数次遣使入贡，太宗因此笑对侍臣说其二喜，"比年丰稔，长安斗粟直三、四钱，一喜也；北虏久服，边鄙无虞，二喜也"⑥。纵观太宗

---

① 《旧唐书》卷二《太宗本纪》，第36页。
② 《资治通鉴》卷一百九十三太宗贞观四年十二月条，第6196页。
③ 《资治通鉴》卷一百九十三太宗贞观五年正月条，第6198页。
④ 《唐会要》卷二十六《大射》，第582页。
⑤ 《唐会要》卷二十六《大射》，第582页。
⑥ 《资治通鉴》卷一百九十六太宗贞观十五年八月条，第6283页。

的7次大射,基本遵循了北齐"三九大射"的礼仪思想,而且在唐朝内外政局安定之后,能够积极实施大射礼与百官同庆,并在《贞观礼》修订颁布之际,亲自实践天子大射礼仪,可见太宗对于礼仪的重视程度。

高宗共实施4次大射礼,其中永徽五年(654)九月三日与九月四日实施的两次大射礼,因其时间连贯,可视为同一次。永徽三年三月三日,高宗临幸观德殿,赐群臣大射,这应该是高宗在太宗多次实施大射礼的影响之下,自己开始实施大射礼。永徽年间,高宗沿袭贞观制度,而且礼遵太宗旧臣,政局稳定,百姓阜安,颇有贞观之遗风。① 永徽四年三月三日,高宗御观德殿,"陈逆人房遗爱等口马资财为五垛,引王公、诸亲、蕃客及文武九品以上射。"② 其年正月,驸马房遗爱、荆王李元景、吴王李恪、驸马都尉薛万彻、柴令武等谋反作乱,二月遗爱、万彻、令武等伏诛,三月便举行大射礼,并让陈其资财,令王公、诸亲、蕃客及文武九品以上射,参礼人数与规模空前壮大,可见这一次的大射礼有着更加深刻的政治意义,即让其亲自观看并参与对谋反叛乱者的处置,借用此种形式来警告文武大臣及外蕃之人,加强政治统治,除此之外,采用射箭的方式处理叛乱者的家产,也相当于变相的赏赐。永徽五年九月三日,高宗御丹霄楼,观三品以上行大射礼。四日,高宗御永光门楼,观五品以上射礼。③ 丹霄楼、永光门楼均在万年宫,即唐代避暑胜地九成宫。高宗因患风疾,加上长安城夏季酷热难耐,经常在夏季来临之前前往万年宫避暑。永徽五年三月,高宗临幸万年宫,夏四月的一天夜里,突下暴雨引起山洪,危及高宗寝殿,幸赖薛仁贵登门大呼预警,高宗才得以脱险,但洪水仍然造成了严重损害,卫士及居民有三千多人被淹溺而死。④ 其年九月,高宗在万年宫连续两天举行大射礼,亲自御楼观看,颇有一种大难不死之后的欣喜愉悦之感。麟德元年(664)三月三日,高宗

---

① 《资治通鉴》卷第一百九十九高宗永徽元年元月条,第6383页。
② 《旧唐书》卷四《高宗本纪》,第71页。
③ 《唐会要》卷二十六《大射》,第582页。
④ 《资治通鉴》卷一百九十九高宗永徽五年闰四月条,第6398页。

再次于万年宫举行大射之礼,自上次举行大射已隔10年之久。龙朔三年(663),唐军于白江口大破倭人水军,平定百济,征高丽之战已近尾声,下诏改元。麟德元年正月,改云中都护府为单于大都护府,管理突厥降众。二月,前往万年宫,三月实施大射礼,可以看作对外战争取得胜利之后,在改元后新的一年里所进行的礼仪庆祝盛会。自此以后,大射礼长时间搁置,直至玄宗朝。

唐玄宗先天元年(712)九月九日,玄宗御安福门观百僚射,时间长达八日。该年八月,玄宗刚刚从睿宗手里接过皇位,九月就举行了大射礼仪。自高宗麟德元年之后,大射礼仪久废不行,景云二年(711),谏议大夫源乾曜上书请行大射礼,认为"古之择士,先观射礼,所以明和容之义,非取乐一时。夫射者,别正邪,观德行,中祭祀,辟寇戎,古先哲王,莫不递袭。臣窃见数年以来,射礼便废,或缘所司惜费,遂使大射有亏"[1],申明射礼的重要性,虽然睿宗并未采纳,但可能对玄宗产生了重要启发,故而在其即位之后就立即举行大射,此次大射,前后时间长达八日,规模空前绝后,完全展现了玄宗刚刚登基之后的喜悦之情。开元四年(716)三月三日,玄宗赐百官射,却发生了一件有趣之事。射礼进行过程中,金部员外郎卢廙与职方员外郎李蕃二人都不擅长射箭,即使拉满弓也不能射到箭垛,于是二人互相嘲笑,李蕃戏笑着说:"我和卢廙的箭都射出去了三十步。"[2] 众人不解,最后才知道原来是李蕃射出的箭离垛三十步,而卢廙的箭离自己身体三十步。开元八年,玄宗下制赐百官九月九日大射,却遭到了给事中许景先的反对,主要理由是:"古制虽存,礼章多缺,官员累倍,帑藏未充,水旱相仍,继之师旅,既不足以观德,又未足以威边,耗国损人,且为不急。"于是玄宗罢礼。到了开元二十一年八月,玄宗敕书称今年九月九日举行大射,于是大射礼再次实施,玄宗赐射于安福楼下[3],是对开元二十年所颁行的《开元礼》的

---

[1]《唐会要》卷二十六《大射》,第582页。
[2]《唐会要》卷二十六《大射》,第583页。
[3]《唐会要》卷二十六《大射》,第583—584页。

遵循与实践，但也是最后一次。自此以后，射礼遂废，唐代大射礼仪由此废弃不用。

综上观之，唐代的大射礼仪活动均实施于唐开元二十一年以前，共计17次。这些大射活动基本来自皇帝的赏赐，皇帝本人或亲自参加，或临高观看，大射礼仪活动的举行都有着深刻的政治背景，多与唐朝内外战争获胜、国家繁荣富强有关，也与其时礼仪制度的创作密不可分。王博通过对唐前期大射礼仪的分析，将其划分为平稳期（高祖、太宗朝）、转变期（高宗、玄宗朝）[1]，但其实除了高祖朝的大射礼深受隋朝旧制影响之外，太宗以后的大射礼基本沿袭了北齐"三九射礼"的礼仪思想，并且随着唐朝礼仪典籍的不断完备，奠定了"大唐之制……三月三日、九月九日，赐百僚射"[2]的礼仪制度。由于唐代史籍中关于具体射礼活动的记载语焉不详，各个时期的大射礼仪除去时间、地点之外，礼仪要素太少，很难从中发现其变化轨迹，而且，唐朝举行的大射礼仪大都弥漫着一股欢欣喜悦之情，同时伴随着财物的赏赐，这与王博认为"唐代射礼更多体现出极强的政治性及礼仪性，总体气氛较为严肃"[3]的结论相差甚远。

第二节 唐朝大射礼仪的程序及变化

有关唐代大射礼仪的具体程序与细节，唐代礼仪典籍中多有保留，以《大唐开元礼》为例，其卷第八十六就完整地记载了《皇帝射于射宫》《皇帝观射于射宫》二仪，现将其摘录如下，以供进一步分析和研究。

---

[1] 王博：《唐宋射礼的性质及其变迁——以唐宋射礼为中心》，《唐史论丛》2014年第19辑。
[2] 《通典》卷七十七《军礼》，第2089页。
[3] 王博：《唐宋射礼的性质及其变迁——以唐宋射礼为中心》，《唐史论丛》2014年第19辑。

皇帝射于射宫

前一日，太乐令设宫悬之乐，鼓吹令设十二案于射殿之庭，以当月之调，登歌各以其合；东悬在东阶东，西面，西悬在西阶西，东面；南北二悬，及登歌，广开中央（避箭位也）。张熊侯，去殿九十步，设乏于侯西十步，北十步（乏，侯边避矢物，以革为之，高广七尺。先有垛为之，则不须更设）。设五楅庭前，少西（楅，长三尺，博三寸，厚一寸半，龙首蛇身，所以委矢）。布侍射者位于西阶前，东面北上。布司马位于侍射位之南，东面。布获者位于乏东，东面。布侍射者射位于殿阶下，当御前少西，横布，南面。侍射者弓矢俟于西门外。陈赏物于东阶下，少东。置罚丰于西阶下，少西（丰者，所以承罚爵，形似豆大而卑）。设罚樽于西阶西，南北以堂深。设篚于樽西，南肆，实爵加幂。

其日质明，御服武弁出，乐作、警跸及文武侍卫皆如常仪。文武官俱公服，典谒引入见，乐作及会并如元会仪。酒三遍，侍中奏称："有司既具，请射。"又侍中前承制，退称："制曰可。"王公以下皆降。文官立东阶下，西面北上；武官立西阶下，于射之后东面北上。持钑队群立于两边，千牛备身二人横奉御弓矢立于东阶上，西面，执弓者在北。又设坫于执弓者之前，又置御决拾筒于其上（决，今之射沓。拾，今之射捍）。获者持旌，自乏南行，当侯东行，至侯，负侯北面立（负侯谓背侯向内立。令众射者见侯与旌，深有志于中也）。侍射者出西门外取弓矢，两手奉弓，搢乘矢于带（搢，插。乘矢，四矢）。入立于殿下射位西，东面。司马奉弓自西阶升，当西楹前，南面，挥弓命获者去侯。获者以旌去侯，西行十步，北行至乏，止。司马降自西阶，复位。千牛中郎将一人奉决拾以筒，千牛将军奉弓，又千牛郎将奉矢，进立于御榻东，少南，西面。郎将跪奠筒于御榻前少东，拂以巾，取决兴，赞设决讫，千牛郎将又跪取拾兴，赞设讫，以筒退，奠于坫上，复位。千牛将军北面张弓，以袂顺左右隈，上再下一（弓左右隈，谓弓上面下面。以衣袂摩拭上面再度，下面一度）。西面，左执弣，右执箫以进御讫，退立于御榻东少后。千牛郎将以巾拂矢进，一矢供御。皇帝欲射，协律郎举麾，先奏鼓吹及乐驺虞五节，御乃射，第一矢与第六节相应，第二矢与第七节相应，以至九节。协律郎偃麾，乐止。千牛将军以矢行奏，中曰"获"，下曰"留"，上曰"扬"，左曰"左方"，右曰"右方"（留谓矢短不及侯。扬谓矢过侯，左右谓矢偏不正）。御射讫，千牛将军于御座东，西面受弓，退付千牛于东阶上。千牛郎将以筒受决、拾，退奠于坫上，复位。

侍射者进，升射席，北面立，左旋，东面张弓，南面挟矢。协律郎举麾，乃作乐，不作鼓吹。奏乐狸首三节，然后发矢。若侍射者多，则齐发。第一发与第四节相应，第二发与第五节相应，以至七节。协律郎偃麾，乐止。射者右旋，东面弛弓，北面立，乃退，复西阶下位（其射人多少，临时听进止。若九品以上俱蒙赐射，则六品以下后日引射，所司监之）。司马升自西阶，自西楅前，南面挥弓命取矢，司马降复位。取矢者以御矢付千牛于东阶下，侍射者矢加于楅，北括。侍射者释弓于庭前北面东上。所司奏请赏侍射中者，罚不中者。侍中称："制曰可。"所司立楅之西，东面，监唱射矢。取矢者各唱中者姓名。中者立于东阶下，西面北上；不中者立于西阶下，东面北上。俱再拜。所司于东阶下以次付赏物，受讫，退复西面位。酌者于罚樽西，东面酌，进，北面跪奠于丰上，退立于丰南，少西。不中者进丰南，北面跪取丰上爵，立饮卒爵，跪奠丰下，退复东面位。酌者北向跪取虚爵，酌奠如初。不中者以次进饮皆如初。饮讫，典谒引王公以下及侍射者，皆庭前北面，相对为首，再拜讫，引出。持铍队复位。御入，奏乐警跸如常仪。所司以弓矢出中门外，付侍射者，引出。

若御射无侍射之人，则不设楅，不陈赏物，不设罚樽。若御燕游小射，则常服，不陈乐悬，不行会礼，王公以下事讫出，无北面再拜之仪。

皇帝观射于射宫

前一日，太乐令设宫悬之乐及登歌如亲射之仪。张麋侯去殿九十步，设乏于侯西十步。设第一福于庭前少西，设第二福于第一福南二步，以次五福（福，所以承矢，福皆龙首蛇身，长三尺，博三寸，厚一寸半）。陈赏物于东阶下，少东。置罚丰于西阶下，少西。设罚樽于西阶西，南北以堂深。设篚于樽西，南肆，实爵加幂。布王公以下释弓矢席位于中门外左右，俱北上。布三品以上会席位于殿上如常仪。布四品五品会席位于东阶西南，在乐悬内，东厢者西面，北上。西厢者东面，北上（若殿上人少，四品五品亦升之）。布六品以下会席位于东西乐悬南，俱北上（若四品五品升殿，则在悬内）。布王公以下将射位于东西阶前，俱北上。布左右司射位于王公将射位前，左者西面，右者东面，俱北上。布司马位于右司射之南，东面。布三品以上及左供奉官射席位于御座东楹间，少前，又布三品以上及右供奉官射席位于御座西楹间，少前（席横布，各容六人），布四品以下射席位于殿阶下如殿上之仪。布获者位于乏东面，取矢者在获者之南，俱东面（获者，谓看矢疏密者）。置左右司射各三人，司马二人。

其日质明，王公以下俱公服，持弓矢，分为左右引入，至中门外位。御服武弁服出，乐作，警跸如常仪。王公以下皆跪释弓矢于位，典谒引入见及会如常仪。（凡射先行会礼）酒三遍，所司奏请赐王公以下射。侍中前承诏，退称："制曰可。"王公以下将射者皆降庭前，北面，相对为首，再拜讫，典谒引出复中门外位，跪取弓矢，兴，两手奉弓，搢乘矢（搢，插。乘矢，四矢），典谒引入就将射位。左右司射及司马及获者皆就位。执罚樽者立于樽南，执篚者立于篚南，皆北向；酌者立于樽西，东面。获者持旌自乏南行十步，当侯东行，至侯，负侯北面立。（负侯，谓背侯内向立，令众射者见侯与旌，深有志于中也。）

左右司射各一人先导射，皆搢乘矢于带，以两手奉弓，左者从东阶，右者从西阶，至阶，左者西面，右者东面，相顾立定，俱升，进，各当席前，北面俱进，升射席。立定，左厢者右旋，西面张弓，右厢者左旋，东面张弓，俱南面，挟一个（挟谓置矢于弓）。司马执弓自西阶升，当右射者前，左旋南面，挥弓命获者去侯。获者持旌去侯，西行十步，当乏北行，至乏，止。乃射。左司射一发，右司射一发，更迭射讫，左司射左旋西面弛弓，右司射右旋东面弛弓，俱北面立定，俱少退，各从东西阶降于阶下，相向立定，乃退复位。

左右司射各于王公位前，北面次比王公从首六人，引从东西阶升如司射之仪。至射席，相对为首，北面立，左者右旋西面张弓，右者左旋东面张弓，俱南面，挟一个。所司奏："请以射乐乐王公以下。"（若两番射，则每番唯射取中侯，未须奏请作乐相应。）侍中前承制，退称："制曰可。"通事舍人承传，西面告太常卿，太常卿于西悬内东向命乐正曰："奏乐，间若一。"（言奏七节，节间疏数如一。）司射自西阶升，当御前少西，东向誓曰："无射获，无猎获。"（不得射侯边获者，又不得猎过获者之旁。）射者俱逡巡，司射退，降复位。司射又自西阶升，誓曰："不鼓不释。"（不与鼓节相应，虽中不为释算。）射者又逡巡，司射退降复位。协律郎举麾，作狸首之乐，奏乐至第三节讫，左右俱一发使与第四节相应，左右又一发使与第五节相应，以至七节射讫，协律郎偃麾，乐止。左厢射者左旋西面弛弓，右厢射者右旋东面弛弓，俱北向立，少退，从东西阶降，立于阶下，相向北上立定，乃退。左右司射各以次取六人，俱升射如初。与乐节相应如初，射讫退降如初。四品以下射于殿下，即射席升降及射与乐相应如殿上仪。射讫者，三品以上及近侍之官释弓于下，升复会位，四品以下皆复会位，坐。其未射者皆立，继射如初。

射总讫，司马自西阶升殿，挥弓命取矢。取矢者上中下矢各一人持，其不中者矢亦一人持，至庭前，其第一矢跪加第一楅，北括，其以下次加楅讫，其取矢者各立楅南，北面。王公以下各降，执弓庭前北向立。

所司奏请赏射中者，罚不中者。侍中前承制，退称："制曰可。"所司立楅之西，东面监唱射矢。取矢者各唱中者姓名。中者立东阶下，西面北上，依射中疏密为序。其不中者（谓四矢俱不中侯也），立于西阶下，东面北上，依品为序。东西俱再拜。所司东阶下以次付赏物，受讫者退复西面位。（若赐多，且置于位，侍御入，持出中门外付之。）酌者于罚樽西，东面酌，进，北面跪奠爵丰上，立于丰南少西。不中者丰南北面横奠弓，跪取爵，立饮卒爵，跪奠爵丰下，取弓，退复东面位。酌者继酌奠于丰，不中者以次饮皆如初。

若更射，则取矢者以矢就东西面位，付射者。付讫，左右司射各从首取王公以下六人升射如初，始作乐、与乐相应如上仪。其赏罚皆如初讫，典谒者引中者及不中者及不射者，皆庭前北面，各依品相刌，再拜讫，出复中门外位。持钑者复位。御入，乐作，警跸如常。所司持矢出中门外，付射者讫，引出。

若御不亲观射，则不设乐悬。王公以下各执弓矢入庭前，北面拜讫，通事舍人宣敕赐王公以下食，王公等皆再拜。典谒引王公以下就东西廊下食讫，舍人又宣敕赐王公以下射，王公以下在位者皆再拜。左右司射引王公以下射皆如御前之仪。射讫，王公以下皆北面相对立。通事舍人宣敕云："射中者依算赐物，不中者罚酒。"王公等皆再拜。其受赏及罚皆如御前之仪。北面再拜，取矢讫，引出。①

射宫，本指辟雍，本为周天子实施大射礼、考取贡士的场所。张衡《东京赋》曾提到："摄提运衡，徐至于射宫。"薛综注："射宫，谓辟雍也。"② 唐皮日休也曾作诗曰："吾闻古圣人，射宫亲选士。"③ 参照前述唐代大射礼仪的实施场地，却发现多以宫殿门楼为主，而且地点并不固定，虽然唐代礼仪典籍中仍称射宫，但其意义早已不同往日。唐代皇帝的射礼主要有以下三个程序：（一）前期准备。太乐令设置乐悬，鼓吹令设案，同时张熊侯、布列侍射者、司马及获者的位置和射箭的位置，陈设赏罚的用具；（二）皇帝大射。由千牛中郎将、千牛将军、千牛郎将等武臣侍奉皇帝在鼓吹的节奏声中进行射箭；（三）侍射者射。侍射官员按照乐曲进行射箭，并由司马根据是否射中及其射中数量进行赏罚。如果没有侍射的官员，则"不设楅，不陈赏物，不设罚樽"，如果是皇帝在燕游时进行射箭，则"常服，不陈乐悬，不行会礼"。而皇帝观射之礼，射箭主体由皇帝降为官员，则

---

① 《大唐开元礼》卷八十六，第411—415页。
② （梁）萧统编，（唐）李善注：《文选》第三卷《东京赋》，上海古籍出版社1986年版，第119—120页。
③ 《全唐诗》卷六百八皮日休《贱贡士》，第7020页。

礼仪的陈设规模也会相应缩减，射靶由熊侯降为麋侯，由左右司射引导百官进行射箭，但射箭的程序则变得丰富起来，先导射，然后数量众多的官员们依品级在射席上升降，最终结果仍由司马查验，射中者赏，不中者罚。如果皇帝没有亲临观射，则由通事舍人传达皇帝的旨意，先赏赐王公以下官员廊下食，然后再赐射，最后由通事舍人宣布赏罚结果。

通过进一步考察唐代大射礼仪，可以发现，无论皇帝亲射还是观射，礼典的记载更加强调礼仪的秩序性与等级性，一举一动都需要专门官员进行导引，而且在大射时，需要配备专门的乐曲，即"宫悬之乐及登歌"，若皇帝没有在射礼现场，则不需要设置乐悬。官员的座次以及大射的顺序由其品级决定，射箭的动作要与乐曲节奏相应，所谓"不鼓不释"，即不与鼓节相应，即使射中也不算数。对于大射的结果，《大唐开元礼》记载："射中者依算赐物，不中者罚酒。"可见，处罚并不严重，整体氛围相当轻松，这也能合理地解释唐玄宗开元四年三月三日所发生的事情，在二人均未射中的情况下，仍能互相戏笑，说明他们早已知道射不中的处罚结果。同时，他们二人并未受到玄宗惩处，说明唐代大射礼的礼仪性与严肃性早已发生了变化。

北齐时期的"三九射礼"更加强调参礼官员等级与箭的数量之间的差距，"一品三十二发，一发调马，十发射下，十五发射上，三发射獐，三发射兽头。二品三十发，一发调马，十发射下，十发射上，三发射獐，三发射帖，三发射兽头。三品二十五发，一发调马，五发射下，十发射上，三发射獐，三发射帖，三发射兽头。四品二十发，一发调马，五发射下，八发射上，二发射獐，二发射帖，二发射兽头。五品十五发，一发调马，四发射下，五发射上，二发射獐，二发射帖，一发射兽头。侍官御仗以上十发。一发调马，四发射下，五发射上。"而且由于春秋礼仪规模的不同，季秋大射箭的数量再次增加，"正三品以上第一埒，一品五十发，一发调马，十五发射下，二十五发射上，三发射獐，三发射帖，三发射兽头。二品四十六发，一发调马，十五发射下，二十二发射上，二发射獐，三发射帖，三发射兽头。从三品四品第二埒，三品四十二发，一发调马，十二发射下，二十二发射上，二发射獐，二发射帖，三发射兽头。四品三十八发一发调马，十二发射下，十九发射上，一发射獐，二发射帖，三发射兽头。五品第三垛，三十二发。一发调马，九发射下，十七发射上，一发射獐，二发射帖，二发射兽头。六品第四垛，二十七发。一发调马，八发射下，十六发射上，一发射獐，一发射帖。七品第五垛，二十一发。一发调马，六发射下，十二发射上，余与六品同也。八品第六垛，十六发。一发调马，四发射下，九发射上，余同七品。九品第七垛，十发。一发调马，三发射下，四发射上，余与八品同。"① 虽然早已经没有了周礼"观德取士"的礼仪思想与目的，但北齐时候的大射礼仪会根据官员品级决定射箭的数量与射靶，所射箭的数量颇为壮观，而且第一发均为调马，说明北魏时期的马射对其影响极大，由此可见，北齐的射礼在很大程度上保留了大射礼仪的核心内容与军礼中崇尚武备的风气。

到了隋代，除了大射时用少牢祭祀射侯之外，大射礼仪活动已经开始演变成由皇帝赏赐的宴饮活动，其核心程序射箭则演变为宴饮活动中的彩头，用来作为赏赐的依据。隋文帝开皇九年（589）在平陈之际，曾发布敕书用大射礼仪来处理战争之后的财产："亡国物，我一不以入府，可于苑内筑五垛，当悉赐文武百官大射以取之。及是，上御玄堂，大陈陈之奴婢货贿，会王公文武官七品已上，武职领兵都督已上，及诸考使以射之。"② 开皇十九年（599）正月，实施大射礼，"宴赐百官"③，还有牛弘所作的《大射登歌辞》，描绘了大射活动中觥筹交错的礼乐盛景，"丰俎既来去，燔炙复从横。欣看礼乐盛，喜遇黄河清"④。

唐朝的大射礼仪活动继隋而来，除了时间上最终遵循北齐制度之外，更加注重程序与细节的操作，但大射礼仪的实质与隋如出一辙，以宴饮和赏赐为主，活动场面相当轻松欢快。如贞观年间，太宗九月

---

① 《通典》卷七十七《军礼》，第2088—2089页。
② 《北史》卷六八《韩雄子附禽子传》，中华书局1974年标点本，第2375页。
③ 《隋书》卷二《高祖本纪》，第44页。
④ 《隋书》卷十五《音乐志》，第371页。

九日赐射，欧阳询因萧瑀不擅长射箭而写诗嘲笑他："十回俱著地，两手并擎空。"① 永徽四年三月三日，唐高宗举行大射礼仪来处理房遗爱等叛乱者的资财，这与隋文帝采取大射来赏赐平陈财物的做法非常相似。由此，关于唐代大射礼仪的活动与性质，我们可以有一个更加清晰与明确的认识。

唐代大射礼仪的实施需要一个稳定的政治环境和丰盈的国库资产，用来君臣同庆，进行赏赐，对于相关礼仪反而并不苛求。贞观十一年《贞观礼》颁行之后，唐太宗就采取亲射来进行实践，但并未得到坚持，下一次的大射已是五年之后。吊诡的是，开元二十年（732）《开元礼》撰成之后，玄宗于开元二十一年下诏实施大射礼仪，但却是唐代最后一次。可见，即使礼仪典籍的修撰逐渐完备，礼仪细节与程序也更加丰富，但仍然无法引起皇帝坚持实施大射礼仪的兴趣，这就说明了唐代大射礼的礼仪性和严肃性已经严重丧失，其是否举行完全取决于皇帝个人和其他客观条件。开元八年，玄宗下达制书想要实施大射，却被给事中许景先上奏拒绝，理由便是国家财力不足，水旱灾害频繁，大射礼仪耗费甚大，并非急事，"帑藏未充，水旱相仍，继之师旅，既不足以观德，又未足以威边，耗国损人，且为不急"。而且他指出了唐代大射礼仪与古礼的差别，"今则不然，众官既多，鸣镝乱下，以苟获为利，以偶中为能，素无五善之容，颇失三侯之礼，冗官厚秩，禁卫崇班，动盈累千，其算无数"②。许景先的建议得到了玄宗的接纳，并停止了这次大射活动。这说明了在唐代大射礼仪活动的驱使下，官员只顾追求物质利益，耗费无数，而原本的礼仪精神则被抛诸脑后，这种现象深为皇帝所知，故而也不必纠结于礼仪典籍的相关规定。同时大射礼仪造成的耗费与对百官近侍造成的不利影响，或许正是唐朝皇帝不再继续实施大射礼的主要原因，加上安史之乱以后，国家屡遭动荡，财力有限，皇帝个人的权威也倍受挑战，大射礼已经失去了实施的土壤及意义，故而只停留于文本之上。

---

① 《全唐诗》卷八百六十九欧阳询《嘲萧瑀射》，第9841页。
② 《唐会要》卷二十六《大射》，第583—584页。

唐朝以后，五代、宋仍有实施大射礼的痕迹，但其深受唐代大射礼仪发展的影响，逐渐演变成规模较小、更易于实施的宴射礼，甚至由于宴射礼的广泛实施，大射礼逐渐褪去了军礼属性，北宋初年的《太常因革礼》中尚有皇帝射于射宫之礼，而北宋末年修撰的礼典《政和五礼新仪》中将其挤出军礼，反而拥有嘉礼与宾礼的双重功能①，直到南宋的《中兴礼书》中才再次将其纳入军礼，但也只能是充满休闲趣味的宴射之礼。

第三节　唐代的射箭与社会生活

除了与皇帝有关的大射礼之外，射箭在唐代的社会生活中也占有一席之地，射箭作为冷兵器时代里的远距离攻击武器，无论在战争中，还是在狩猎活动中，精准的箭法能对最终的结果产生非常重要的影响。因此，射箭活动深受唐朝君臣的重视与喜爱，甚至演变为科举考试的重要内容之一。

粗检史籍，以善射知名者有：钱九陇、屈突通、丘行恭、高祖子徐王元礼、太宗子越王贞、贞长子冲、张士贵、裴宽、郭知运、王君㚟、张守珪、高仙芝、玄宗子光王琚、李多祚、郭子仪、李光弼、曲环、樊泽、薛仁贵、仁贵孙薛嵩、李抱玉、卢从史、李晟、晟子李愬、晟甥王佖、浑瑊、贾耽、田弘正、张孝忠、李宝臣、王武俊、李怀仙、刘全谅、李希烈、高固、李光颜、光颜兄光进、刘沔、张万福等人，上至王公贵胄、下至蕃人牙将，均因其箭法及武功在唐代崭露头角，留名史册，其中最以箭法知名者，当属薛仁贵无疑。

薛仁贵，绛州龙门人，因贞观末年随太宗出征高丽有功而知名，太宗甚至对他说："朕不喜得辽东，喜得卿也。"永徽五年（654），万年宫突发山洪，薛仁贵不顾个人安危，登门呼警，高宗才得以保全，事后对薛仁贵说："赖得卿呼，方免沦溺，始知有忠臣也。"之后

---

① 王博：《唐宋射礼的性质及其变迁——以唐宋射礼为中心》，《唐史论丛》2014年第19辑。

领兵去天山攻打九姓突厥，临行之际，高宗出内廷盔甲测试薛仁贵的箭法，薛仁贵直接射穿了盔甲，高宗为之大惊，并赏赐给他更加坚硬的甲胄。在战争中，九姓突厥派骁健前来挑战，薛仁贵连发三矢，射杀三人，对敌军造成了极大的震慑，最后战争胜利，"擒其伪叶护兄弟三人而还"，军中还流传出"将军三箭定天山，战士长歌入汉关"的歌谣，此役过后，"九姓自此衰弱，不复更为边患"①。在这场战争中，薛仁贵的箭法对于战争的胜利产生了极大的积极影响，而其事迹也流传开来，成为后世文学戏剧的常用素材。

武则天长安二年（702），始置武举，开创历史上以武选士的先河，同时也让众多习武者有了进阶之路。武举考取的内容主要有射箭、马枪、翘关、负重以及身材。射箭又分为长垛、马射、步射、平射、筒射五种类型。② 长垛即在一百零五步的距离内进行射箭，主要考察其弓力及箭法，同时对于使用的弓箭也有要求，"弓用一石力，箭重六钱"，射入中院为上等，次院为次上，外院为次等；马射即骑射，共射两箭，都射中的为上等，一发射中、一发未中的为次上，都没有射中的为次等；步射即徒步射箭，主要是射草人，射中为上等，但如果射中却不合法或者合法却没有射中的为次等③；筒射，即用筒箭射击。筒箭，总长一尺有余，放在竹筒之内，引注于弦上，再将竹筒系在手腕，"觳弓既发，豁筒向后，激矢射敌，皆洞贯"④，尺寸较小，利于隐蔽射击，而且威力大，在近距离作战中非常实用，其考核的标准为："十发四中，六居其次为上第，三中，七居其次为下第；不及此者为不第"；平射，主要考察射箭者能否将箭平直射出，"十发五中，五居其次为上第；三中，七居其次为下第"⑤，它是一种独立于其他射箭方式之外的考试科目，与武举并行，每年孟春时节由乡里入贡，参加考试，"凡贡举，每岁孟春，亦与计偕。有二科：一曰平

---

① 《旧唐书》卷三十三《薛仁贵传》，第 2780—2781 页。
② 《新唐书》卷四十四《选举志》，第 1170 页。
③ 《唐六典》尚书兵部卷第五，第 160 页。
④ 《资治通鉴》卷二百五十三僖宗乾符四年二月条胡注，第 8312 页。
⑤ 《唐六典》尚书兵部卷第五，第 160 页。

射，二曰武举。"①而且平射对于考试者的身份有所放宽，"复有平射之科，不拘色役，高第者授以官，其次以类升"②。自武举设置并实施以后，人们逐渐开始重视武力训练及骑马射箭，尤其是对基层乡里而言，由于每年要选取乡贡武举人，就必须对应试者的武力技能有所掌握，而且要加强平日的教习与训练。③武举自武则天长安二年（702）开始，到唐德宗贞元十四年（798），因为谏议大夫田登的谏言一度停止武举，直至元和三年（808），唐宪宗接受兵部恢复武举的建议，又重新得以实施。

此后，武举作为科举考试的重要内容之一，与明经、进士等文科共同成为应试者博取功名、做官升阶之道。唐朝政府也开始重视武举，文武并用以选取人才，"文武之道，既惟并用，宗敬之仪，不可独阙"④，其中最知名者当属郭子仪。郭子仪，即以武举入仕，"始以武举高等补左卫长史"，在平定安史之乱的过程中立下了汗马功劳，史官对其功勋赞誉有加，称其几为完人，"天下以其身为安危者殆二十年。校中书令考二十有四。权倾天下而朝不忌，功盖一代而主不疑，侈穷人欲而君子不之罪。富贵寿考，繁衍安泰，哀荣终始，人道之盛，此无缺焉"⑤。也有其父祖辈皆为明经出身，而自身改考武举者，如张万福，其曾祖至其父，都是明经出身，官职也止步于县令州佐。因此，张万福认为父祖业儒皆不达，不喜欢当书生，于是开始重点学习骑射⑥，官历舒庐寿三州刺史、鸿胪卿、右金吾将军，以左散骑常侍致仕，官运亨通，天下知名。令狐楚曾在《年少行》一诗中写道："家本清河住五城，须凭弓箭得功名。"⑦高适在《蓟门行》中写道："幽州多骑射，结发重横行。一朝事将军，出入有声名。"⑧充分

---

① 《旧唐书》卷四十三《职官志》，第1835页。
② 《通典》卷十五《选举》，第357页。
③ 《通典》卷十五《选举》，第357页。
④ 《通典》卷十五《选举》，第357页。
⑤ 《旧唐书》卷一百二十《郭子仪传》，第3449、3467页。
⑥ 《旧唐书》卷一百五十二《张万福传》，第4074页。
⑦ 《全唐诗》卷三百三十四令狐楚《年少行》，第3750页。
⑧ 《全唐诗》卷二百一十一高适《蓟门行五首》，第2190页。

体现了由于擅长射箭而博得功名的进阶之路。

弓箭作为常规武器,除了运用于战争,也活跃在唐代天子出行、朝会等仪仗队伍以及贵族日常射猎活动当中。根据出土墓葬壁画显示,唐李寿、长乐公主、章怀太子、懿德太子、嗣虢王李邕等墓中均描绘有人持弓箭的形象,他们有的在打猎,有的在仪仗队伍中①,反映出弓箭在唐代礼仪与社会日常生活中的地位,再加上政府对于武举的推行与重视,以及功名的诱惑,唐代更加注重弓箭的制作与使用。弓的规格有四种——长弓、角弓、稍弓、格弓,不同规格的弓材质不同,用途也各异,"长弓以桑柘,步兵用之;角弓以筋角,骑兵用之;稍弓,短弓也,利于近射;格弓,彩饰之弓,羽仪所执"。箭的种类也分四种——竹箭、木箭、兵箭、弩箭,也各有其特点与用途,"竹箭以竹为笴,诸箭亦通用;木箭以木为笴,唯利射猎;兵箭刚镞而长,用之射甲;弩箭皮羽而短,用之陷坚也"②。优质的弓及弦甚至可以作为地方贡献中央的贡品,如夏州角弓,杭、婺、衢、越等州之弓弦麻。

唐代皇帝有时候也在宫廷之内举行射箭活动,其使用的弓箭由少府军器监弩坊署制作完成,并收纳于武库,以备国用。唐太宗曾在宫殿之内亲自训练士兵射箭,主要是为了增强军队的战斗力,应对突厥的威胁。武则天天授年间,曾拿出内廷金银实物作为奖赏,在宰相及南北衙文武官内选出五名善射者进行射箭比赛,结果五人之中多非汉人,高丽泉献诚便劝谏武则天停止此类射箭活动,得到了武则天的赏赐与接纳。③ 其实在唐代,胡人蕃将擅长射箭早已成为共识,这与其生活习性密切相关,泉献诚出于维护汉人官员的名声考虑劝谏武则天停止射箭活动,虽然是忠贞之举,但该事件反映出唐代文武官员武力衰弱、疏于习射,这一事实却令人不得不深思。唐玄宗时曾设置弓箭库使,负责掌管内库弓矢刀箭,后来演变为内弓箭库使,成为宦官内

---

① 徐光冀主编:《中国出土壁画全集》陕西卷,科学出版社 2011 年版,第 150、157、269—271、307、350 页。
② 《唐六典》卫尉宗正寺卷十六,第 460—461 页。
③ 《旧唐书》卷一百九十九《高丽》,第 5328 页。

诸使司之一，唐代宗时鱼朝恩、唐宪宗时吐突承璀、刘希先，唐穆宗时魏弘简曾担任此职。

而且，魏晋南北朝隋唐时期，社会上曾流行着重阳节骑射的习俗。① 在唐人戎昱所作的《观卫尚书九日对中使射破的》一诗中，描绘了九月九日检校工部尚书、荆南节度使卫伯玉与中使的射箭活动，"盛宴倾黄菊，殊私降紫泥。月营开射圃，霜旆拂晴霓。出将三朝贵，弯弓五善齐。腕回金镞满，的破绿弦低。勇气干牛斗，欢声震鼓鼙，忠臣思报国，更欲取关西"②。根据卫伯玉官职来看，此事应发生于唐代宗广德元年（763）以后，诗文赞扬了卫伯玉忠君报国，想要收复河西失地的个人情怀。同时，韩愈曾在《国子助教河东薛君墓志铭》中记载了志主薛公达进士擢第以后出佐凤翔军的一则射箭趣事。

> 九月九日大会射，设标的高出百数十尺，令曰："中，酬锦与金若干。"一军尽射，莫能中。君执弓，腰二矢，指一矢以兴，揖其帅曰："请以为公欢。"遂适射所，一座皆起，随之。射三发，连三中，的坏不可复射。中辄一军大呼以笑，连三大呼笑，帅益不喜，即自免去。③

这其中的"九月九日大会射"颇有唐前期"三九大射"的身影，但当时已经成为军中节日活动之一。在这场会射中，"一军尽射，莫能中"，而志主作为进士出身，却"射三发，连三中，的坏不可复射"，说明志主本人的射箭技术也非常精准。墓主元和四年（809），年三十七因病去世，即使墓主二十岁就考中进士并出佐凤翔军，以此推测该事件发生于贞元九年（773）及以后。由此可见，代德之际曾在九月九日重阳节这一天，军中有大型射箭活动，但这仅是南北朝以来重阳节日习俗之一，与皇帝大射礼仪无关。

---

① 夏冰冰：《唐代重阳节俗的文化阐释》，硕士学位论文，陕西师范大学，2014年。
② 《全唐诗》卷二百七十戎昱《观卫尚书九日对中使射破的》，第3015页。
③ 《韩昌黎文集校注》卷六《国子助教河东薛君墓志铭》，上海古籍出版社1986年版，第362页。

小 结

综上所述，唐代的大射礼仪虽然来源于《周礼》，但其礼仪内容与性质已经完全不同，唐代的大射礼仪，皇帝或亲自参与，或在旁观看，在唐前期的政治礼仪活动中扮演着重要的角色。除了唐高祖武德年间受隋制影响较深，多在每年正月举行大射之外，唐太宗以后，随着国家礼仪制度的完备，遵循北齐"三九射礼"的礼仪思想，也将唐代的大射礼仪定于每年的三月三日、九月九日，由皇帝赏赐举行大射礼仪，地点比较灵活，以皇帝为中心。唐代的大射礼仪经常伴随着宴会与赏赐，整体气氛比较轻松愉悦，与周代射礼相差甚远，礼仪观念淡薄，表现倾向于战争胜利之后社会稳定有序的君臣同庆，但唐前期的大射礼仪也曾一度废止，唐玄宗开元二十一年（733），曾因《开元礼》的颁行而实施唐代最后一次大射礼仪。唐代的大射礼仪无论从内容上还是思想本质上，都对五代、宋的大射礼仪产生了深远的影响。虽然唐代皇帝大射礼仪实施的时间有限，但由于唐初尚武精神与武举制度的影响，射箭活动仍广泛活跃于唐代贵族宫廷内外的日常活动之中，而且重阳节的射箭习俗仍在唐代宗、唐德宗统治时期的军营之内流传甚广。

第五章

唐代的马政与祭马之礼

因为马在军事作战中的特殊地位，故而唐代将有关马神的祭祀活动也纳入军礼之中，在《大唐开元礼》中，有仲春祭马祖、仲夏祭先牧、仲秋祭马社、仲冬祭马步之礼，与此同时，唐代的马政也取得了辉煌的成就，并在不同历史时期有着不同的发展情况，本书先从唐代的马政入手，考察唐代官方的养马情况，然后论述军礼中的祭祀马神礼仪，并探寻其在唐前后期的不同变化。

第一节 唐代的马政

马大约于距今5000年前的铜器时代在欧亚草原区被驯化，主要用于祭祀、骑乘或食物储备。[①] 之后随着自然环境的影响和社会发展的需要，马的用途更加广泛，在肉用、乳用、农业生产、交通运输、军事和运动娱乐等多个方面都有涉及。我国马的传入与驯化运用也有着渊源的历史，早在仰韶文化、龙山文化时期的遗址中，就已经出现了马骨，到了商代，家马的本土化历程迅速展开，有关马的记载也频繁出现在甲骨文之中，反映了它与人类社会生活的密切关系。[②] 它为农耕民族与游牧民族的形成与发展提供了动力与条件，并衍生出北方地带和中原地区两种不同的经济结构演变，学者认为这种演变趋势是

[①] 韩国才：《马的起源驯化、种质资源与产业模式》，《生物学通报》2014年第2期。
[②] 赵超著：《铁蹄驰骋考古文物中的马》，上海书画出版社2013年版，第17—18页。

造成中国晚商、西周、春秋时期社会大变革的最初动因之一。①

春秋战国时期，人们对于马的功能和使用已经有了更加清晰的认识，《周易》中提到"服牛乘马，引重致远，以利天下"②，即表明马在骑乘以及交通运输方面的优势已经为人所知。《周礼》中对于马的管理、选取、饲养以及骑乘都有明确的规定："校人掌王马之政。辨六马之属：种马一物，戎马一物，齐马一物，道马一物，田马一物，驽马一物。凡颁良马而养乘之。乘马一师四圉。三乘为皂，皂一趣马。三皂为系，系一驭夫。六系为厩，厩一仆夫。六厩成校，校有左右。驽马三良马之数，丽马一圉，八丽一师，八师一趣马，八趣马一驭夫。"而且还有专职官员负责马的饮食、疾病，"趣马掌赞正良马，而齐其饮食，简其六节"，"巫马掌养疾马而乘治之，相医而药攻马疾，受财于校人"。也有对于一系列马神的祭祀活动：春天祭祀马祖，执驹；夏天祭祀先牧，颁马攻特；秋天祭祀马社，臧仆；冬天祭祀马步，献马。马祖，即天驷，星宿名。执驹，即执驹礼，以保护幼马，郑玄谓："执犹拘也。春通淫之时，驹弱，血气未定，为其乘匹伤之。"先牧，指的是最先养马的人，但并不知道具体是谁，有所泛化。颁马攻特，指的是将公马与母马分开，阉割公马，郑众云："攻特谓騬之。"马社，指的是最先乘马的人，臧仆指对驾驭车马的驭夫的选择和训练，"臧仆谓简练驭者，令皆善也"。马步，指的是掌管马灾害的神，"神，为灾害马者"，献马，"见成马于王也"，指的是将驯养好的成年马匹献给天子。③这种四时祭祀活动再加上马从幼驹到成马的一系列步骤，构成先秦马政的主要内容。此外，祭祀时临近大泽，用仲月刚日（甲庚丙壬戊为刚日，乙丁辛癸己为柔日）。

先秦秦汉时期，马主要用于驾车，车驾的规格与数量，不仅有礼仪制度上的规定，如"天子驾六，诸侯与卿驾四，大夫驾三，士驾

---

① 赵越云、樊志民：《中国北方地区的家马引入与本土化历程》，《历史研究》2017年第6期。
② （清）李道平撰，潘雨廷点校：《周易集解纂疏》卷九《系辞下》，中华书局1994年版，第628页。
③ 《周礼注疏》卷三十三，第859—866页。

二，庶人驾一"①，是当时社会身份地位的象征，更是综合国力的直接体现，即所谓"千乘之国"。马不仅在生前备受统治者的重视，甚至死后要进行殉葬并埋入陵墓。较为知名的如1964—1966年在山东临淄齐国故城遗址发现的大型殉马坑，1969年发现的雷台汉墓中的铜奔马，1974年发现的秦始皇兵马俑，以及1977年在勘探秦公陵园时发现的秦公一号大墓车马坑，这些出土文物生动地反映出先秦秦汉社会中马的形象与价值。1975年在湖北省发现的云梦睡虎地秦简当中，发现了《日书·马》篇，学者认为其反映了秦国的六畜饲养情况②，其中也涉及了相马及马神的祭祀，"马禖，祝曰：先牧日丙，马禖合神"。经历了秦末战乱，汉初马匹严重短缺，"自天子不能具醇驷，而将相或乘牛车"③，经过文景之治以后，经济发展，马匹繁息，到了汉武帝时期，"众庶街巷有马，仟伯之间成群，乘牸牝者摈而不得会聚"④。在汉代对抗匈奴的战争中，为了改良马种，弥补在骑兵作战中的不足。汉武帝不惜出动大军，"牛十万，马三万匹，驴、橐驼以万数赍粮，兵弩甚设"⑤，前后四年时间，两次讨伐大宛，最后"取其善马数十匹，中马以下牝牡三千余匹"⑥，代价甚大，也有学者认为这与当时从西方传入的天马崇拜思想有关。⑦

魏晋南北朝之际，随着马镫的普及与在骑兵当中的运用，马的品质与数量越来越成为衡量国力强弱与战争胜负的关键因素。马镫的确切产生时间由于文献缺载，难以考证，但在考古工作中，魏晋南北朝时期的马镫形象经常出现。目前最早的马镫见于湖南长沙地区出土的西晋永宁二年（302）的陶制骑兵俑，为单马镫，呈三角形，仅用于上马，不能骑行，尚不成熟。另有江苏南京象山发现的东晋早期

---

① 金德建著：《司马迁所见书考》，上海人民出版社1963年版，第272—273页。
② 贺润坤：《从云梦秦简〈日书〉看秦国的六畜饲养业》，《文博》1989年第6期。
③ 《汉书》卷二十四上《食货志》，中华书局1962年标点本，第1127页。
④ 《汉书》卷二十四上《食货志》，第1135页。
⑤ 《汉书》卷六十一《李广利》，第2700页。
⑥ 《汉书》卷六十一《李广利》，第2702页。
⑦ 张维华：《汉武帝伐大宛与方士思想》，载氏著《汉史论集》，齐鲁书社1980年版，第340—355页。

(322）墓葬中的陶马镫，为最早的双镫实物，以及北燕冯素弗（415）墓中出土的包铜鎏金木马镫实物，虽然时间较晚，但已经出现了比较豪华的装饰。这些考古发现的马镫形象是这一时期马镫运用与普及的表现之一。① 但当时政权割据，南北分裂，再加上魏晋玄学与服散，马的军事与运输功能，尚未引起南朝士大夫群体的重视。《颜氏家训·涉务篇》中提到南朝梁的士大夫极其孱弱，"出则车舆，入则扶持。郊郭之内，无乘马者"②，甚至有人看见马鸣的样子，非常害怕，以为是虎。正因为此，侯景之乱中士大夫几乎被屠杀殆尽，陈寅恪先生如是说："南朝士族在经过数百年腐化之后，于梁末被全部消灭。"③

而北朝由于是胡人或胡化汉人建立的政权，在社会风气上，深受胡人影响，善于骑射，尚武之风浓厚，隋及唐前期仍是如此。隋代统治者重视马政及其祭祀，隋炀帝时期，已经达到天下承平日久、士马全盛的治世景象。④ 大业五年（609）秋七月，炀帝想要龙马之种，于是置马于青海渚中，结果无功而返。⑤ 隋代在《周礼》的基础上衍生出四时祭祀马神之礼，"隋制，常以仲春，用少牢祭马祖于大泽，诸预祭官，皆于祭所致斋一日，积柴于燎坛，礼毕，就燎。仲夏祭先牧，仲秋祭马社，仲冬祭马步，并于大泽，皆以刚日。牲用少牢，如祭马祖，埋而不燎"⑥。隋炀帝大业七年亲征辽东之际，就实施了马祖祭礼，"于蓟城北设坛，祭马祖于其上，亦有燎。又于其日，使有司并祭先牧及马步，无钟鼓之乐"⑦。马也成为天子日常出行选择之

---

① 陈凌：《马镫起源及其在中古时期的传播新论》，《欧亚学刊》2010年第9辑；杨泓《冯素弗墓马镫和中国马具装铠的发展》，《辽宁省博物馆馆刊》2010年第1辑。
② （北齐）颜之推撰，贾二强校点：《颜氏家训》卷四《涉务篇》，辽宁教育出版社2001年版，第35页。
③ 《陈寅恪魏晋南北朝史讲演录》，贵州人民出版社2007年版，第171页。
④ 《隋书》卷四《隋炀帝本纪》，第94页。
⑤ 《隋书》卷三《隋炀帝本纪》，第74页。
⑥ 《隋书》卷八《礼仪志》，第162—163页。
⑦ 《隋书》卷八《礼仪志》，第160页。

一，大业十年冬至祀圆丘，礼仪结束之后，炀帝"御马疾驱而归"①，甚至根据皇帝及其宗室贵戚的活动内容与性质，与不同的车进行搭配，组成出行车驾卤簿，如皇帝玉、金、象、革、木五辂之中分别驾以苍龙、赤骝、黄骝、白骆、黑骝，这些都是马的代称；皇后、皇太后"安车，赤质，金饰。紫通幰朱里。驾四马。临幸及吊则供之"，皇太子"轺车，金饰诸末。紫通幰朱里。驾一马。五日常朝及朝飨宫臣，出入行道乘之"②。

清代学者秦蕙田认为："马者，国之大用，故政官以司马名之，重其事也。"③ 唐朝官方也重视马匹的繁衍及马政，在继承隋朝旧制的基础上，进行了补充完善。在官方马匹的饲养与管理上，由尚书省兵部之下的驾部、殿中省之下的尚乘局以及太仆寺等官署分工配合，共同负责。尚书省兵部属下的驾部掌管全国的舆辇、车乘、传驿、厩牧、官私马牛杂畜簿籍，其官员有郎中一人，从五品上，员外郎一人，从六品上，共同分辨马匹出入阑逸的政令，并掌管官马的名称与数量④。在唐代一千六百三十九所传驿之中，也要根据其等级配备马匹，"每驿皆置驿长一人，量驿之闲要以定其马数：都亭七十五匹，诸道之第一等减都亭之十五，第二、第三皆以十五为差，第四减十二，第五减六，第六减四，其马官给。有山阪险峻之处及江南、岭南暑湿不宜大马处，兼置蜀马"⑤。据史料记载，唐朝有监牧六十五处，即南使十五监，西使十六监，北使七监，东使九监，另有盐州使八监，岚州使三监，凡是厩牧以及诸官府的马、牛、杂畜，都要记录在籍帐之中，并及时受领收藏⑥，但这些数字相加实际上只有五十八处，另还有八马坊，即唐朝在豳、岐、泾、宁四州水草丰茂之地所设置的

---

① 《隋书》卷六《礼仪志》，第 119 页。
② 《隋书》卷十《礼仪志》，第 201—202 页。
③ （清）秦蕙田：《五礼通考》卷二百四十四《马政》，文渊阁四库全书第 141 册，第 685 页。
④ 《唐六典》尚书兵部卷第五，第 163 页。
⑤ 《唐六典》尚书兵部卷第五，第 163 页。
⑥ 《唐六典》尚书兵部卷第五，第 163 页。

八个牧马机构：保乐、甘露、南普润、北普润、岐阳、太平、宜禄、安定。① 这种数字上的错讹也成为史学家注目的焦点，但基本都认为唐代前期的监牧数量是随时增加的②，并不固定。诸卫的承直之马，每日八十匹，也由驾部进行审定配备。

殿中省掌管皇帝的乘舆服御，其下属尚乘局，掌管天子十二闲的饲养及调度。其官员有尚乘奉御，从五品上，唐初有四人，一人负责左六闲马；一人负责右六闲马；一人负责粟草饲料、饲丁的请受配给，以及勾当检查出入破用之事；一人负责鞍辔辔勒等马具，供马调度，以及治疗病马的医药料度方面的事情。开元年间减至二人。其下属官员有直长一人，正七品下，司库一人，正九品下，负责鞍辔等乘具；司廪二人，正九品下，负责藁秸等饲料的出纳；习驭五百人，负责训练六闲之马；掌闲五千人，负责分开饲养六闲之马；典事五人，负责六闲马的粟草；兽医七十人，负责治疗左、右六闲之马的疾病③；奉乘，正九品下，十八人，负责统率习驭、掌闲、驾士以及秣饲之法。④

太仆卿，从三品，掌管全国厩牧、车舆的具体政务，下辖乘黄、典厩、典牧、车府四署及诸监、牧之官属，太仆少卿二人，从四品上，担任副手。凡是监、牧所呈送的羊、马籍账，都要接受并进行汇总，呈送于尚书驾部，以此来作为官吏考课的标准。⑤ 下辖典厩署令二人，从七品下，掌管饲养马牛，给养杂畜方面的事情，丞二人，从八品下，担任副手；典牧署，令三人，正八品上，掌管诸监牧杂畜给纳方面的事情，丞四人，正九品上，担任副手。⑥ 诸监按照马匹的数量分为上、中、下三等，其掌管牧监的官品也在从五品下到从六品下之间递减，负责诸监牧繁衍方面的事情，同时配备副监、丞、主簿等

---

① 《全唐文》卷三百六十一《岐邠泾宁四州八马坊颂碑》，第3671页。
② 乜小红：《唐代官营畜牧业中的监牧制度》，《中国经济史研究》2005年第4期。
③ 《唐六典》殿中省卷第十一，第330页。
④ 《旧唐书》卷四十四《百官志》，第1866页。
⑤ 《唐六典》太仆寺卷第十七，第479页。
⑥ 《唐六典》太仆寺卷第十七，第483—484页。

属官进行辅助工作；又有同州沙苑监，监一人，从六品下，副监一人，正七品下，负责牧养陇右诸牧牛羊，用来供应朝廷宴会、祭祀以及尚食用度的需要。① 唐朝诸监之马，每年都要进行造籍登记，根据年齿、名称登记，每年季夏时节造籍。孟秋，群牧使将诸监之马籍合为一本，仲秋呈送太仆寺，每年年终，监牧使根据其孳课之数，进行考课。在籍之马都要进行印记，在马的右膊处印小"官"字，右髀处印以年辰，尾侧印以监名，皆依左、右厢，第二年春季，根据其力，又印不同字样进行区别，以"飞"字印印其左髀、膊。细马、次马，以龙形印印其项左；送尚乘者，尾侧依左、右闲印以"三花"。其余杂马送尚乘者，以"风"字印印左膊，以"飞"字印印左髀。如果印过之后的马被别的官署拣选，又要在马的左颊印上新入之处的监名。赐人的官马，要印"赐"字；配军或充当传驿的马，要印"出"字，"并印左右颊也"。②

唐朝又设置东宫九牧监，丞二人，正八品上；录事一人，从九品下，负责牧养太子需要的马匹。③ 又在边境之地设置互市监，掌管与诸蕃交易之事，互市所得的马匹在进行辨别挑选之后，申报所在州府，州府上报太仆寺，太仆寺派遣官员前来接收、印记，上等良马送达京师长安，剩下的马根据其数量，遣使送出，听任其在路放养。至于营州地区的蕃马，则由官方出资购买其中的年轻力壮者以供使用。④

随着使职的产生与发展，唐代在监牧方面也开始设置使职。自仪凤年间以太仆少卿李思文检校陇右诸牧监使以后，唐朝又设置群牧都使、闲厩使，"使皆置副，有判官"，而且又设置东南西北四使，分统诸马坊。⑤ 唐初尚乘局掌六闲马，后又设置内外闲厩使，专掌御马。武太后万岁通天二年（697），又置杖内闲厩，至圣历二年（699），

---

① 《唐六典》太仆寺卷第十七，第485—488页。
② 《唐六典》太仆寺卷第十七，第486—487页。
③ 《新唐书》卷四十八《百官志》，第1256页。
④ 《唐六典》少府军器监卷第二十二，第580页。
⑤ 《新唐书》卷五十《兵志》，第1337—1338页。

改为少监闲厩使,"自后他官相循为之"①。开元初年,由于尚乘局已经隶属于闲厩使,故而省去,其下属左右六闲及局官,都归于闲厩使统领。内外闲厩使的设置,与原有官员的设置有所重复,并对殿中省及太仆卿的职务多有侵扰,"其务多分殿中及太仆之事"②,所谓"太仆卿、驾部郎中、尚辇奉御、闲厩使,则四伯同也。"③ 由于内外闲厩使掌管天子马匹,故而充使者多为显赫一时的人物,如玄宗朝姜皎曾以殿中监充内外闲厩使;宋王成器、王鉷充闲厩使;安禄山曾遥领内外闲厩使。内闲厩使由于身处宫禁,掌管宫廷马匹,深为皇帝信赖。同时,在仗内六厩之一飞龙厩的基础上又衍生出飞龙使,是内诸使司之一,职权比内闲厩使更大,甚至掌管一支骑兵队伍——飞龙军,在唐代宫廷斗争中起着不可忽视的作用④,肃宗至德以后,又接管了楼烦监⑤,逐渐成为唐代马政最高长官。这一使职由地位尊崇的大宦官充任,如鱼朝恩曾充任飞龙闲厩使,李辅国、杨复恭等都曾充任飞龙使。

官僚系统的建立健全,促进了唐代马政的飞速发展。唐初在突厥马二千匹、隋马三千的基础上实施监牧之制,以太仆少卿张万岁进行监领,马匹迅速繁衍,自贞观至麟德四十余年间,马匹数量达七十万六千,并设置八坊进行饲养,甚至于马匹太多,原来的地方过于狭小,不能容纳,朝廷又将其中的八个监牧分布在河曲丰旷之野,马匹的价格也相当便宜,"方其时,天下以一缣易一马"⑥。但张万岁离职之后,马政逐渐颓废,永隆年间,仅夏州牧马死亡逃失的数量就达十八万四千九百九十匹。开元初年,玄宗命令王毛仲充领内外闲厩,开始有所好转,"马稍稍复,始二十四万,至十三年乃四十三万"。再加上与突厥进行互市,得到了优良的胡马品种,唐朝的马更加强壮。天

---

① 《通典》卷二十八《职官》,第 738 页。
② 《唐六典》殿中省卷第十一,第 323 页。
③ 《新唐书》卷一百六十六《杜佑传》,第 5086 页。
④ 徐少举:《唐代的飞龙使和飞龙军》,硕士学位论文,北京师范大学,2011 年。
⑤ 《旧唐书》卷三十九《地理志》,第 1486 页。
⑥ 《新唐书》卷五十《兵志》,第 1337 页。

宝以后，私马兴盛，王侯将相以及贵戚的私马遍布诸道，"百倍于县官"，都用自己分封的邑号名印在马匹之上，以示区别，武将也配备了大量私马，到了天宝十三载，唐朝共有马三十二万五千七百匹。①安史之乱以后，吐蕃趁机侵占陇右，官方"苑牧畜马皆没矣"②，唐朝失去了牧马之地，为了供应马匹的需要，不得不与回鹘进行绢马贸易，但回鹘恃其助唐平叛有功，所卖之马皆老弱不能用，"蕃得帛无厌，我得马无用，朝廷甚苦之"③，而且唐王朝也在这场贸易中以次充好，"疏织短截充匹数。藕丝蛛网三丈余，回鹘诉称无用处"④，因此，根本无法解决唐代马匹短缺问题。于是，每当有战事，唐朝不得不另行采取措施或者出钱购买马匹，但耗费巨大，难以长久，所以对马匹的管理也非常严格。永泰元年（765）九月，面对进犯的吐蕃，代宗下诏亲征，鱼朝恩上言请括私马输官，名曰团练马，并下制禁马出城者。德宗建中元年（780），市关辅境内马三万匹充实官方内厩。贞元三年（787），吐蕃、羌、浑侵犯唐朝边塞，德宗下诏禁止大马出潼、蒲、武关。元和十一年（816），唐军讨伐淮西节度使吴元济，为了弥补战马的不足，宪宗下诏命中使以绢二万市马于河曲。⑤

中晚唐的君主们曾试图仿照唐前期的监牧制度在内地重新建立监牧体系，以繁衍马匹数量，提高军队作战能力。随着藩镇势力的坐大与日益骄横，他们只能在其能够掌握的范围内选择区域进行试点，并设立了一些监牧，如唐德宗贞元二十年（804），曾置万安监于泉州；唐宪宗元和十三年（818），以蔡州牧地为龙陂监，十四年，置临汉监于襄州、临海监于台州。大和七年（833），在银州设置银川监，并停废临汉监。但大多数地点都存在侵占良田、与民争利的现象，不得不强行废止⑥，实际作用非常有限。有学者曾研究认为唐代官方养

---

① 《新唐书》卷五十《兵志》，第1338页。
② 《新唐书》卷五十《兵志》，第1339页。
③ 《旧唐书》卷一百九十五《回纥传》，第5207页。
④ 《白居易集笺校》，上海古籍出版社1988年版，第231页。
⑤ 《新唐书》卷五十《兵志》，第1339页。
⑥ 《唐会要》卷六十六《群牧使》，第1354—1356页。

马经历了贞观至麟德的兴盛、乾封至景云的暂衰、开天年间的复兴以及安史乱后的衰微四个时期①,大抵如是,而且与之相应的是,唐代民间养马也只兴盛于唐玄宗统治时期,马的数量与质量也严重影响着当时的社会经济、军事与文化。

马在唐代的交通出行、文化娱乐、军事、礼仪等方面占据着重要地位。传驿马的设置已见前述,唐代上至皇帝、下至平民,日常生活都离不开马,虽然唐代仍有"商贾、庶人、僧、道士不乘马"②的禁令,但基本属于空文。唐玄宗喜爱乘马,在封禅泰山时就"御马而登"③,而且以马为主体设计乐曲与舞马,"躞马三十匹,为《倾杯乐曲》,奋首鼓尾,纵横应节。又施三层板床,乘马而上,抃转如飞"④。唐代贵族也喜爱骑马射猎、打马球,甚至宫人、妇女也参与其中。不同阶层的人,在骑马时的穿着都有礼仪规定,如皇帝骑马时,着平巾帻,"金饰,玉簪导,冠支以玉,紫褶,白袴,玉具装,珠宝钿带,有鞶";皇太子也着平巾帻,但装饰较低,"金饰,犀簪导,紫裙,白袴,起梁珠宝钿带,鞶",也可以着进德冠;文武官员骑马,则在平巾帻的基础上"去裲裆、螣蛇"⑤。唐代宫人乘马的服饰则顺时变化,开始时沿用北周时期的礼仪,"著幂,全身障蔽",高宗永徽以后,用"帷帽,施裙,及颈,颇为浅露",直至神龙末年,"幂䍦始绝"⑥。也有女扮男装,模仿外族服饰风格的,"有衣男子衣而鞶,如奚、契丹之服"⑦,深深地影响了当时社会的服饰与文化。这些现象在传世以及出土的唐代文物中都有所反映,如收藏于陕西历史博物馆的舞马衔杯纹银壶、章怀太子墓出土的打马球壁画、收藏于辽宁省博物馆的宋摹唐本《虢国夫人游春图》。而且唐代文人墨客也

---

① 马俊民、王世平:《唐代马政》,西北大学出版社 1996 年版,第 92—98 页。
② 《新唐书》卷二十四《车服志》,第 532 页。
③ 《旧唐书》卷二十三《礼仪志》,第 898 页。
④ 《旧唐书》卷二十八《音乐志》,第 1051 页。
⑤ 《新唐书》卷二十四《车服志》,第 516、518、521 页。
⑥ 《新唐书》卷三十四《五行志》,第 878 页。
⑦ 《新唐书》卷二十四《车服志》,第 531 页。

创作出了一大批与马有关的诗篇，表达了他们对马的喜爱与赞美。①还有一种专门用于礼仪的马，称为"立仗马"，主要作为仪仗，"每日尚乘以厩马八匹，分为左右厢，立于正殿侧宫门外，候仗下即散。若大陈设，即马在乐悬之北，与大象相次"。负责官员称为"进马官"，"进马二人，戎服执鞭，侍立于马之左，随马进退。虽名管殿中，其实武职，用资荫简择，一如千牛备身"②。但立仗马的处境非常艰难，"君等独不见立仗马乎？终日无声而饫三品刍豆，一鸣则黜之矣"，而且几经废置，"天宝八载，李林甫用事，罢立仗马，亦省进马官。十二载，杨国忠当政，复立仗马及进马官，乾元复省，上元复置也"③。马在唐代有时候也有祥瑞和灾祸两个方面的象征，如神马、龙马、泽马、白马赤髦、白马朱鬣之类，在唐代为大瑞，一旦出现，"随即表奏，文武百僚诣阙奉贺"④；但也有马生异象，是灾祸的象征，在《新唐书·五行志》中记载了唐代关于马的一些异象，如马生角、马生人等⑤，并指明了相应灾祸。

马在军事作战中有着重要的作用，东汉伏波将军马援认为："马者甲兵之本，国之大用。安宁则以别尊卑之序，有变则以济远近之难。"⑥而且，马政的盛衰也是一个王朝综合国力的体现，"国以马为强弱：秦之强也，肇于非子，而赵唯骑射，乃能以一国抗初张之匈奴，汉、唐之所以能张者，皆唯畜牧之盛也"⑦。在冷兵器时代，骑兵以其快速的行军速度与巨大的冲击力左右着战局，尤其在唐朝，面对骑兵强大的外族势力，自身骑兵队伍的建设更是重中之重。高宗朝宰相魏元忠就曾指出："师行必藉马力，不数十万，不足与虏争。臣请天下自王公及齐人挂籍之口，人税百钱；又弛天下马禁，使民得乘

---

① 《唐代马政》，第153—155页。
② 《旧唐书》卷四十四《百官志》，第1866页。
③ 《旧唐书》卷四十四《百官志》，第1866页。
④ 《唐六典》尚书礼部卷第四，第114—115页。
⑤ 《新唐书》卷三十六《五行志》，第952—953页。
⑥ 《后汉书》卷二十四《马援传》，第840页。
⑦ （明）王夫之：《噩梦》，载《船山全书（全十六册）》，岳麓书社2011年版，第563页。

大马，不为数限，官籍其凡，勿使得隐。不三年，人间畜马可五十万，即诏州县以所税口钱市之，若王师大举，一朝可用。且虏以骑为强，若一切使人乘之，则市取其良，以益中国，使得渐耗虏兵之盛，国家之利也。"① 可见马匹对于军事战争的影响程度。

第二节　唐代马神的祭祀及其礼仪

马的饲养不仅要依赖于人，还要祈求相关的神灵进行保佑，"周人于马不惟养于人，而又祷之于神，盖国之大事在戎，而戎之大政在马，然马之为物所以遂其性者，虽系乎人之养，而有人力之所不及者，非神以相之，安能得其孳育多而膘息壮哉？"② 因此，唐代官方不仅重视马政，而且也注重其祭祀礼仪。唐代沿袭隋制祭祀马神，祭祀工作由太仆卿负责，"凡四仲之月，祭马祖、马步、先牧、马社"③，祭祀的时间、地点以及规格为："仲春，祭马祖；仲夏，祭先牧；仲秋，祭马社；仲冬，祭马步。并于大泽，用刚日。牲各用羊一，笾、豆各二，簠、簋各一。"④

在《开元礼》中保留了唐代四时祭祀马祖、先牧、马社、马步的礼仪程序：

仲春祀马祖

将祀，有司筮日如别仪。

前祀三日，诸与祀之官散斋二日、致斋一日（散斋于正殿，致斋于祀所）。散斋理事如旧，惟不吊丧问疾，不作乐，不行刑罚，不判署刑杀文书，不预秽恶。致斋，惟祀事得行，其余悉断。其祀官已斋而却者，通摄行事。

---

① 《新唐书》卷一百二十二《魏元忠传》，第4342页。
② 《大学衍义补》卷一百二十三《牧马之政》，上海书店出版社2012年版，第317页。
③ 《唐六典》太仆寺卷第十七，第479页。
④ 《旧唐书》卷二十四《礼仪志》，第911页。

前祀二日，守宫设祀官次于东墙之外道南，北向，以西为上。设陈馔幔于内墙之外。郊社令积柴于燎坛，方五尺，高五尺，南出户。太官令具特牲之馔。

其日未明二刻，太史令、郊社令升设马祖神座于坛上，近北南向，席以莞，设神位于座首。奉礼设献官位于坛东南，西向；执事位于献官东南，俱西面北上。设奉礼位于献官西南，赞者二人在南差退。又设奉礼赞者位于燎坛东北，俱西面北上。设望燎位当柴坛之北，南向。设祀官以下门外位于东墙之外道南，每等异位，重行北上，以西为上。郊社令设酒尊于坛上东南隅，北向。洗于坛东南，北向，罍水在洗东，篚在洗西南肆（篚实巾爵），执尊罍篚幂者，各位于尊罍篚幂之后，设币篚于尊坫之所。

未明一刻，太祝、献官以下各服其服，郊社令、太官令与良酝之属入实尊罍及币。

质明，谒者引献官以下俱就门外位。奉礼帅赞者先入就位。赞引引太祝与执尊罍篚幂者入，当坊南重行，北向，以西为上。立定，奉礼曰："再拜。"赞者承传（凡奉礼有辞，赞者皆承传），太祝以下皆再拜。太祝与执尊者，升自东阶，立于尊所，执罍洗篚幂者各就位。谒者引献官以下入就位。立定，奉礼曰："再拜。"在位者皆再拜。谒者进献官之左，白："有司谨具，请行事。"退复位。太官令出诣馔所，太祝跪取币于篚，兴，立于尊所。谒者引献官诣神座前，北向立。太祝奉币东向授献官，献官受币，进，北面跪奠于神座，俛伏，兴，少退，北向再拜，谒者引献官还本位。太官令引馔入，升自西阶，太祝迎引于坛上，设于神座前，设讫，太官令以下降复位，太祝还尊所。谒者引献官诣罍洗，盥手洗爵讫，谒者引献官升自南陛，诣酒尊所，执尊者举幂，献官酌酒，谒者引献官进神座前，北面跪奠爵，俛伏，兴，少退北向立。太祝持版进于神座之右，东面跪读祝文曰："维某年岁次月朔日，天子谨遣具官臣姓名，告于马祖天驷之神：爰以春季，游牝于牧，祗荐制币牺齐，粢盛庶品，明荐于马祖天驷之神，尚飨。"讫，兴。献官再拜。太祝进，跪奠版于神座，俛伏，兴，还尊所。太祝以爵酌福酒，进献官之右，西向立。献官再拜，受爵，跪祭酒，遂饮卒爵。太祝进受爵，复于坫。献官俛伏，兴。太祝帅斋郎进俎，太祝减神前胙肉，兴，以授献官。献官受以授斋郎，谒者引献官降自南陛，还本位。太祝进，跪彻豆，俛伏，兴，还尊所（彻者，笾豆各一，少移于故处）。奉礼曰："再拜。"在位者皆再拜。（已饮福受胙者不拜。）奉礼又曰："再拜。"在位者俱再拜。谒者进献官之左，白："请就望燎位。"谒者引献官就望燎位，南向立。奉礼又帅赞者退立于燎坛东北位。太祝进神座前，取制币、祝版、爵酒，又以俎载牲体、稷黍饭，兴，降自南陛，南行，当柴坛东南行，自南陛登柴坛，以币、酒、祝版、馔置柴上讫，奉礼曰："可燎。"东西面各二人以炬燎，火起，以炬投坛上。火半柴，谒者进献官之左，白："礼毕。"遂引献官以下出，奉礼、赞者还本位。赞引引太祝以下俱复执事位。立定，奉礼曰："再拜。"太祝以下皆再拜，赞引引出。①

仲夏享先牧之礼与仲春祀马祖基本的官员配置与程序相同，主要不同之处首先在于处理祭品的方式不同，祀马祖时，马祖天驷之神属天神，故采取燔燎的方式，而先牧属地神，故而瘗埋；其次，由于祭祀对象的不同，祝文也不同。而仲秋祭马社、仲冬祭马步之礼，除了祝文因祭祀对象不同而各异之外，其他的与仲夏享先牧之礼相同。

可见祭祀马祖、先牧、马社、马步之礼，主要分为筮日、斋戒、设次、设坛、献祭等礼仪环节，与唐代其他祭祀活动礼仪基本相同，以献祭部分最为烦琐复杂，太官令、太祝等祭祀官员在赞引、谒者的导引下按照次序在神座前进行祭奠、读祝文、进俎、减胙、燔燎（先牧、马社、马步则为瘗埋）等礼仪程序。由于其礼在唐代属于小祀，规模较小，主要由官员代替皇帝进行祭祀，根据《大唐郊祀录》记载，唐代祀马祖、享先牧、祭马社、马步坛的场所在金光门外40里鄠水西道北龙台泽中，圆形，高3尺，周回9步②。张说所作的《大唐开元十三年陇右监牧颂德碑》中不仅赞颂了王毛仲担任内外闲厩的

---

① 《大唐开元礼》卷八十九，第420—422页。
② 《大唐郊祀录》卷七，第776—781页。

功绩，而且提及了马神祭祀活动："春祭马祖，夏祭先牧，秋祭马社，冬祭马步：敬其本也。日中而出，日中而入，禁原燎牧，除蓐衅厩：时其事也。洁泉美荐，庤凉栈湿，翘足而陆，交颈相靡：宣其性也。攻驹教駣，讲驭臧仆，刻之剔之，羁之策之：就其才也。"唐代其他史料中并未见到祭祀马神的活动，但根据唐代宗大历五年（770）四月，"复置先农、马祖坛，祀之"① 这一条记载，可以发现马祖的祭祀在肃代之际曾一度废除，应该与当时的战争有关，等到战争结束，政局稳定之后则再次恢复。

在敦煌文书中，也发现敦煌地区祭祀马神的文献资料。如《衙府纸破历》P.4640V 云"己未年（899 年）五月十五日赛驼马神用画纸肆拾张""庚申年（900 年）五月十四日赛驼马神用钱财粗纸壹帖（伍拾张）"，主要是五月祭祀驼马神，以赛神的方式进行，还有驼马神的画像，但文书并未写明驼马神确指何神。另外，还有一些五代、宋初的祭祀马神文书②及归义军衙署举办的大型赛马神活动，可见马仍在当时的社会生活中占据着重要地位。

唐代的马祭之礼在宋初的《太常因革礼》中仍有保留，为军礼之一，但到了北宋末年的《政和五礼新仪》，却将祭马祖、先牧、马社、马步之礼纳入吉礼之中，《宋史》延续《政和五礼新仪》，也将其定位吉礼，属小祀："《祀典》：仲春祀马祖，仲夏享先牧，仲秋祭马社，仲冬祭马步，并择日。坛壝之制，三坛各广九步，高三尺，四陛，一壝。"③宋室南渡以后，继续沿袭其制，可见随着宋代军事与马政的衰弱，祭祀马神之礼军事属性逐渐淡化，而被当作一般的祭祀礼仪，纳入国家礼典之中。

小　结

由于马在中国古代军事作战中的重要地位，历朝历代基本非常重

---

① 《旧唐书》卷十一《代宗本纪》，第296页。
② 谭蝉雪：《敦煌马文化》，《敦煌研究》1996年第1期。
③ 《宋史》卷一百三《礼仪志》，第2522页。

视马的饲养与繁衍,相关马政也非常全面。随着官僚体系的健全与监牧系统的完善,唐代的马政在唐前期达到了高峰,但随着安史之乱的爆发,唐代西北地区的牧马场地被吐蕃侵占,内地的监牧根本无法满足帝国对于马匹的需求,不得不通过到外邦购买、多设监牧等方式进行补充。此外,马还在交通出行、文化娱乐、军事、礼仪等方面占据着重要地位,所以,唐代在沿袭《周礼》祭祀马神活动的基础上,将其礼仪内容与程序进行完善,并纳入国家军礼制度之中,但由于马神的祭祀等级不高,故而主要由相关的官员负责具体的祭祀工作,同时,唐代史籍对于马神祭祀礼仪的实践活动记载不多,也说明其礼仪过于普遍,且重要性明显不足。需要注意的是,马神祭祀之礼在唐以后,在军礼与吉礼之间来回迁转,也能反映出它具有吉礼与军礼的双重属性与价值意义。

附论　唐代银川监设立小考

银川,又称银州,春秋之时属白翟地。秦属上郡、汉属西河郡,西晋、十六国时期为戎狄所居。北周武帝保定二年(562),因为其境内有谷,虏人曾牧骢马于此谷,虏语骢马为乞银,故而以谷为名,分置银州。隋炀帝大业二年(606)废银州,县属雕阴郡,隋末陷于寇贼。唐太宗贞观二年(628)平梁师都,于此重置银州。天宝元年(742)改为银川郡,乾元元年(758)复改为银州。银州东西二百七十一里,南北三百二十八里。其四至为:西南至上都一千六百里;东南至东都一千四百里;东至石州界黄河一百六十里;西至夏州一百八十里;东南至绥州一百六十里;东北至麟州三百里[①]。唐宪宗元和时属夏、绥、银节度使管辖,领县四:儒林、真乡、开光、抚宁。银州在南北朝时期就是著名的牧马之地,银州城的前身即为前秦苻秦设置的骢马城,到了唐代,成为胡汉杂居之所,畜牧业也比较发达,"河

---

① 《元和郡县图志》卷四,中华书局1983年版,第104—105页。

朔之间，丰有水草，内附诸夷，多以畜扰为事"①，专门处理党项羌的归德州也寄治于银州界。唐前期河西陇右牧马之地甚为辽阔，与银州相距不远的夏州就是牧监之一，但安史之乱以后，唐朝陇右牧马之地尽失，银州又再次成为可供唐朝选择的牧马场所之一。

　　唐代中晚期的皇帝们曾试图在内地建立牧监，以缓解朝廷用马困境。唐德宗贞元二十年（804），曾置万安监于泉州，"置群牧五，悉索部内马牛羊近万头匹，监史主之"，但由于"人情大扰，经年无所生息"②，于永贞元年四月停罢。唐宪宗元和四年（809）正月，右神策军奏请设置牧地于绛州龙门临河乡河曲无人之地，得到了宪宗的批准。元和十三年，以蔡州牧地为龙陂监，在后来平定唐懿宗咸通年间的裘甫之乱中，安南都护王式将流放在江淮的回鹘人和吐蕃人编成骑兵，发"龙陂监牧马起用之"，并且以地方土团兵士为向导，成功擒斩裘甫。③ 十四年，又置临汉监于襄州、临海监于台州。其中临海监因"有所妨废""每年马数甚少"，大和二年（829）十一月停废④；临汉监有马三千二百余匹，但由于"废百姓田四百余顷"，于大和七年被山南东道节度使裴度奏停。⑤ 这些监牧由于设在内地，而且多为土壤肥沃之地，存在侵占农田、与民争利的弊端，故而设置不久就被停废，其畜养战马以供国用的实际功能有限。

　　唐文宗大和七年（833），度支盐铁使上奏请于银州置监，并认为"银州是牧放之地，水草甚丰，国家自艰虞以来，制置都阙。每西戎东牧，常步马相凌，致令外夷浸骄，边备不立。臣得银州刺史刘源状，计料于河西道侧近，市挈生堪牧养马，每匹上不过绢二十匹，下至十五匹。臣已于盐铁司方图，收拾羡余绢，除正进外，排比得五万匹，约得三千匹。今于银州置银州监使，委刘源充使勾当。冀得三数年外，蕃息必多"。文宗同意了这一请求，"刘源宜兼充银州监牧，余

---

① 《全唐文》卷六百四十九《授王元琬银州刺史制》，第6583页。
② 《唐会要》卷六十六《群牧使》，第1354页。
③ 《新唐书》卷一百六十七《王式传》，第5120页。
④ 《全唐文》卷七十四《罢海陵监牧敕》，第772页。
⑤ 《唐会要》卷六十六《群牧使》，第1355页。

委度支使条流讫闻奏"①。

　　刘源，彭城人，永泰元年为侍御史，累擢夏州节度使。文宗大和七年，奉诏充任银州监牧，略有成效，开成元年（836）擢升为银州刺史，夏、绥、银、宥节度使。开成二年上奏文宗："自立务以后，今计蕃息孳生马，约七千余匹。"并且请于绥州南部的空地另设马场，并选取官员担任银川监牧，"所管官马，其数益多，出于远界，须有凭倚。今访择得绥州南界，有空地，周回二百余里，堪置马务。四面悬险，贼路不通，纵有突过剽掠，临时度其要害，只著三五十人防捍，即可固守其地。是臣当管界内空地，并非百姓见佃田畴。今请割隶，永属监司。伏乞圣慈，允臣所奏"②。文宗下达敕书并派人前去勘验，进行处置。开成三年，冬十月，夏州节度使刘源卒。③

　　自此以后，凡担任银州刺史者，基本都充任银川监牧使一职，负责管理银川监的牧马工作，如唐武宗会昌年间的何清朝，"银州刺史、本州押蕃落、银川监牧使"④；宣宗大中年间的傅孟恭，"银州刺史、御史中丞、充本州押蕃落及监牧副使"⑤，既有监牧使，又有副使，可见银川监牧设置了一套完整的使府系统。而且银州监牧之马作为国家的战马储备，非常重要，一旦私占，便要付诸刑罚。宣宗时的田布之子田鏚，"历银州刺史，坐以私铠易边马论死"⑥，后念及田布功勋，贬为州司马。由此可见，银川监与唐中晚期设置的其他监牧不同，由于银州自古以来就是牧马之地，而且水草丰茂，地广人稀，不存在侵占农田、与民争利的现象，所以银川监自唐文宗大和年间设置以后，一直沿用至唐末，并且在马的畜养与繁衍方面颇有成效。

　　晚唐五代以后，银州逐渐被西夏占领。虽然宋代曾有收复，但因

---

① 《唐会要》卷六十六《群牧使》，第1355页。
② 《唐会要》卷六十六《群牧使》，第1355—1356页。
③ 《旧唐书》卷十七下《文宗本纪》，第575页。
④ 《旧唐书》卷十八上《武宗本纪》，第593页。
⑤ 《全唐文》卷七百四十九《傅孟恭除威州刺史宣敏加祭酒兼侍御史依前宣歙道兵马使防秋事等制》，第7758页。
⑥ 《新唐书》卷一百四十八《田弘正附田鏚传》，第4786页。

地处宋夏边境，双方互相攻占，始终无法完全掌控，其畜马养马的职能自然无法体现，"熙宁三年（1070）收复，寻弃不守。元丰四年收复。五年，即永乐小川筑新城，距故银州二十五里，前据银州大川，赐名银川砦，旋被西人陷没。崇宁四年收复，仍为银州。五年，废为银川城"①。但其战略地位仍非常重要，种谔就曾认为"规横山以西，谓兴功当自银州始"②。欧阳修也对其战略位置及牧马之利心生羡慕，"唐之牧地，西起陇右金城、平凉、天水，外暨河曲之野，内则岐、幽、泾、宁，东接银、夏，又东至于楼烦。今则没入蕃界，沦于侵佃，不可复得"③。王夫之在论及汉唐马政兴盛之际，也论及了五代、宋的马政状况，可以作为宋代在对外战争中疲软乏力的缘由之一，"五代方域小而年促，仅作旦夕之计，而宋承之，举汉、唐之故苑置之于蔓草田畴之中，而强赋之民为保马，其视金、元，如鼠之遇狸，诚不敌也"④。

虽然唐代后期的诸位皇帝曾试图在内地设置监牧，以畜养马匹，解决国家战马的不足，并且取得了一定的成效，但实际上，这些措施难以满足唐后期国家军事战略储备的需要，诸监牧所畜养的马匹数量与质量都不堪大用，即使是其中行用时间最长、效果最好的银川监，也根本无法与唐前期的监牧马匹同日而语，后人评价为"太和七年，置银川监，大氐无复开元、天宝之旧矣。他如蔡州龙陂、襄州临汉、淮南临海、泉州万安，皆不足数也"⑤。

受制于特殊的历史背景，唐王朝在安史之乱以后为了解决战马不足的问题，曾试图仿照唐前期的监牧制度在内地重新建立监牧体系，以繁衍马匹数量，提高军队作战能力。随着藩镇势力的出现与坐大，中晚唐的皇帝们只能在其掌握范围内选择区域进行试点，并设立了一些监牧，但大多数地点都存在侵占良田、与民争利的现象，不得不强

---

① 《宋史》卷八十七《地理志》，第2150页。
② 《宋史》卷三百三十五《种世衡附种谔传》，第10747页。
③ 《宋史》卷一百九十八《兵志》，第4937页。
④ （明）王夫之：《噩梦》，第563页。
⑤ （明）归有光：《震川先生集》，上海古籍出版社1981年版，第811页。

行废止。只有银川监地广人稀,而且境内蕃汉杂居,有着畜养马匹的历史传统,才得以长久施行,银川监的日常事务与管理由银川监牧使负责,多由当地长官银州刺史充任,便于直接管理。唐僖宗时,党项部首领李思恭因平定黄巢有功,被赐李姓,并领有银、夏、绥、宥、静等五州之地,称"定难军"。自此以后,关于银川监的历史记录相当稀少,而且随着党项势力的崛起及西夏的建立,银州逐渐成为宋与西夏争夺的焦点,双方在此多次交战,战略位置相当重要。

第 六 章

举国之礼：唐代中央及地方的合朔伐鼓与大傩礼仪

在《大唐开元礼》之中，记载了合朔伐鼓与大傩之礼，比较特殊的是，这两种礼仪不仅在唐朝中央举行，而且在地方州县上也要举行，并分别记载了其礼仪程序与仪式，具有一定的相似性与共同性。合朔伐鼓是应对日食的救日之礼，大傩主要是驱逐疾疫之礼，二礼由于举行时间的特殊性，基本能够保障中央与地方的同步开展，当面对难以预知的天文现象与疾病之时，通过具体礼仪的举行，能够消除普通民众的恐惧心理，并加深他们的认识理解与应对能力。而且在同一时空范围内举行相似的礼仪活动，不仅强化了中央与地方州县的政治结构与政务沟通，而且深化了中央政府与民间的心理认知与精神维系，有利于稳定全国的统治秩序。

第一节 唐代日食的认知应对与合朔伐鼓之礼

日食，指的是天体运动中地球、月球、太阳处于一条直线，月球在中间阻挡太阳射向地球的光，形成太阳被侵蚀变黑的一种自然现象，故又称为日蚀。根据太阳被侵蚀程度的不同，日食又分为日偏食、日全食、日环食、全环食；根据其日期规律，古人发现日食只在朔日发生，即月球与太阳重合之际，所以古代史书中又常用"合朔"来指代日食。由于古代科学技术条件的限制，人们难以正确地认识这

第六章　举国之礼：唐代中央及地方的合朔伐鼓与大傩礼仪　/　167

一自然现象，再加上"天人合一""天人感应"等思想认识的影响以及日食发生时天地昏暗的骇人现象，故而认为日食的发生是一种灾害，是上天对统治者阴阳失调、德行不修的警示。日食发生以后，统治者不仅要约束自己的行为以自省，还要举行一系列的礼仪活动以救日，企图在日食时帮助太阳摆脱侵蚀，并且皇帝也要通过相关活动来表达自身的反思与重视。

我国最早的日食记载见于《尚书·胤征篇》，其文称"乃季秋月朔，辰弗集于房。瞽奏鼓，啬夫驰，庶人走"[①]，指夏朝仲康统治时期，季秋朔日发生的一次日食。日食发生以后，一般观点都认为是众人慌乱，急忙奔走，完全无应对之法，刘世民甚至根据此篇文献记载得出后羿以日食为借口征伐曦和，并且认为"后羿射日"神话的本质渊源是篡位后的后羿厌恶日食，因为日食是国家有难、奸臣篡权的征兆[②]；但《通典》对此文献有不同的解释，杜佑认为在此次日食发生之后，乐官击鼓，啬夫取币以礼天神，庶人奔走，共救日食，完全是一个应对有节、程序规范的救日礼仪程序[③]，由此则反映出我国的日食记录与应对措施有着更深的历史渊源。

周代发生日食时天子的应对策略是："天子不举乐，素服，置五麾，陈五鼓、五兵及救日之弓矢。又以朱丝萦社，而伐鼓责之。"[④]可见，周代的救日礼仪相当丰富，除了约束天子个人活动之外，还有陈设救日旗帜、鼓、弓矢和相应兵士，并且还要使用朱丝萦绕太社，击鼓救日，之所以在太社击鼓救日，主要是古人认为"日蚀者，阴侵阳。社者众阴之主。鼓配阳也。以阴犯阳，故鸣鼓而救之"[⑤]。而诸侯的救日活动规格则相应缩减，以示尊卑，"置三麾，陈三鼓三兵，

[①]《尚书译注》，上海古籍出版社2004年版，第98页。
[②] 刘世明：《后羿射日考辨——兼论〈尚书·胤征〉冤案》，《河北大学学报》（哲学社会科学版）2015年第1期。
[③]《通典》卷七十八《军礼》，第2097页。
[④]《通典》卷七十八《军礼》，第2097页。
[⑤]《通典》卷七十八《军礼》，第2097页。

用币于社，伐鼓于朝"①。

到了汉代，救日礼仪与周大致相同，而且随着官僚系统的建立，对于日食的观测记录与应对都有着相应的行政程序。在秦汉三公九卿制度中，日食的观测主要由太常卿的属官太史令负责，太史令掌管天时星历，灵台侍诏又分管星、日、天象钟律方面的事务。据《汉书》记载，"汉著纪十二世，二百一十二年，日食五十三，朔十四，晦三十六，先晦一日三"②，汉代在日食发生之际，"天子救日蚀，素服，避正殿，陈五鼓五兵，以朱丝萦社，内外严警。太史登灵台，候日有变，便伐鼓"③，与周代应对策略非常相似。而且，随着阴阳学说与儒家思想的发展，尤其是"天人感应"思想的盛行，日食对于汉代的政治生活产生了非常广泛的影响。日食经常被当作帝王死亡、君弱臣强、后宫干政的天象预警，因此，日食发生以后，除了救日礼仪之外，汉代皇帝不得不采取下罪己诏、听取谏言、罢免三公等一系列政治举措，以维护统治。④东汉时，日食前后两日，"牵羊酒至社下以祭日"，日食发生之时，"割羊以祠社，用救日变"⑤，可见，东汉时的救日礼仪以杀牲祭祀活动为主。

魏晋之际，经常有关于日食发生之际是否应该废朝的讨论，在具体的操作中也有反复。建安年中，元正朝会之际，太史上言当时会发生日食，朝臣共同探讨朝会是否应该继续举行。博平计吏刘邵认为不应该因为难以推测的天象来暂停朝会，"梓慎、裨灶，古之良史，犹占水火，错失天时。《礼》诸侯旅见天子，入门不得终礼者四，日蚀在一。然则圣人垂制，不为变异豫废朝礼者，或灾消异伏，或推术谬误"⑥，得到了尚书令荀彧及众人赞同，于是朝会如旧举行，日食也没有发生。但之后因日食而废朝的制度再次恢复，晋武帝咸宁三年

---

① 《通典》卷七十八《军礼》，第2098页。
② 《汉书》卷二十七《五行志》，第1506页。
③ 《通典》卷七十八《军礼》，第2098页。
④ 甄尽忠：《日食与汉代帝王政治》，《天中学刊》2015年第2期。
⑤ 《后汉书》志第四《礼仪志》，第3101页。
⑥ 《宋书》卷十四《礼仪志》，第351页。

(277)、四年，都因为日食合朔而取消元正朝会。东晋康帝建元元年（343），太史称元日会发生日食。当时庾冰辅政，将建安年中刘邵的议论以示八座，表示将继续朝会。蔡谟反驳道："灾祥之发，所以谴告人君，王者之所重诫，故素服废乐，退避正寝，百官降物，用币伐鼓，躬亲救之。夫敬诫之事，与其疑而废之，宁顺而行之。"① 得到了众人的赞同，朝会因此取消。穆帝永和中，殷浩辅政，又想要借刘邵之议在日食时继续朝会，遭到了王彪之的反对，最后朝会取消。

到了唐代，这种争论消失于无形，因为日食废务的制度已经形成，《旧唐书·职官志》称："凡太阳亏，所司预奏，其日置五鼓五兵于太社，而不视事。百官各素服守本司，不听事。过时乃罢。"② 曾任太史令的李淳风在其著作中提到："凡日蚀者，皆着赤帻以助阳也。日将蚀，天子素服避正殿，内外严警，太史灵台，伺日有变，便伐鼓，闻鼓音作，侍臣皆着赤帻带剑以助阳，顺之也。"③ 在唐代职官系统中，太史令"掌观察天文，稽定历数。凡日月星辰之变，风云气色之异，率其属而占候之"④，故而日食的观察与推测全由太史令负责；郊社令则负责巡察四门，等待日食结束，天亮以后停止，又要在太社置五兵，用朱丝萦绕太社，直到日食结束以后停止，负责巡查及礼仪器物的设置⑤；鼓吹令"帅工人设五鼓于太社，执麾旒于四门之塾，置龙床，有变则举麾击鼓，变复而止"⑥，负责设置鼓并依时击之。

唐代官方对于日食的发生有着详细的记载，太史令每年都要将发生过的灾异、祥瑞记录在案，并呈送门下省、中书省，以载入起居注。并且在每年年底，进行综合，封送史馆⑦。日食在古代作为灾异，

---

① 《宋书》卷十四《礼仪志》，第352页。
② 《旧唐书》卷四十三《职官志》，第1830页。
③ （唐）李淳风：《乙巳占》卷一《日蚀占第六》，中华书局1985年影印本，第24页。
④ 《旧唐书》卷四十三《职官志》，第1855页。
⑤ 《旧唐书》卷四十四《职官志》，第1874页。
⑥ 《新唐书》卷四十八《百官志》，第1244页。
⑦ 《唐六典》秘书省卷十，第303页。

自然也被记载于史籍之中。如《旧唐书·天文志》灾异条、《新唐书·天文志》日食条等,赵贞曾对两唐书所载日食情况进行了初步探讨,并指出其优劣及史学价值,在经过多种史籍与今人著作对比以后,得出下表。

表9　　　　唐代诸史料记载日食情况对照表①

	高祖	太宗	高宗	武后	中宗	睿宗	玄宗	肃宗	代宗	德宗	宪宗	穆宗	文宗	武宗	宣宗	懿宗	僖宗	昭宗	哀帝	总计
旧志	4	14	13	13	2	1	16	2	5	6	3	2	3	4	0	0	0	0	0	88
会要	4	15	12	12	2	1	17	2	2	7	5	1	3	4	1	0	0	1	1	90
新志	4	16	13	11	2	0	16	2	4	5	3	2	4	2	1	4	2	1	1	93
陈遵妫	4	16	15	11	2	0	18	2	5	9	3	2	3	4	2	1	4	1	1	103
刘次沅	3	13	16	9	2	0	20	4	7	13	8	2	4	4	9	6	10	1		135

说明:旧志=《旧唐书·天文志》,会要=《唐会要·日蚀》,新志=《新唐书·天文志》,陈遵妫=陈遵妫《中国天文学史》,刘次沅=刘次沅、马莉萍《中国历史日食典》。

在这之后,仍有学者试图统计唐代日食的发生情况,如刘次沅、马莉萍再次撰文认为唐代日食共发生108次,其中6次错误无考②,之后刘次沅的独立撰文再次论证了这一观点③,但诸说各有所据,难以统一。而且由于时间久远,史料记载互相错讹,想要准确地统计日食这一自然现象困难重重。

日食的推测和记录与唐代的历法息息相关。据史书记载,有唐一代290余年,共进行8次改历,"唐终始二百九十余年,而历八改。初曰《戊寅元历》,曰《麟德甲子元历》,曰《开元大衍历》,曰《宝应五纪历》,曰《建中正元历》,曰《元和观象历》,曰《长庆宣明

---

① 赵贞:《两唐书〈天文志〉日食记录初探》,《史学史研究》2010年第1期。
② 刘次沅、马莉萍:《隋唐五代日月食记录》,《时间频率学报》2013年第2期。
③ 刘次沅:《隋唐五代天象记录统计分析》,《时间频率学报》2013年第3期。

第六章 举国之礼：唐代中央及地方的合朔伐鼓与大傩礼仪 / 171

历》，曰《景福崇玄历》而止矣"①。其中以《大衍历》最为人所知。

开元九年（721），由于原有的《麟德历》在日食观测方面错误太多，玄宗诏令僧一行制作新历《大衍历》。开元十五年，新历草稿刚刚完成之际，一行去世，后由特进张说、历官陈玄景等编缀完成，十七年颁于有司，一直行用到唐肃宗上元二年（761）。僧一行在《大衍历》的修撰过程中，亲自前往实地测量，南边最远到达交州，北边最远抵达铁勒，而且将《周易》与当时先进的印度历法《九执历》融入新历当中，"推大衍数立术以应之，较经史所书气朔、日名、宿度可考者皆合"②。但此举遭到了当时居唐印度人瞿坛（昙）譔的驳斥，《新唐书》记载的缘由是瞿坛（昙）譔由于自己没有参与历法的改撰而心生怨恨，故而上奏指出一行的《大衍历》是抄袭印度历法《九执历》，而且"其术未尽"，唐玄宗不得不诏令侍御史李麟、太史令桓执圭进行验证比较，结果"《大衍》十得七、八，《麟德》才三、四，《九执》一、二焉"③，《大衍历》的精确程度毋庸置疑，质疑者瞿坛（昙）譔也受到了玄宗的惩罚。但实际上，根据考古出土的瞿坛（昙）譔墓志的记载，瞿坛（昙）譔本人生于唐睿宗景云三年（712）④，到开元九年僧一行奉诏改历之时，他才九岁，根本没有机会参与编撰，所以《新唐书》的记载是错误的。瞿昙家族自印度徙居唐朝，以擅长天文历法而知名，根据墓志资料显示，瞿昙家族前后几代人服务大唐司天台达一百多年。其中以瞿昙悉达成就最高，他在开元六年（718）奉敕翻译印度历法《九执历》，而且撰成《开元占经》一百一十卷，时人因此称呼他为"瞿昙监"⑤，瞿坛（昙）譔即瞿昙悉达之子。

僧一行编撰的《大衍历》以其精密的运算对后世影响极大，"自

---

① 《新唐书》卷二十五《历志》，第534页。
② 《新唐书》卷二十七《历志》，第587页。
③ 《新唐书》卷二十七《历志》，第587页。
④ 晁华山：《唐代天文学家瞿昙譔墓的发现》，《文物》1978年第10期。
⑤ （清）王昶撰：《金石萃编》卷八十八唐第四十八《潘智昭墓志铭》，景嘉庆十年青浦王师经训堂刊同治十年补刊本，第8页上。

《太初》至《麟德》，历有二十三家，与天虽近而未密也。至一行，密矣，其倚数立法固无以易也。后世虽有改作者，皆依仿而已"，甚至有学人认为"大衍历被称为唐历之冠，列为好历，可以说是理所当然的"[1]。《大衍历》在有关日食合朔的问题上提到："日月合度谓之朔。无所取之，取之蚀也……新历本《春秋》日蚀、古史交会加时及史官候簿所详，稽其进退之中，以立常率。然后以日躔、月离、先后、屈伸之变，偕损益之。故经朔虽得其中，而躔离或失其正；若躔离各得其度，而经朔或失其中，则参求累代，必有差矣。三者迭相为经，若权衡相持，使千有五百年间朔必在昼，望必在夜，其加时又合，则三术之交，自然各当其正，此最微者也。若乾度盈虚，与时消息，告谴于经数之表，变常于潜遁之中，则圣人且犹不质，非筹历之所能及矣。"指出了新历在记录日食的过程中所采取的方法及细节之处，并道明了日历筹算的局限性。同时，僧一行还对前人及其历法进行了评述，指陈其优劣，"昔人考天事，多不知定朔""刘洪以古历斗分太强，久当后天，乃先正斗分，而后求朔法，故朔余之母烦矣。韩翊以《乾象》朔分太弱，久当先天，乃先考朔分，而后覆求度法，故度余之母烦矣。何承天反覆相求，使气朔之母合简易之率，而星数不得同元矣。李业兴、宋景业、甄鸾、张宾欲使六甲之首众术同元，而气朔余分，其细甚矣。《麟德历》有总法，《开元历》有通法，故积岁如月分之数，而后闰余偕尽"[2]。

另外在敦煌文献中，也保留有一些关于日食记录的珍贵资料。如P.2663中有"甲寅年二月生二日日食，未时日食。丙寅十二月二日巳时日食"的记载，邓文宽先生考证为唐文宗大和八年（834）3月14日以及唐会昌六年（846）12月12日的两次日食[3]，此外，赵贞也在敦煌文书中发现了《西秦五州占》，是除了《乙巳占》《开元占经》之外唐代现存另一部星占著作，该书包括日食占、五星占等九项

---

[1] 陈遵妫：《中国天文学史》，上海人民出版社1984年版，第1461页。
[2] 《新唐书》卷二十七《历志》，第594—598页。
[3] 邓文宽著：《邓文宽敦煌天文历法考索》，上海古籍出版社2010年版，第29—37页。

第六章 举国之礼:唐代中央及地方的合朔伐鼓与大傩礼仪

内容,提供了中唐以后很多的社会历史信息,具有极高的史料价值。①

尽管到了唐代,人们对于日食发生的规律以及现象都有了进一步的认识与理解,但作为天象、自然灾害之一的日食仍然引起了皇帝及大臣的重视,也极大地影响着唐代的政治活动。赵贞曾撰文认为唐代日食发生以后,常常伴随着帝王修德、宰臣乞退、大赦等政治活动②,通过这些活动以禳灾,如苏颋曾在神龙年间上《太阳亏为宰臣乞退表》,提到了日食发生时中宗君臣的应对,"今月朔旦太阳亏,陛下启辍朝之典,有司尊伐社之义",以及苏颋认为天象预警,"天之所戒,臣不可逃"③,主动提出免去官职以禳灾;开元七年(719)五月朔发生日食,唐玄宗"素服以候变,撤乐、减膳,令中书、门下省察囚系,及天下水旱之州,皆令赈恤,不急之务一切停罢"④,但其实,这些政治活动是政府面临重大自然灾害时的常用举措,历代沿袭,并无特殊性可言。

当然,由于古代运算能力及科学技术的限制,历法的精确性会随着时间的推移而严重下降,这也是历朝历代重视历法修撰的主要原因之一。虽然技术官员们逐渐掌握了日食的发生规律,但仍然存在预测失准的现象,一旦发生,首先会想到的是有关官员的失职。魏高贵乡公正元二年(255),太史奏三月一日寅时合朔,将要发生日食。于是有司立即进行准备以救日,但时间到了之后,日食却没有发生,大将军曹爽与侍中郑小同因此要问责史官,光禄大夫领太史令邕说:"有备蚀之制,无考负之法""负坐之条,由本无术可课,非司事之罪",因此免去史官刑罚。但相反的是,唐代预测日食没有发生的时候,不但没有问责,唐代的官僚们还往往撰写庆贺之词呈送皇帝,以表达对皇帝功德有备、感动上天的赞美。如苏颋的《贺太阳不亏状》、常衮的《中书门下贺日当蚀不蚀表》、白居易的《贺云生不见日蚀

---

① 赵贞:《敦煌遗书中的唐代星占著作:〈西秦五州占〉》,《文献》2004年第1期。
② 赵贞:《唐五代日食的发生及对政治的影响》,《西北师范大学学报》(社会科学版)2005年第5期。
③ 《全唐文》卷二五五《太阳亏为宰臣乞退表》,第2583页。
④ 《册府元龟》卷一百四十四《帝王部·弭灾》,第1615页。

表》，都称赞了皇帝们在日食来临之前能够遵循礼典，避殿素服，结果诚心感动上天，日食没有发生，所谓"礼行于已，心祷于天"①"惧而勤政，实以应天，斋于穆清，益用恭默，精诚所达，元运相符"②"日月薄蚀，自惭燮理无功；山川出云，实赖圣明有感"③，甚至还将其当作祥瑞，"至时不蚀，乃自殊祥"④，上书以表欢快庆贺之情，但这些大臣是否知道日食没有发生的根本原因是历法失准，如果在明知其缘由的情况下仍然撰写贺表，其目的与用心就不得不令人深思。

应对日食而举行救日活动，早在先秦时就已经形成，在《周礼》中得到统一与保留。秦汉以后，在延续《周礼》的基础上发展出了相关祭祀活动，魏晋南北朝之时，礼仪的认识与撰作进入了一个新的发展阶段，形成独特的五礼体系，将日食发生时的应对礼仪纳入军礼之中，北齐的礼官们已经撰作出了一套相关的礼仪程序。

> 日蚀，则太极殿西厢东向，东堂东厢西向，各设御座。群官公服。昼漏上水一刻，内外皆严。三门者闭中门，单门者掩之。蚀前三刻，皇帝服通天冠，即御座，直卫如常，不省事。有变，闻鼓音，则避正殿，就东堂，服白袷单衣。侍臣皆赤帻，带剑，升殿侍。诸司各于其所，赤帻，持剑，出户向日立。有司各率官属，并行宫内诸门、掖门，屯卫太社。邺令以官属围社，守四门，以朱丝绳绕系社坛三匝。太祝令陈辞责社。太史令二人，走马露版上尚书，门司疾上之。又告清都尹鸣鼓，如严鼓法。日光复，乃止，奏解严。⑤

可见在日食发生前，北齐皇帝服通天冠，坐在太极殿御座之上，

---

① 《全唐文》卷二五六《贺太阳不亏状》，第2589页。
② 《全唐文》卷四一五《中书门下贺日当蚀不蚀表》，第4252页。
③ 《全唐文》卷六六六《贺云生不见日蚀表》，第6772页。
④ 《全唐文》卷二五六《贺太阳不亏状》，第2589页。
⑤ 《隋书》卷八《礼仪志》，第169—170页。

第六章 举国之礼：唐代中央及地方的合朔伐鼓与大傩礼仪 / 175

不处理政务。日食发生之时，皇帝避正殿，前往东堂，服白袷单衣。侍卫官员穿着赤帻、带剑，在太极殿服侍皇帝。各官署的官员穿赤帻、持剑，出户门向着太阳站立。邺城令、太祝令等相关人员在宫门、掖门、太社附近实施救日礼仪。隋代似乎并没有延续前代合朔救日之礼，在史籍中并未发现。到了唐太宗修撰《贞观礼》之际，合朔伐鼓之礼再次纳入国家礼仪，成为军礼内容之一。《开元礼》完整地将其内容保留下来。

> 其日合朔。前二刻，郊社令及门仆各服赤帻绛衣，守四门，令巡门监察。鼓吹令平巾帻、袴褶，帅工人以方色执麾旒，分置四门屋下，龙蛇鼓随设于左。东门者立于北塾，南面；南门者立于东塾，西面；西门者立于南塾，北面；北门者立于西塾，东面（门侧堂曰塾。麾杠各长一丈，旒以方色，各长八尺）。队正一人著平巾帻、袴褶，执刀，帅卫士五人执五兵立于鼓外，矛处东，戟在南，斧、钺在西，槊在北。郊社令立欑于社坛四隅，以朱丝绳萦之。太史官一人著赤帻、赤衣，立于社坛北，向日观变。黄麾次之；龙鼓一面次之，在北；弓一张、矢四次之。诸工鼓静立候日有变，史官曰："祥有变。"工人齐举麾，龙鼓齐发声如雷。史官称："止。"工人罢鼓。
>
> 其日废务，百官各守本司。日有变，皇帝素服，避正殿。百官以下，府史以上皆素服，各于厅事之前，重行，每等异位，向日立。明复而止。①

除了中央举行朔日伐鼓之外，地方诸州在日食发生时也有相应的救日举措。

> 其日，见日有变则废务，所司置鼓于刺史厅事之前。刺史州官及九品以上俱素服，立于鼓后，重行，每等异位，向日立，刺

---

① 《大唐开元礼》卷九十，第423页。

史先击鼓，执事代之。明复俱止。①

可见，唐代的救日礼仪从内容上更符合周礼，而非北齐。北齐之礼，日食时"（皇帝）避正殿，就东堂，服白袷单衣。侍臣皆赤帻，带剑，刀殿侍"，皇帝与侍臣皆在太极殿东堂行礼；而唐代皇帝在日食发生之时，着素服，避正殿，百官也因此废朝不办公，自府史以上皆着素服，分别向着太阳重行、异位立在其厅事之前，而且唐代四门的守卫设置、太社的救日伐鼓更加详细完备，有五鼓、五兵、五麾立于五个方位，郊社令及门仆穿着赤帻绛衣，鼓吹令穿着平巾帻、袴褶，太史令着赤帻、赤衣，与其他官员及皇帝素服相比，他们穿衣都以红色为主，主要是为了与太阳颜色相符，以帮助太阳。而且相当正式，"平巾帻之服，武官及卫官寻常公事则服之。袴褶之服，朔望朝会则服之"②。甚至与宫殿之内的皇帝及官厅之内的百官仅表达忧戚相比，唐代的太社却是整个合朔救日礼仪活动的中心，郊社令、鼓吹令及太史及其附属官员是救日礼仪活动的具体指挥与执行人，学者认为这种表面上的放权行为，实则是君权胜于神权的产物，太社的这种动态救日活动则是先秦以来太社的独特角色与地位的体现。③ 但唐代的朔日伐鼓礼仪与《周礼》除了职官系统上的区别之外，主要内容并无太大改变，皇帝一直以来都属于旁观角色，主要的救日礼仪始终是相关官员围绕太社展开的。同时，《开元礼》又补充规定了地方诸州的救日伐鼓礼仪，主要由刺史及州官九品以上立于刺史官厅之前，击鼓救日。

唐代合朔伐鼓自太宗时纳入国家礼典，再到《开元礼》中仍然得到了保留与实施。安史之乱以后，虽然有时废弃，但仍能再次行用，直至唐末。贞元三年（787）八月辛巳，将要发生日食，有司奏请在太社伐鼓，唐德宗没有同意，太常卿董晋上奏请改诏命："伐鼓于社，

---

① 《大唐开元礼》卷九十，第423页。
② 《唐六典》尚书礼部卷第四，第118页。
③ 贾鸿源：《太社与唐长安城中的祭祀空间——从禜门礼、合朔伐鼓角度的思考》，《中国古都研究》2013年第26辑。

所以责群阴助阳光也,所宣诏命,不合经义。"①但德宗仍然没有同意,于是在日食那天没有伐鼓。但仅此一特例,之后仍旧依《开元礼》而行。

唐宪宗元和三年(808),宪宗曾问宰相日食推测的灵验及其应对之礼:"昨太史奏,太阳亏,及朔日上,瞻如言皆验,其故何也?又素服救日之仪,有何所凭?"②李吉甫回答道:"日月运行,迟速不齐。凡周天三百六十五度有余,日行一度,月行十三度有余,率二十九日半而与日会。又月行有南北九道之异,或进或退,若晦朔之交,又南北同道,即日为月之所掩,故有薄蚀之变。虽自然常数,可以推步,然日为阳精,人君之象,若君行有缓急,即日为之迟速。稍逾常制,为月所掩,即阴侵于阳,亦犹人君,行或失中,应感所致。故《礼记》云:'男教不修,阳事不得,谪见于天,日为之蚀;妇顺不修,阴事不得,谪见于天,月为之蚀。'古者,日蚀则天子素服,而修六官之职;月蚀则后素服,而修六宫之职,所以惧天戒,自省惕也。君人者,居物之上,易为骄盈,故圣人制礼,务乾恭兢惕,以奉顺天道。苟德大备,则天人合应,百福来臻。"③指出日食的规律以及天子应该端正自己的行为,素服修德以应天象,按照礼经的要求来规范自己,才能顺从天道,带来福祉,宪宗听后深以为然,并以此勉励群臣。

唐穆宗长庆二年,大礼院奏:"四月一日太阳亏,准《开元礼》,其日废务,皇帝不视事。"④唐哀宗天祐三年(906)四月癸未朔,太常礼院奏:"准故事,伐鼓于社,皇帝素服避正殿,百官素服,各守本局,于厅事前重行,每等异位,向日端立,俟复明而止。"⑤可见,《开元礼》中的合朔伐鼓救日之礼已经成为"故事",一直影响到了唐末。

---

① 《唐会要》卷四十二《日蚀》,第890页。
② 《唐会要》卷四十二《日蚀》,第890页。
③ 《唐会要》卷四十二《日蚀》,第890—891页。
④ 《唐会要》卷四十二《日蚀》,第891页。
⑤ 《唐会要》卷四十二《日蚀》,第892页。

五代时期，礼官们在日食救助礼仪方面深受《开元礼》及唐代制度的影响。后晋天福三年（938）日食，太常礼官想要沿袭唐代旧制，"太常礼官详旧制，日有变，天子素服避殿。太史以所司救日于社，陈五兵五鼓，麾东戟南矛，西弩北盾，中央置鼓，服从其位。百职废务，素服守司，重列于庭，每等异位，向日而立，明复而罢"，但由于战乱之际，礼仪器物不能完备，只能"唯谨藏兵仗，皇帝避正殿，尚素食，百官守司而已"①。

第二节　唐代大傩礼仪的发展与实践

傩礼是中国古代流行的一种驱逐疫鬼的仪式，源自原始社会中的驱兽活动，约形成于西周、春秋时期。《周礼·夏官》曰："方相氏掌蒙熊皮，黄金四目，玄衣朱裳，执戈扬楯，帅百隶而时傩，以索室殴疫。"② 此为时傩，即为了预防疾病而临时举行的傩礼，日期不固定，随时而傩。《礼记·月令》记载，季春之月，"命国傩，九门磔攘，以毕春气"，指的是季春国民们举行的傩礼，磔犬于九门，"抑金扶木，毕成春功"③；仲秋之月，"天子乃傩，以达秋气"④，是仲秋天子举行的傩礼，傩阳气以助秋，不磔犬；季冬之月，"命有司大傩旁磔，出土牛，以送寒气"⑤，季冬大傩规模最大，遍磔犬于十二门以扶阳抑阴，基本全民参与。《礼记》所载的傩礼有着固定的举行时间与目的，而且参与傩礼的规模与对象也各不相同，可见，周代的傩礼分为时傩与三时之傩两种，其礼仪内容与举行时间都对后世的傩礼产生了深远的影响。

秦汉时期的大傩在周礼的基础上有所变化，时间主要选在岁末。《汉旧仪》记载："常以正岁十二月，命时傩。……方相帅百隶及童

---

① 《旧五代史》卷一百三十九《天文志》，第1848—1849页。
② 《周礼注疏》卷三十一《夏官·方相氏》，第826页。
③ 《礼记集解》卷十五《月令》，第436页。
④ 《礼记集解》卷十七《月令》，第473—474页。
⑤ 《礼记集解》卷十七《月令》，第500页。

第六章　举国之礼:唐代中央及地方的合朔伐鼓与大傩礼仪 / 179

女,以桃弧、棘矢、土鼓,鼓且射之,以赤丸、五谷播洒之。"① 增加了童女、桃弧、棘矢、土鼓之类,而且播洒赤丸、五谷。到了东汉,《后汉书·礼仪志》记载:"季冬之月,星回岁终,阴阳以交,劳农大享腊。先腊一日,大傩,谓之逐疫。其仪:选中黄门子弟十岁以上,十二岁以下,百二十人为侲子。皆赤帻皂制,执大鼗。方相氏黄金四目,蒙熊皮,玄衣朱裳,执戈扬眉。十二兽有衣毛角。中黄门行之,冗从仆射将之,以逐恶鬼于禁中。"② 大傩时间定在腊日(农历腊月初八)前一天,礼仪环节进一步丰富,而且增加了傩时的唱词。永初三年(109年)秋,邓太后身体不适,按照旧例,"旧事,岁终当飨遣卫士,大傩逐疫",举行大傩。但邓太后认为此时战争频繁,阴阳不和,故而对大傩礼仪进行了调整,"飨会勿设戏作乐,减逐疫侲子之半,悉罢象橐驼之属"③,等到丰收年份则恢复原样。张衡曾在《东京赋》一文中描绘了汉代举行大傩礼的盛大场面:"尔乃卒岁大傩,驱除群厉。方相秉钺,巫觋操茢。侲子万童,丹首玄制。桃弧棘矢,所发无臬。飞砾雨散,刚瘅必毙。煌火驰而星流,逐赤疫于四裔。然后凌天池,绝飞梁,捎魑魅,斮獝狂,斩委蛇,脑方良。囚耕父于清泠,溺女魃于神潢。残夔魖与罔像,殪野仲而歼游光。八灵为之震慑,况魃蜮与毕方。度朔作梗,守以郁垒,神荼副焉,对操索苇。目察区陬,司执遗鬼。京室密清,罔有不韪。"④ 可见,东汉时的傩礼在沿袭周代季冬大傩的基础上,对一些仪式细节进行了补充,还用到了大象、骆驼等动物,但其驱逐疫疾的目的仍然继续延续。而且东汉时期疫病空前流行,对于傩礼的兴盛有直接的促进作用,并对当时乃至魏晋时期文学作品的内容与风格有莫大的影响⑤。

---

① (汉)卫宏撰,(清)孙星衍校:《汉旧仪》附补遗,中华书局1985年版,第33页。
② 《后汉书》志第五《礼仪志》,第3127页。
③ 《后汉书》卷十《和熹邓皇后》,第424页。
④ 《文选》第三卷《东京赋》,第124—125页。
⑤ 王学军:《大傩礼与东汉疫病流行及其文学影响》,《文化遗产》2017年第4期。

北魏文成帝和平三年（462）十二月，"因岁除大傩之礼，遂耀兵示武"，"有飞龙腾蛇之变，为函箱鱼鳞四门之陈，凡十余法。跽起前却，莫不应节"①。将傩礼与讲武结合起来，傩礼也逐渐有了军礼的色彩。到了北齐，傩礼仪注修撰完成，成为国家军礼之一，并被隋唐继承。北齐时期的傩礼，继承周代季冬大傩，以乐人子弟十岁以上十二以下二百四十人为侲子（侲僮，即男巫），作十二兽，在方相氏、鼓吹令等人的率领下在宫廷之中驱逐恶鬼。其时皇帝常服即御座，百官陪列观看。②

但到了隋代，又开始继承周代三时之傩，即季春、秋分、季冬三傩。在侲子的选取和方相氏的设置上沿袭了北齐之礼，但方相氏仅为二十二工人之一，地位明显下降。而且在磔牲之中变化极大，"每门各用羝羊及雄鸡一"③，磔杀之后，在宫门处与祭酒一起掩埋。唐代傩礼又再次将时间集中确定为季冬，并细分为宫廷大傩与州县大傩，礼仪程序更加完备。

表10　　　　　　北齐、隋、唐三朝宫廷傩礼对比表

内容	北齐	隋④	唐⑤
大傩时间	季冬晦	隋制，季春晦，傩，磔牲于宫门及城四门，以禳阴气。秋分前一日，禳阳气。季冬傍磔、大傩亦如之	季冬大傩

---

① 《魏书》卷一百八《礼志》，第2810页。
② 《隋书》卷八《礼仪志》，第168—169页。
③ 《隋书》卷八《礼仪志》，第169页。
④ 《隋书》卷八《礼仪志》，第169页。
⑤ 《大唐开元礼》卷九十，第423—424页。

第六章 举国之礼:唐代中央及地方的合朔伐鼓与大傩礼仪 / 181

续表

内容	北齐	隋①	唐②
傩子的选取、服饰、队列	乐人子弟十岁以上十二以下合二百四十人。一百二十人,赤帻、皂褠衣,执鼗。一百二十人赤布裤褶,执鞞角	选法同北齐。冬八队,二时傩则四队。问事十二人,赤帻褠衣,执皮鞭	选人年十二以上、十六以下为傩子,假面,赤布裤褶。二十四人为一队,六人为一列。执事十二人,赤帻、赤衣,麻鞭
方相氏	方相氏黄金四目,熊皮蒙首,玄衣朱裳,执戈扬楯	工人二十二人。其一人方相氏,黄金四目,蒙熊皮,玄衣朱裳	工人二十二人,其一人方相氏,假面,黄金四目,蒙熊皮、黑衣、朱裳,右执楯
逐鬼	鼓吹令率之,中黄门行之,冗从仆射将之,以逐恶鬼于禁中		巫师二人,以逐恶鬼于禁中
驱傩	傩者鼓噪,入殿西门,遍于禁内。分出二上阁,作方相与十二兽傩戏,喧呼周遍,前后鼓噪。出殿南门,分为六道,出于郭外	未明,鼓噪以入。方相氏执戈扬楯,周呼鼓噪而出,合趣显阳门,分诣诸城门	内侍诣皇帝所御殿前奏"傩子备,请逐疫"。出,命寺伯六人,分引傩者于长乐门、永安门以入,至左右上阁,鼓噪以进。方相氏执戈扬楯唱,傩子和,曰:"甲作食凶,胇胃食虎,雄伯食魅,腾简食不祥,揽诸食咎,伯奇食梦,强梁、祖明共食磔死寄生,委随食观,错断食巨,穷奇、腾根共食蛊,凡使一十二神追恶凶,赫汝躯,拉汝干,节解汝肉,抽汝肺肠,汝不急去,后者为粮。"周呼讫,前后鼓噪而出,诸队各趋顺天门以出,分诣诸城门,出郭而止

① 《隋书》卷八《礼仪志》,第169页。
② 《大唐开元礼》卷九十,第423—424页。

续表

内容	北齐	隋①	唐②
傩者出城		将出，诸祝师执事，预副牲胸，磔之于门，酌酒禳祝。举牲并酒埋之	傩者将出，祝布神席，当中门地南向。出讫，宰手、斋郎䪻牲匈磔之神席之西，藉以席，北首。斋郎酌清酒，太祝受，奠之。祝史持版于座右，跪读祝文曰："维某年岁次月朔日，天子遣太祝臣姓名昭告于太阴之神。"兴，尊版于席，乃举牲并酒瘗于坎

由表 10 可见，北齐、隋、唐三代之大傩，各有因循与变化，以唐代大傩礼仪最为繁复。唐代宫廷大傩在侲子的选取上年龄偏大，为"年十二以上、十六以下"，而且开始沿袭汉代方相氏驱鬼时的唱词，以十二神来威胁驱逐恶鬼，并在傩礼中新增奠祭太阴之神的环节，由太祝代替皇帝以祭之。

在唐代的宫廷傩礼之中，唐代职官在礼仪的举行环节当中充当了重要的角色。鼓吹令在大傩时，"帅鼓角以助侲子唱之"③；太卜令"帅侲子堂赠大傩，天子六队，太子二队，方相氏右执戈、左执楯而导之，唱十二神名，以逐恶鬼，傩者出，磔雄鸡于宫门、城门"④；宫门郎"岁终行傩，则先一刻而启"⑤。诸卫在宫门陈列仪仗，太祝、斋郎等负责祭祀，还有其他部门进行配合协助。由于傩礼发生在宫廷之内，内官也参与其中，如内寺伯平时掌管纠察不法，"岁大傩，则

---

① 《隋书》卷八《礼仪志》，第 169 页。
② 《大唐开元礼》卷九十，第 423—424 页。
③ 《旧唐书》卷四十四《职官志》，第 1875 页。
④ 《新唐书》卷四十八《百官志》，第 1246 页。
⑤ 《新唐书》卷四十九《百官志》，第 1296 页。

第六章 举国之礼:唐代中央及地方的合朔伐鼓与大傩礼仪 / 183

监其出入"①,在《大唐开元礼》中也有"其内寺伯导引出顺天门外止"②,内侍则承传皇帝,这些内外官员的加入,保障了唐代宫廷大傩礼仪的正常进行。

除了鼓吹及唱和之外,唐代宫廷傩礼还有乐曲。《乐书》称:"至唐,季冬大傩及郡邑傩,开元礼制之详矣。盖以晦日于紫宸殿前设宫架之乐,前期先阅傩并乐。是日,大宴王府,朝臣家皆上棚观之,百姓亦预焉,颇谓壮观也。惟岁除前一日于金吾仗龙尾道下重阅,即不用乐矣。观孔子有乡人傩之说,未尝用乐矣,然则驱傩用宫架之乐,其后世之制欤。"③唐代诗人王建曾在《宫词》一诗中描绘了宫廷大傩之礼:"金吾除夜进傩名,画裤朱衣四队行。院院烧灯如白日,沉香火底坐吹笙。"④《南部新书》中也详细记载了唐代宫廷之内岁末傩礼的盛况:"岁除日,太常卿领官属乐吏并护僮侲子千人,晚入内。至夜,于寝殿前进傩。燃蜡炬,燎沉檀,荧煌如昼,上与亲王妃主以下观之,其夕赏赐甚多。是日,衣冠家子弟多觅侲子之衣,着而窃看宫中。"⑤除了皇亲贵戚之外,普通官宦人家的子弟也借穿侲子的衣服偷偷地观看宫廷傩礼,可见其时的欢快景象。有学者即据此认为唐代宫廷傩仪与前代相比,突破了阶级的严格限制,可以官民共享,其表演性、娱乐性更加突出⑥,而且加上方相氏在傩礼中地位的变化,表明自周以来的礼制规范已渐渐被打破,方相氏的绝对主导地位逐渐被弱化,具有规范礼仪的傩仪自汉以后更具"歌舞表演"的性质。⑦

元和十三年(818)十二月,左右金吾引驾仗曾针对驱傩之中的服饰问题进行上奏:"以旧例驱傩侲子等,金吾将军以下,并具襕笏,引入阁门。谨案大傩者,所以驱除群厉,合资威武,其光仪襕笏之

---

① 《旧唐书》卷四十四《职官志》,第1870页。
② 《大唐开元礼》卷九十,第424页。
③ (宋)陈旸:《乐书》卷一百九十九,浙江大学出版社2016年版,第1153页。
④ 《全唐诗》卷三百二王建《宫词》,第3445页。
⑤ (宋)钱易撰,黄寿成点校:《南部新书》乙,中华书局2002年版,第23—24页。
⑥ 郭矗矗、范春义:《唐代宫廷傩仪考略》,《四川戏剧》2014年第10期。
⑦ 刘振华:《试析傩礼中方相氏的地位嬗变》,《东北师大学报》(哲学社会科学版)2014年第1期。

制，常参朝服，旧制未称。今后请各衣锦绣，具巾袜，带仪刀，部引出入，则与事合宜。"① 皇帝同意了这一上奏。仪刀，装以金银，羽仪所执，是礼仪用具，金吾将军以下从襕笏朝服变为"衣锦绣，具巾袜，带仪刀"，虽然政治性降低，但其礼仪性与表演性得以凸显。此外，在唐昭宗时期的段安节所撰《乐府杂录·驱傩》中出现了"阅傩"环节，"事前十日，太常卿并诸官于本寺先阅傩，并遍阅诸乐。其日大宴三五署官，其朝寮家皆上棚观之，百姓亦入看，颇谓壮观也"②。此时的阅傩相当于现在的彩排，而且百姓也能进行观看，可见这一时期宫廷傩礼已经进一步世俗化、娱乐化。

有学者将唐代的宫廷傩礼分为四个时期，即初唐傩制、显庆傩制、开元傩制、晚唐傩制③，基本是沿着唐代礼仪制度发展的轨迹进行划分，即《贞观礼》《显庆礼》《开元礼》及开元后礼。唐代的宫廷大傩在沿袭周、汉旧制的基础上，有所创新，增加祭祀太阴之神环节，纵观唐代宫廷傩礼，虽然衣冠子弟、百姓能够逐渐开始观礼，但其基本的礼仪程序并无太大差别，只是在其基础上更加重视表演与实际内容，增添了观赏性与娱乐性，成为岁末大型狂欢活动之一。

与京师宫廷大傩相对应的则是唐代州县傩礼，《开元礼》详细记载了其礼仪程序：

> 方相四人，俱执戈楯。唱帅四人。（戈，今以小戟，方相、唱帅俱以杂职充之。）侲子，（都督及上州六十人；中下州四十人。县皆二十人，其方相、唱帅，县皆二人）取人年十五以下十三以上，杂职八人，四人执鼓鞞，四人执鞭。
>
> 前一日之夕，所司帅铃宿于州府门外。（其县门亦如之）未辨色，所司白刺史请引傩者入。（其限领则所司白县令）将辨色，宦者二人出门各执青麾引傩者入。（无宦者，外人引导）于是傩

---

① 《唐会要》卷七十一《十二卫》，第1520页。
② （唐）段安节撰，亓娟莉校注：《乐府杂录校注》，上海古籍出版社2015年版，第20页。
③ 曲六乙、钱茀著：《东方傩文化概论》，山西教育出版社2006年版，第265—266页。

第六章　举国之礼：唐代中央及地方的合朔伐鼓与大傩礼仪

者击鼓鞁，俱躁呼鼓鞭击戈扬楯而入。唱帅伥子和曰："甲作食凶，肺胃食疫，雄伯食魅，腾简食不祥，揽诸食咎，伯奇食梦，强梁、祖明共食磔死寄生，委随食观，错断食巨，穷奇、腾根共食蛊，凡使一十二神追恶鬼凶，赫汝躯，拉汝干，节解汝肉，脯汝腹，汝不急去，后者为粮。"宦者引之，遍索诸室及门巷讫，宦者引出，出中门，所司接引出，仍鼓噪而出。出大门外，分为四部，各趋城四门出郭而止。初，傩者入，祝五人各帅执事者以酒脯各诣州门及城四门。（其县门亦准此）傩者出，便酌酒奠脯于门右，禳祝而止。乃举酒脯埋于西南。（酒以爵，脯以笾）其祝文曰："维某年岁次月朔日，祝姓名敢昭告于太阴之神。寒往暑来，阴阳之恒度，惟神无忒其道，以屏凶厉，谨以酒脯之奠，敬荐于神，尚飨。"①

州县的傩礼相较宫廷大傩来说，受限于官僚体系与财力物力，人数规模缩小，方相、唱帅等关键人员甚至以"杂职充之"。在州县官府举行大傩，虽然官员等级及祭祀规格有所下降，但礼仪性仍旧完整保留，如驱逐恶鬼时的唱和以及傩者出门后祭奠太阴之神的礼仪，与宫廷傩礼基本保持一致。孟郊曾在《弦歌行》中描绘了地方傩礼中傩者的形象与驱傩的欢快场景，"驱傩击鼓吹长笛，瘦鬼染面惟齿白。暗中崒崒拽茅鞭，裸足朱裈行戚戚。相顾笑声冲庭燎，桃弧射矢时独叫"②，与《开元礼》中的行文有所不同，这也体现了地方在举行傩礼时的灵活性与实用性。现今广西柳州柳公祠里的《龙城石刻》，相传为柳宗元亲手所刻，文曰："龙城柳，神所守；驱厉鬼，出匕首；福四民，制九丑。元和十二年。柳宗元。"③ 主要描绘的就是柳宗元在任职柳州时举行驱逐厉鬼、为民除害的地方傩礼场景。

唐代士人对于大傩之礼及其在驱逐疫疾方面的功能也有清楚的认

---

① 《大唐开元礼》卷九十，第424页。
② 《孟郊集校注》卷一，浙江古籍出版社1995年版，第23页。
③ 喻国伟：《〈龙城石刻〉应是柳宗元手迹》，《广西社会科学》2009年第10期。

识。肃宗时孙顾曾作《春傩赋》，说明了季春进行傩礼的必要性，并描绘了傩礼时的场面："有司方陈大礼，展时事；达九门以磔攘，协四灵而涤器。匪岁之卒，乃春之季。令阴气以下降，使阳和而上利。顺三时而不忒，协万福而必萃。命方相氏，出傩百神，丹首縿裳，辫发文身。摐金鼓以腾跃，执戈矛以逡巡，驿赤役于四裔，保皇家于万人。"① 代德之际的乔琳曾作《大傩赋》，指明了傩礼重在驱逐疾疫，而非祭祀神祇："傩之为义，其来自久；实驱厉以名之，于诣神而何有？"并且对于驱傩时的具体礼仪有所描绘，"则有侲童丹首，操缦杂弄；舞服惊春，歌声下凤。夜耿耿而将尽，鼓喧喧而竟送。行看北斗，已落于严城；坐待东风，方期于解冻。皇帝御寝殿，正玄冠；侍臣济济，宫妓珊珊。欣大礼之斯展，觉轻阴之尚寒。肃肃穆穆，南面而看。则知天不荐瘥，同殄妖气"②。唐代保留下来的一些判文中，也有涉及所司缺失傩礼的判词，如颜朝隐所作的《对驱傩判》，指出了驱傩的负责人员及其举行时间："室勿自索，凶其罕除，因凭神之道，戒天厉之灾。所以职在夏官，事殷元月，焕其金目，纷若侲童。是知阵阶之仪，用符堂赠之礼。"③ 佚名所作的《对驱傩判》中提到了有司应该顺应时节进行驱傩："大傩是驱，群厉斯逐。囗夏官之所掌，在东堂而成法。饰其金目，视方隅而皆知；壮乎丹首，囗彩章而必备。有司奉职，无竞惟人，既尸百隶之位，当顺四时之节。"而且，对于有司这种阙礼的行为，需要进行相应惩罚："宣尼之礼，更立阵阶；张衡作赋，是清京室。此时废执，孰以逃刑？抚状诚合科绳，执文或当推问。何者？所称晦日，乍涉阳春，傥作元律在时，不可朱裳有事。理兹伏念，然正严科，必当建日之辰，请寘先庚之罚。"④

虽然唐宋之际礼典中的官方傩礼相差不大，但民间的傩礼却发生了天翻地覆的变化。唐末五代文人罗隐曾在《市傩》一文中提及傩礼，"傩之为名，著于时令矣。自宫禁至于下俚，皆得以逐灾邪而驱

---

① 《全唐文》卷四百五十七《春傩赋》，第4666页。
② 《全唐文》卷三百五十六《大傩赋》，第3613—3614页。
③ 《全唐文》卷四百《对驱傩判》，第4090页。
④ 《全唐文》卷九百七十六《对驱傩判》，第10112页。

疫疠。故都会恶少年，则以是时鸟兽其形容，皮革其面目，丐乞于市肆间，乃有以金帛应之者"①。可见傩礼在唐末五代的南方城市中已经发生了巨变。此外，敦煌文献中也保留了一些唐代民间举行傩礼活动的记录，有利于进一步推动唐代民间傩礼的发展变化与研究。

在敦煌文献中，最能反映敦煌驱傩活动场面的就是驱傩词。有学者曾将其写卷进行整理分类。认为唐宋时期的驱傩词共19个写卷，去其重复，有词30首，其中驱除疫鬼的有10首，祈请福佑的有3首，歌功颂德的有17首②，这些驱傩词反映出唐宋时期敦煌地区的傩共有四种表现形态，即宫廷傩、官府傩、百姓傩、坊巷傩。③

由于《开元礼》对于地方傩礼的规定并不是很严格，故而地方上可以根据实际情况来举行大傩。敦煌地区的傩礼在时间上符合唐朝中央礼仪的规定，以岁末冬月为主，如P.3270中的"驱傩岁暮，送故迎新"，P.2058V中的"今者时当岁暮，新年鬼魅澄清"。但在驱傩的主角上，中央礼典中的方相氏被钟馗所取代，除此之外，还增添了许多其他傩神，"白泽、九尾狐以及其他怪禽异兽，还有宗教的角色如佛教的大悲观世音菩萨和梵释四王，阎罗大王以及佛道融合的大神太山府君、五道将军，还有祆教的'安城大祆'，以及敦煌地方的三危山神（三危大圣或三危圣者）、金鞍山神（金鞍毒龙），还有蓬莱七贤、南山四皓"④，甚至将地方长官归义军领袖也进行神化，应用于现实傩礼之中，这种多宗教信仰的神灵系统是敦煌地区中西文化交流融合的产物，符合地方民众的实用主义信仰色彩。而傩礼中驱逐的鬼怪则同样名目众多，甚至还将现实中的官僚、敌对势力妖魔化，反映了人们对于和平幸福生活的美好愿景。

傩礼中规模庞大的侲子群体，在敦煌由官私学堂中的学生充当，如P.3270中的"儿郎齐声齐和，呪（祝）愿彭祖同年"，S.2055中

---

① 《全唐文》卷八百九十六《市傩》，第9352页。
② 陈烁：《敦煌民间驱傩仪式与驱傩词》，载《第三届中国俗文化国际学术研讨会暨项楚教授七十华诞学术讨论会论文集》，2009年，第27—42页。
③ 任伟：《敦煌傩文化研究》，博士学位论文，兰州大学，2017年。
④ 任伟：《敦煌傩文化研究》，博士学位论文，兰州大学，2017年。

的"学郎不才之庆（器），敢请供奉音声"。其举行的场所则在归义军官府或达官贵人之家，因为有坊巷傩的存在，所以有时候也在坊巷街衢之地举行。《开元礼》中的地方傩礼对于恶鬼主要是以唱词进行恐吓驱赶，并对太阴之神进行祭祀，在敦煌，对于恶鬼的处置则更加生动形象，如 P.2569V《儿郎伟》其三中的"慑（蹑）肋折，抽却筋，拔出舌，割却唇"，其五："捉却他，项底搯。塞却口，面上捆。磨里磨，碨里侧（铡）。镬汤烂，煎豆䜺。放火烧，以枪㩼。刀子割，脔脔擘。"在进行一番折磨之后，将其驱逐，如 P.2612V 中的"所有旧年妖竖，来春不令近川"，S.2055 中的"捉取浮游浪鬼，积郡扫出三危"，但在敦煌文献中，尚没有发现有傩礼之后祭告太阴之神的环节。

敦煌傩礼中，也有相应的乐舞，如俄藏敦煌写本 L.1465 中有《还京洛》，柴剑虹考证其名称应为《还京乐》，描绘的是钟馗捉鬼傩舞[①]，李正宇进一步考证其撰作于唐乾元、大历年间（758—779），认为它是中唐敦煌傩歌的主要曲调。[②] 在傩礼结束之后，敦煌地区还要进行一番赏赐与酬谢，这与《南部新书》中记载的"赏赐甚多"比较相符。此时由归义军节度使府出面，对参加驱傩活动的民众、佛道宗教人士进行赏赐，以表达大傩礼仪的顺利完成。在唐末敦煌地区形成的归义军政权，虽然一度控制占据河西大片土地，但在多数情况下，仍然危机四伏，多处受敌，因此，除了在外交上采取灵活策略求存之外，关键是要稳定其内部统治，赢得管辖之内民众的支持，以扩大自身的力量。而采取这些驱傩、国忌行香等大型礼仪活动，能够广泛地引起地方民众与宗教团体的积极参与，并在礼仪结束之后进行赏赐，能更进一步地加深官府与普罗大众之间的联系，维持自身的统治。同时，敦煌地区的傩礼由于特殊的地域文化及发展变化，世俗化、娱乐性大大增强，具有"准傩戏"的意味[③]，对后世傩戏以及傩

[①] 柴剑虹：《敦煌写卷中的〈曲子还京洛〉及其句式》，《文学遗产》1985 年第 1 期，后收入氏著《敦煌吐鲁番学论稿》，浙江教育出版社 2000 年版，第 68—73 页。

[②] 李正宇《敦煌傩散论》，《敦煌研究》1993 年第 2 期。

[③] 任伟：《敦煌傩文化研究》，博士学位论文，兰州大学，2017 年。

文化的发展产生了深远的影响。

小　结

　　由于特殊的时代背景，宋英宗时编修的《太常因革礼》已经删去了朔日伐鼓之仪，到了北宋末年修撰的《政和五礼新仪》之中，朔日伐鼓之礼再次编入国家礼典当中，分为斋戒、陈设、祭器和伐鼓等四个礼仪程序，救日礼仪变得更加完备，但其核心内容伐鼓仍然与《开元礼》的合朔伐鼓礼仪基本相同，可见《开元礼》的影响深远。与朔日伐鼓礼仪相同的是，宋英宗时修撰的《太常因革礼》也没有大傩之礼，而在北宋末年的《政和五礼新仪》中，《大傩仪》《州县大傩仪》再次被纳入军礼范围，而且其礼仪与《开元礼》大致相同，足可见官方傩礼前后相承的稳定性与《开元礼》的深远影响。

　　唐代的朔日伐鼓与大傩之礼，在沿袭周礼的基础上，又有所创新，其礼仪内容更加丰富完整，被《开元礼》收录，成为唐代军礼内容之一。更重要的是，唐代的朔日伐鼓与大傩，不仅在都城及宫廷之内举行，而且将其礼仪制度下达州县，能让地方政府根据自身条件实施救日与驱傩之礼，这种礼仪制度上的创新体现了盛唐撰作《开元礼》的礼制思想与政治目的，即当面对普通百姓难以理解与应对的天象与疾疫之时，地方上通过举行与中央政府保持一致的礼仪活动，能够进一步加强中央与地方的精神联系，在全国同时举行的礼仪活动氛围中再次强调国家的统一与强盛。当国家衰弱以及政权更迭之际，中央王朝的朔日伐鼓与大傩礼仪会受到不同程度的削弱，但在地方上，却逐渐与当地社会风俗相结合，礼仪性有所减退，娱乐性却大大增强，更加符合普通民众的日常需求。

下 编

礼典内外
——唐代军礼杂论

本部分在上编研究工作的基础之上，重点展开对与唐代军礼相关的其他方面的内容论述，全面讨论唐代军礼的历史演变轨迹、礼典之外的军礼、唐代以兵入礼的社会现象、军礼与军法的辩证关系、军礼与军乐的辩证关系以及唐代军礼中的车服、官僚、实施范围、祭祀仪式等细节问题，深入研究唐代军礼的整体内容与具体细节，从另一个方面完整地展现唐代军礼的真实面貌。

第 一 章

先秦至两宋军礼内容的演变与发展

中国古代的军礼，萌芽于上古三代，初步成形于《周礼》，但秦汉以降，社会性质发生了重大变化，大一统的帝国逐渐形成，军礼也需要适时调整，故而其内容与作用尚未充分体现。魏晋南北朝时期，礼学大发展，军事活动频繁，军礼也再次出现在各个分裂国家的政治生活之中，二百多年的发展与积淀，最终促成了隋唐之际军礼的鼎盛。唐代开元盛世背景下撰作的《大唐开元礼》，其军礼内容之完整，礼仪程序之丰富，前无古人，后无来者，与军事强盛的大唐帝国相得益彰。但安史之乱以后，唐朝中央统治权威下降，地方势力逐渐抬头，造成了帝国的衰弱与毁灭。五代宋以后，社会生活发生了巨大变革，礼仪也逐渐世俗化，吉礼、嘉礼、凶礼等大行其道，填满了国家的礼仪典籍与政治生活，军礼则由于时代的变迁与国家的窘境而被逐渐边缘化，不断缩减其礼仪内容与形式规模，最终趋于消亡。明清以后，军礼内容又开始有所恢复，但仍然以《大唐开元礼》所载军礼内容为主，因其超出本书讨论范畴，暂且不论。

第一节 隋唐以前的军礼

虽然关于《周礼》的成书年代，学界仍存在争论，难定于一，如西周说、春秋说、战国说、周秦之际说、汉初说等诸多观点，但《周礼》中记载有相当成熟的五礼体系，这与秦汉时期的礼仪制度截然不同，但它却是魏晋以后逐渐成熟的五礼制度的渊薮，对后世礼仪制度的发展产生了举足轻重的影响。

《周礼》曰："以军礼同邦国。大师之礼，用众也；大均之礼，恤众也；大田之礼，简众也；大役之礼，任众也；大封之礼，合众也。"孙诒让认为"同"指的是威其不协僭差者；大师之礼，主要是用来表现军队的义勇；大均之礼，主要是为了恤民；大田之礼，是为了训练军队作战能力；大役之礼，考验民力的强弱；大封之礼，用来将民众合为一体①。总体来说，《周礼》中的军礼不仅只与军事礼仪有关，而且兼顾财政与民力，旨在通过军礼来构建民众力强、兵马富足、邻邦友好、尊卑有序的邦国命运共同体，但这一思想明显过于理想化，与春秋战国以战争兼并为主的残酷现实背道而驰。所以，这种理想化的军礼模式除了征伐礼仪之外，大部分都只存在于礼仪文本之上。任慧峰在《先秦军礼研究》中也主要对战争前、战争中、战争后的有关军礼进行了整体研究，并对先秦时期的射礼、釁礼、軷祭、傩礼进行了一些考辨。②

秦汉时期，国家虽然统一，但治国理念与指导思想仍处于不断地摸索阶段。秦尚法家，以严刑峻法治国，礼法繁苛，短短二世而亡，继之而起的汉代，吸取秦亡教训，初期选择黄老学说，无为而治。直至汉武帝时期，才开始独尊儒术，但方士及其学说对于武帝时代的礼仪创建影响颇大，到了汉宣帝时，依旧"霸王道杂之"，儒家礼制思想仍未占据主导地位。汉元帝即位以后，"柔而好儒"，支持儒学的发展，并推动了西汉末年儒生与方士之间关于礼学的争论，其中还夹杂着政治权力与利益的争夺。东汉时期，在治国礼仪中突出了名教、忠孝观念，强化了礼的伦理性，同时又夹杂了谶纬、阴阳五行学说，强化了礼的神秘性。东汉末年，在马融、卢植、郑玄等一大批经学家的注解之下，"三礼"（《周礼》《仪礼》《礼记》）之学得以奠

---

① 《周礼正义》卷三十四《春官·大宗伯》，第1357—1359页。
② 《先秦军礼研究》，商务印书馆2015年版。

定，并对后世的典章制度产生了深远的影响，而五礼制度正是以《周礼》为特征，并融合《仪礼》体系的礼制结构，也在此时得以孕育。

受《周礼》的影响，两汉时期也有一些军礼的实施情况，如西汉时期的立秋讲武练兵、射礼、拜将出征、合朔伐鼓，东汉时期的貙刘、射礼、合朔伐鼓与傩礼等，在史籍中有所记录，但这一时期的军礼除了《周礼》中记载的礼仪内容之外，其他军礼尚未形成必要的礼仪内容与程序，只是具备名称，临时撰作而已，也没有成为固定的礼仪制度。

魏晋南北朝是我国古代礼仪制度再次整理与编撰的重要时期，学者认为五礼制度出现于魏晋之际，发育于萧梁之前（北朝至北魏末），基本成熟于萧梁至隋①，但就五礼之一的军礼而言，其发展却有着不同于他礼的轨迹。

曹魏末年至西晋初年，荀𫖮第一次采用《周礼》五礼体系编撰《新礼》，共一百六十五篇，篇为一卷，共十五万余字。晋惠帝元康元年（291），挚虞认为《新礼》"卷多文繁"，又对其进行删改，然后颁行。西晋灭亡以后，东晋偏居江左，刁协、荀崧、蔡谟等辑佚旧文，在此基础上继续修改编撰。②南朝齐梁之际，开始修订五礼。梁武帝天监元年（502）下诏："礼坏乐缺，故国异家殊，实宜以时修定，以为永准。但顷之修撰，以情取人，不以学进；其掌知者，以贵总一，不以稽古，所以历年不就，有名无实。此既经国所先，外可议其人，人定，便即撰次。"开始改变以前由贵臣总管、只重人情的礼仪修撰原则，注重礼官的选拔及其礼学素养。于是设置五礼学士，以旧学士右军记室参军明山宾掌修吉礼，中军骑兵参军严植之掌修凶礼，中军田曹行参军兼太常丞贺蒨掌修宾礼，征虏记室参军陆琏掌修军礼，右军参军司马褧修掌嘉礼，由尚书左丞何佟之领衔参与，最终于天监十一年（512）修成五礼仪注，普通六年（525）颁行。其中，

---

① 《魏晋南北朝五礼制度研究》绪论部分，第14页。
② 《晋书》卷二十九《礼志》，第581—582页。

"《嘉礼仪注》以天监六年五月七日上尚书，合十有二秩，一百一十六卷，五百三十六条；《宾礼仪注》以天监六年五月二十日上尚书，合十有七秩，一百三十三卷，五百四十五条；《军礼仪注》以天监九年十月二十九日上尚书，合十有八秩，一百八十九卷，二百四十条；《吉礼仪注》以天监十一年十一月十日上尚书，合二十有六秩，二百二十四卷，一千五条；《凶礼仪注》以天监十一年十一月十七日上尚书，合四十有七秩，五百一十四卷，五千六百九十三条：大凡一百二十秩，一千一百七十六卷，八千一十九条"。此次修礼规模浩大，重视礼学，修成的仪注具有极高的学术价值，深刻地影响了后世的礼学发展，"莫不网罗经诰，玉振金声，义贯幽微，理入神契。前儒所不释，后学所未闻。凡诸奏决，皆载篇首，具列圣旨，为不刊之则。洪规盛范，冠绝百王；茂实英声，方垂千载。宁孝宣之能拟，岂孝章之足云"①。因此，继之而起的陈朝仍旧沿用了萧梁时期的礼仪制度。

其中，陆琏掌修的军礼一百八十九卷，二百四十条，但在《隋书·经籍志》之中，有陆琏修撰的《军仪注》一百九十卷，仅录二卷以及《陈军礼》六卷②，说明从南北朝到隋末战争期间，典籍亡佚现象非常严重。在《旧唐书·经籍志》中记载有陆琏修撰的《梁军礼》四卷③；在《新唐书·艺文志》中也只记载陆琏修撰的《梁军礼》四卷④；《册府元龟》之中记载"陆琏撰《军礼仪注》一百九十二卷，录二卷"⑤，这与陆琏修撰完成时的卷数并不吻合，而其卷数与《隋书·经籍志》基本一致，说明该条史料来源于《隋书》，可见，唐宋之际的文献保存状况相对完整。在陆琏修撰《军礼仪注》时，注意古礼的传承，尤其是天子亲征礼仪，他直接遵从了古礼，"古者天子征伐，则宜于社，造于祖，类于上帝。还亦以牲遍告"。结

---

① 《梁书》卷二十五《徐勉传》，第381—382页。
② 《隋书》卷三十三《经籍志》，第970页。
③ 《旧唐书》卷四十六《经籍志》，第2008页。
④ 《新唐书》卷五十八《艺文志》，第1488页。
⑤ 《册府元龟》卷五百六十四《掌礼部·仪注》，第6475页。

果受到了梁武帝的诘难，并且想要改以牲告为陈币承命，"宜者请征讨之宜，造者禀谋于庙，类者奉天时以明伐，并明不敢自专。陈币承命可也"①。结果陆琏无法应对，幸赖严植之为他辩护，才将告用牲币确定下来。由于文献失载，陆琏所撰作军礼仪注的具体内容尚不可知，但作为南朝官方修订的礼书之一，必然对于后世的军礼产生了深远的影响。

而北朝时期的礼制建设道路则更为漫长。天兴元年（398）七月，北魏道武帝拓跋珪从盛乐（今内蒙古呼和浩特市）迁都平城（今山西大同市），并称帝，才使得鲜卑一族实现了从部落向帝国的转变，此时的各项制度都有着浓厚的原始民族色彩，其后便四处征战，开疆拓土，实现了北方的统一。而直到太和十七年（493）孝文帝拓跋宏强行将都城迁到洛阳以后，北魏政权才随着孝文帝的改革而逐渐汉化，开始继承汉魏旧制，强调文化正统，典章制度焕然一新，"自永嘉扰攘，神州芜秽，礼坏乐崩，人神歼殄。太祖南定燕赵，日不暇给，仍世征伐，务恢疆宇。虽马上治之，未遑制作，至于经国轨仪，互举其大，但事多粗略，且兼阙遗。高祖稽古，率由旧则，斟酌前王，择其令典，朝章国范，焕乎复振"。但由于孝文帝英年早逝，继之而起的君主也失去了继续改革的魄力与决心，所谓"世宗优游在上，致意玄门，儒业文风，顾有未洽，坠礼沦声，因之而往。肃宗已降，魏道衰羸，太和之风，仍世凋落，以至于海内倾圮，纲纪泯然"②，导致北魏迅速衰败，在边镇军队的叛乱与内部政变的双重打击下，北魏分裂为东、西魏，后又各自独立为北齐、北周。

有学者研究认为，北魏孝文帝改革时期的礼制建设及其成效主要体现在三个方面，首先是政治上，北魏从经学和历史上找到了自身的立国依据，开始以正统王朝自居；然后就是实现了鲜卑拓跋一族从游牧文化向中原农耕文化礼制方面的转变；最后，儒生们在学术上解决

---

① 《隋书》卷八《礼仪志》，第159页。
② 《魏书》卷一百八《礼志》，第2733页。

了汉魏晋以来没有解决的一些经学难题①，这一些都是在汉化改革过程中，朝廷宣扬并借鉴吸收儒家先进文化，但仍是以汉魏时期的郊庙祭祀礼仪为主，军礼中只有讲武礼与傩礼有实施的痕迹，但也并未形成定制，偶有举行。

北周政权由于独特的地理位置以及纷繁复杂的官僚群体，在宇文泰复古改制的影响之下，其礼仪制度在远追《周礼》的同时，还参用汉晋的旧制以及北魏孝文帝改革后依据汉晋制度而制定的礼仪制度，并有所自创②，但有关北周时期的军礼内容，史料记载颇少。而北齐则主要受汉文化的影响，沿袭并发展了汉晋及北魏的礼仪制度，并且有所创新③，撰有北齐《仪注》，就军礼内容而言，北齐的军礼基本完整地保存于《隋书·礼仪志》之中，明显优于北周时期的军礼撰作。根据其记载可知，北齐军礼中的程序与细节得到了极大的突出，并直接影响了隋唐军礼的撰作，也为后世礼仪的形成与发展提供了模板。同时，北齐军礼的完备极有可能是借鉴吸收了南朝萧梁时期陆琏所撰的军礼仪注，由于当时南北文化交流频繁，除了礼仪之外，诗歌文学、佛教④等社会文化也对南北双方产生了深远的影响。如北齐后主武平三年（572）设置的文林馆中，就吸纳了不少主动北奔南朝人士，据黄寿成师考证得知，北齐文林馆55位官员之中，籍贯来自江左的有颜之推、刘仲威、诸葛汉、萧放、朱才、袁奭、睦道闲、萧悫、萧概、江旰等10人，或为南朝大族，或为萧梁皇室，占总人数的18%。⑤文林馆的主要职能是撰书著文、奉制应和与校正

---

① 高贤栋：《北魏孝文帝时期的礼制建设》，《烟台大学学报》（哲学社会科学版）2003年第4期。
② 黄寿成：《北周礼仪制度渊源考》，《三门峡职业技术学院学报》2008年第2期。
③ 黄寿成：《论北朝后期区域文化趋同及比较》，博士学位论文，陕西师范大学，2005年。关于北周、北齐的礼仪制度可参见氏著《嬗变、趋同及比较：北朝后期民族认同及区域文化研究》，中国社会科学出版社2019年版，第122—161页。
④ 金溪：《北朝文化对南朝文化的接纳与反馈》，博士学位论文，北京大学，2012年。
⑤ 黄寿成：《北齐文林馆考》，《暨南史学》2012年第7辑，亦见氏著《嬗变、趋同及比较：北朝后期民族认同及区域文化研究》，第40—51页。

典籍①，此外还会参与到国家礼制、历法的编修工作之中，如崔儦曾在武平年间"参定五礼，待诏文林馆"②。

梁满仓先生对于魏晋南北朝时期形成并实践的军礼内容有综合的考证研究，认为其军礼主要有军礼鼓吹、讲武练兵、誓师、军法与军礼③等内容，而且认为随着这一时期三礼之学的极度流行，统治者们都认识到了以礼治国的重要性，社会上的礼学教育与礼学思想学派的交流与碰撞也非常活跃，对于魏晋南北朝五礼制度的形成以及后世的礼学发展产生了深远的影响。但是，在史料中，仍有关于军礼中田狩礼、射礼、合朔伐鼓、傩礼等内容的讨论与实施的迹象及零星记载，只是资料相当缺乏，而且分散，深入研究相对困难。因此，虽然这一时期的郊庙祭祀等吉凶礼仪已经趋于成熟，但对于五礼之一的军礼而言，在魏晋南北朝时期仍处于初始阶段，萧梁陆琏的创作以及北齐军礼内容与细节的完善，尚存在进一步的提升与发展空间。

第二节 隋唐之际的军礼巅峰

虽然南北朝时期的军礼有着各自的发展道路，而且互为影响，但终究殊途同归，随着隋朝的南北统一，礼仪制度也必然合二为一。隋文帝杨坚"命牛弘、辛彦之等采梁及北齐《仪注》，以为五礼"④，此礼即为一百卷的《开皇礼》，大部分内容保存于《隋书·礼仪志》之中。仁寿二年（602），隋文帝再次诏令尚书左仆射、越国公杨素，尚书右仆射、邳国公苏威，吏部尚书、奇章公牛弘，内史侍郎薛道衡，秘书丞许善心，内史舍人虞世基，著作郎王劭等修订五礼⑤，是为一百三十卷之《仁寿礼》。而隋炀帝曾

---

① 宋泽立：《北齐文林馆文人群体研究》，硕士学位论文，上海师范大学，2014年。
② 《北齐书》卷二十三《崔儦传》，第337页。
③ 梁满仓：《魏晋南北朝五礼制度考论》，第385—491页。
④ 《隋书》卷六《礼仪志》，第107页。
⑤ 《隋书》卷二《高祖本纪》，第48页。

在镇守扬州期间修撰了一部《江都集礼》,"凡十二帙,一百二十卷,取方月数,用比星周,军国之义存焉,人伦之纪备矣"①,虽然该书已经亡佚,但其对于隋炀帝时期的礼学撰作产生了直接影响,南北礼学的交流与融合也更加广泛②,为唐朝礼学的进一步发展与鼎盛奠定了基础。

唐代的礼学撰作开始于唐太宗贞观年间。唐太宗时,令房玄龄、魏徵等创作新礼,贞观七年(633),一百卷《贞观礼》完成,新礼采用五礼体系,吉、宾、军、嘉、凶五礼依次展开,其中《军礼》二十篇,除了延续前代礼仪制度之外,太宗还增加了"天子大射、合朔陈五兵于太社、农隙讲武"等军礼内容③,为后来的礼书修撰制定了模板。高宗朝,由于朝臣以为《贞观礼》节文未尽,又下诏修撰《显庆礼》一百三十卷,但《显庆礼》在行用后却不如《贞观礼》,故而后来二礼并行不废,每有大事便召集礼官临时撰定④。唐玄宗开元二十年(732),颁行所修《大唐开元礼》一百五十卷,该礼折中《贞观》《显庆》二礼,兼容南北,有学者称赞其为"我国礼制史上一部总结性法典,反映了盛唐社会生活的繁荣气象"⑤。以军礼而言,由于《贞观》《显庆》均已亡佚,只能通过《开元礼》来进行认识与深度研究,同时,唐代正史及其他典章制度类书籍也对唐代的军礼有所著录,但基本内容仍未摆脱《开元礼》的范畴,只是详略稍有不同,现将其整理归纳如下。

---

① 《隋书》卷七十六《潘徽传》,第1746页。
② 白石将人:《〈江都集礼〉与隋代的制礼》,《中国古代法律文献研究》2020年第13辑。
③ 《旧唐书》卷二十一《礼仪志》,第816—817页。
④ 《旧唐书》卷二十一《礼仪志》,第818页。
⑤ 赵澜:《〈大唐开元礼〉初探——论唐代礼制的演化历程》,《复旦学报》1994年第5期。

表 11　　唐代诸史籍所载军礼内容对照表

《大唐开元礼》所载军礼	《唐六典》所载军礼	《通典》所载军礼	《新唐书》所载军礼
皇帝亲征类于上帝、皇帝亲征宜于太社、皇帝亲征造于太庙、皇帝亲征祃于所征之地、亲征及巡狩郊祀有司载于国门、亲征及巡狩告所过山川、平荡贼寇宣露布、遣使劳军将、皇帝讲武、皇帝田狩、皇帝射于射宫、皇帝观射于射宫、制遣大将出征有司宜于太社、制遣大将出征有司告于太庙、制遣大将出征有司告于齐太公庙、祃马祖、享先牧、祭马社、祭马步、合朔伐鼓、合朔诸州伐鼓、大傩、诸州县傩	三曰军礼，其仪二十有三：一曰亲征类于上帝，二曰宜于太社，三曰造于太庙，四曰祃于所征之地，五曰载于国门，六曰告所过山川，七曰露布，八曰劳军将，九曰讲武，十曰田狩，十一曰射于射宫，十二曰观射于射宫，十三曰遣将出征宜于太社，十四曰遣将告于太庙，十五曰遣将告于太公庙，十六曰祃马祖，十七曰享先牧，十八曰祭马社，十九曰祭马步，二十曰合朔伐鼓，二十一曰合朔诸州伐鼓，二十二曰大傩，二十三曰诸州、县傩	四曰军礼，其仪二十有三。一、亲征类于上帝。二、宜于太社。三、告于太庙。四、祃于所征之地。五、载于国门。六、告所过山川。七、宣露布。八、劳军将。九、讲武。十、田狩。十一、射宫。十二、观射。十三、遣将出征宜于太社。十四、遣将告太庙。十五、遣将告齐太公庙。十六、祃马祖。十七、享先牧。十八、祭马社。十九、祭马步。二十、合朔伐鼓。二十一、合朔诸州伐鼓。二十二、大傩。二十三、诸州县傩	皇帝亲征类于昊天上帝、宜于社、造于庙、祃于所征之地、载于国门、告所过山川、贼平而宣露布、讲武、皇帝狩田、射、合朔伐鼓、大傩

通过表 11 可以发现，唐代官私礼仪典籍中所记载的军礼有皇帝亲征、宣露布、劳军将、讲武、田狩、射、遣将出征、马祭、合朔伐鼓、傩等十项礼仪，每一项礼仪中又会细化为各条，故而表格中有二十三条军礼。这些军礼既有上承《周礼》延续而来，又有近取北齐、隋代军礼，内容完整，礼仪程序详细，较之魏晋南北朝的军礼内容，可谓天壤之别。虽然一百五十卷《大唐开元礼》中，除去

序例三卷，军礼有十卷，约占全书的 6.8%，相对其他四礼来说内容略少，其余大半都为吉凶礼仪。如吉礼，就有七十五卷，约占全书的 51%。

唐代军礼发展的鼎盛不仅体现在众多礼书的文字记载上，更重要的是，这些军事礼仪是唐代日常政治活动中不可缺少的一部分。唐代的君主们会根据礼仪典籍的规定，选取特定的时间来具体实施某一项军礼，这些军礼实施的情况被完整地记载于唐代各种史料之上，而且，随着时代的发展与社会思想文化的转变，军礼也会相应做出改变与调整，如果某项军礼失去了实施的条件与土壤，它就自然会退出历史舞台，再次回归礼书记载当中。这些军礼内容大多伴随着唐帝国的强盛而活跃，又会在唐朝衰落之后而回归平静，故而，唐代的军礼实施多发生在安史之乱以前，在《开元礼》修撰完成前后达到鼎盛。安史之乱以后，唐朝中央统治权威下降，君主们的统治地位与重心也在不断地发生着变化，难以延续唐前期君主们的威武风采，再加上国家财力的缩减与地方军事力量的抬头，很多军礼不得不在极其有限的范围内实施，如在神策军营里进行讲武、在禁苑内进行田狩，也有一些唐前期举国上下都要实施的军礼如合朔伐鼓、傩等，在唐后期逐渐演变为社会日常习俗，本身的政治性与礼仪性都随着社会的发展变迁而消失。

《开元礼》是盛世的产物与标榜，盛世一旦衰弱，《开元礼》的内容与影响也就随之削弱，后世修礼者虽然也赞叹《开元礼》的完备，但只能对其进行改变，以便实际需要。贞元十七年（801），太常卿韦渠牟进呈《贞元新集开元后礼》二十卷，出现了对于《开元礼》的改制趋势。贞元十九年，杜佑上《通典》二百卷，其中《礼典》就达一百卷，在追述历代礼仪沿革的同时，还记载了《开元礼》的礼仪内容。唐宪宗励精图治，促进元和中兴之局，礼仪也为之一新，元和十一年（816），秘书郎韦公肃撰《礼阁新仪》三十卷，以"录开元以后礼文损益"，其实质是将开元礼以后涉及礼文变革损益的诏文敕令加以整理编辑。元和十三年，王彦威编《曲台新礼》三十卷,是"集开元二十一年以后至元和十三年五礼裁制敕格而成"①,后又采"元和以来王公士民昏祭丧葬之礼"为《续曲台礼》三十卷②,则是根据时代的发展所作的礼书汇编,这种变通的做法也被五代、宋所沿袭。

第三节 隋唐之后的军礼

宋代重文,故其文学发展在整个中国古代历史中首屈一指,但其轻武,再加上对外作战的屡屡失利,只能偏安一隅的宋朝自然无法重现唐帝国的军事辉煌,军礼也就只能勉强得以延续,并在宋代礼仪制度的建设过程中不断削减。

宋太祖开宝六年(973),撰成《开宝通礼》,如此迅速地完成礼典的编修,主要是为了满足宋代立国正统性和合法性的现实需要,其内容与体例则简单直接地延续唐《开元礼》与五代后周尚未完成的《大周通礼》③,只是其书早已亡佚,无法进行深入研究。之后便是《太常因革礼》,它主要记载了北宋前四朝礼制沿革的基本情况,共一百卷,由欧阳修及其门人苏洵、姚辟负责,编修工作自宋仁宗嘉祐六年(1061)开始,耗时五年,最终于宋英宗治平二年(1065)撰成。该礼书的修撰标志着中唐以来礼书修撰传统的终结,而且该书的编修以及礼学思想,完全是宋代皇权主动选择的结果。④《太常因革礼》的军礼内容为卷六十一至六十三,主要有皇帝亲征祭告、凯旋祭告、献俘馘御楼宣露布、皇帝讲武、皇帝射于射宫、诸马祭等六项。⑤ 相较于唐《开元礼》而言,军礼内容已经明显减少,但其礼仪基本仍在唐代军礼的范畴。《政和五礼新仪》在系统梳理前代礼仪的基础上,

---

① 《唐会要》卷三十七《五礼篇目》,第783页。
② 《新唐书》卷十一《礼乐志》,第309页。
③ 张文昌:《〈大周通礼〉与〈开宝通礼〉内容与体例试探——以"通礼"为切入点》,《早期中国史研究》2010年第2期。
④ 尹承:《〈太常因革礼〉研究》,博士学位论文,山东大学,2015年。
⑤ (宋)欧阳修等:《太常因革礼》,清光绪广雅书局校勘本,卷51—67缺。

重在建立新的国家礼仪秩序，由郑居中领衔编撰，共二百二十卷，起自宋徽宗崇宁二年（1103），至政和三年（1113）定名颁行，宣示着宋代对唐五代礼仪的批判与继承告一段落，也昭示着宋代国家礼仪真正走向了成熟。① 军礼在其书的卷一百五十七至一百六十四之中，主要有皇帝御楼受蕃王降仪、命将出征仪、皇帝田猎仪、册命诸王大臣仪、紫宸殿贺胜捷仪、大傩仪、诸州岁贡仪、合朔伐鼓仪等八项②，虽然较之《太常因革礼》稍有增加，但增加的册命诸王大臣仪、诸州岁贡仪，明显已经背离了军礼的初衷，与军事活动关系不大，而更加符合宋代社会的实际政治需要。南宋时期的《中兴礼书》，由南宋礼部太常寺主簿叶宗鲁纂修，共三百卷，成书于宋孝宗淳熙十一年（1184），本已亡佚，由清代的徐松从《永乐大典》中辑录出来的，主要记载了南宋建炎初至淳熙十一年（1184）间的五礼制度及其诏令。其中，卷二百三十至卷二百三十五为军礼，主要内容有巡幸视师、祃祭、玉津园宴射等三项③，这一时期的军礼内容严重缩减，具体礼仪的程序与规格也不能与前朝军礼同日而语，本来极具军事武力色彩的大射礼仪，随着唐宋社会的变迁，发展成为消遣娱乐的宴射礼仪，发生了翻天覆地的变化。而成书于宋宁宗嘉泰二年（1202）的《中兴礼书续编》，则直接省略了军礼，可见军礼在其社会生活中被彻底边缘化，毫无用处可言，这也从侧面反映了当时南宋的实际状态和现实政治需求。

小　结

从先秦《周礼》到南宋《中兴礼书》，军礼的内容既有传承，又有创新改革，为了更加清楚直观地窥探其发展轨迹，笔者将其归纳整理成如下表格，表格的内容主要根据各个时期的礼仪典籍进行归纳总

---

① 吴羽：《〈政和五礼新仪〉编撰考论》，《学术研究》2013年第6期。
② （宋）郑居中等：《政和五礼新仪》，文渊阁四库全书第647册，第698—723页。
③ （宋）礼部太常寺纂修，（清）徐松辑：《中兴礼书》，国家图书馆藏清蒋氏宝彝堂钞本，第99—111页。

结，周以《周礼》，汉以《汉书·礼仪志》《后汉书·礼仪志》，魏晋南北朝时期以正史礼志和《隋书·礼仪志》，隋以《隋书·礼仪志》，唐以《大唐开元礼》，宋以《太常因革礼》《政和五礼新仪》《中兴礼书》为根据，同时，还参考了《通典》的相关内容，以求对中古军礼的发展脉络有一个更加直观的认识与理解。

从表12（先秦至两宋军礼的继承与发展简表）可以直观地看出，《周礼》是中国古代大多数军礼内容的直接来源，可见其内容具有超越时代的先进性与长久旺盛的生命力。经过魏晋南北朝的发展与积淀，军礼在隋唐时期迎来了巅峰，礼仪内容最为丰富，实施也最为频繁，并以完整的礼仪制度写入《大唐开元礼》之中，流传后世。

需要注意的是，表12只是简单地以《大唐开元礼》所记载的军礼内容为标准，将其自周至北宋时期各个朝代相关内容的继承与创新进行总结，并不代表每个朝代的军礼礼仪都是完全一致的，事实上，有些礼仪只是在名称上相同，而具体的礼仪则随着时代的变化而变化，如在刘宋时期，射礼尚未被列入军礼范畴，而到了北宋末年修撰的礼典《政和五礼新仪》中，射礼又被排挤出军礼，具有了吉礼、嘉礼的双重属性，这与五礼制度的发展有关，同时也受官僚制度、礼仪制度与思想和社会风气的影响较大，如天子亲征、讲武、田狩、射、合朔伐鼓、傩；有些礼仪则自《周礼》以来一脉相承，如马神的祭祀，这种继承关系与区别详见具体军礼的考证过程。而且，具体军礼的程序与细节基本是从北齐时期开始的，然后隋代有所发展，最后集大成于唐《开元礼》之中，然后又随着时代的变革而逐渐缩减，直至消失。虽然每一个时期对于军礼的定义与范围不同，但通过上表可以清晰地看出，《开元礼》的军礼内容基本囊括了所有军礼，而且礼仪程序也最为完备，可见《开元礼》在中古时期的礼书当中具有极强的代表性与特殊地位。但《开元礼》仍有其局限性，并未能完整地记载唐代的所有军礼内容，正如金子修一在研究唐代的郊庙祭祀礼仪时认为："开元礼并不能代表或解释整个唐代所实行的礼制。"①

军礼内容在多与少之间的数量变化，与国家的军事力量、礼仪思想及社会风气息息相关，同时也是一个王朝盛衰的直接反映，强大的帝国需要坚实的武装力量来维持，更需要社会对于武力的尊重与接纳，并通过军礼的实施来提供精神方面的支持。而宋后期军礼的缺失与衰退，势必会迎来新的危机与补充，郊庙祭祀礼仪的兴起就是典型例证。② 一个耻于言兵、重文轻武、处处提防武将的时代必然会被更加强大的军事集团暴力摧毁，这是历史的循环与早已注定的结局。

表12　　　　　　　　先秦至两宋军礼的继承与发展简表

军礼 \ 朝代		天子亲征	大将出征	宣露布	劳军将	讲武	田狩	射	合朔伐鼓	傩	马祭
周		√				√	√	√	√	√	√
汉	西汉		√			√		√	√		
	东汉					√					
魏晋南北朝	曹魏		√			√			√		
	西晋					√					
	东晋					√		√			
	刘宋					√					
	萧齐					√		√			
	萧梁	√				√					
	陈					√	√				
	北魏					√	√			√	
	北周	√	√				√				
	北齐	√				√	√				
隋		√		√		√	√			√	√

---

① 《中国古代皇帝祭祀研究》，第261页。
② 《唐代军事财政与礼制》，第292页。

第一章　先秦至两宋军礼内容的演变与发展　/　207

续表

军礼＼朝代	天子亲征	大将出征	宣露布	劳军将	讲武	田狩	射	合朔伐鼓	傩	马祭
唐	√	√	√	√	√	√	√	√	√	√
宋英宗治平二年（1065）	√		√		√		√			√
宋徽宗政和三年（1113）		√	√			√		√	√	
宋孝宗淳熙十一年（1184）		√					√			

第二章

礼典之外：唐代誓师、献俘、饮至、鼓吹礼研究

虽然《大唐开元礼》中记载了诸多唐代军礼，内容丰富而且仪式完备，但实际上，仍有一些军礼没有被载入礼典之中。《大唐开元礼》撰作颁行于开元二十年（732），能最大限度地代表唐前期的礼仪制度，至于唐中晚期的礼仪，自然无法统筹。而且其在撰作的过程中，必然有所取舍，这就使得一些礼仪内容虽然屡见于唐代史籍，但未被载入礼典之中，军礼也是如此。经过笔者的网罗搜集，除了《大唐开元礼》所收录的军礼内容之外，尚有誓师、献俘、饮至、鼓吹等与军事活动密切相关的礼仪内容，值得进一步地深入研究，至于这些军礼缘何未能被载入礼典，则需要在充分了解其内容与实际施行情况之后，再做讨论。

第一节 唐代誓师、献俘礼考论

一 誓师礼

军礼之中的誓师礼，由来已久，指的是军队作战开始前所进行的宣誓活动，早在《周礼》中就有记载："一曰誓，用之于军旅。"① 到了魏晋南北朝时期，誓师礼仪更加广泛地应用于各种规模、各种类型的战争之中，具有极大的实用功能和精神特质，在军事上主要有声讨

---

① 《周礼注疏》卷三十五《秋官·士师》，北京大学出版社1999年版，第920页。

敌人、激励自己、约束将士等作用。① 到了唐代，誓师礼的实际内容与作用也相差无几，但实际运用情况史料记载较少，如贞观十九年（645）夏四月，太宗率兵亲征高丽，誓师于幽州城南，"大飨六军以遣之"②；安史之乱期间，叛军南下，意图进攻江淮，张巡、姚誾、南霁云、许远等死守江淮屏障睢阳，直至至德二载（757）十月，弹尽粮绝，城破身死，张巡在与叛军作战的过程中，十分英勇，"神气慷慨，每与贼战，大呼誓师，眦裂血流，齿牙皆碎"③；唐德宗建中初年，京西军队派往前线防备李正己与田悦的叛军，在军队出发的时候，德宗亲自御望春楼誓师；兴元元年（784）五月，李晟集大军收复长安，"号令誓师毕"，集结军队于光泰门外。④

由于誓师礼并未载于唐代礼典，所以只能通过史籍中保留的唐太宗和唐德宗时期誓师的诏书来更进一步地了解唐代誓师礼的相关细节。唐太宗亲征高丽时的誓师诏书名为《征高丽誓师文》：

> 古先帝王，爰有征伐。尧战丹浦，舜伐有苗，文王戡黎，成汤征葛。此四君者，岂乐栉沐风雨，劳师疲众？以为不诛凶残化不洽，不翦暴乱人不安。高丽莫离支，虐杀其主，尽戮大臣。自余黎庶，怨入骨髓。此等皆力不能制，拥在寇城，想望朕师，若思膏雨，高丽灭亡征兆，人谁不见？时不可失，天不可违。朕岂厌重帷而安暴露，薄华殿而乐风尘。且以弱年行师，颇识权变。今者士卒咸集，戈甲如山，冲輣云梯，指影可捷。夫农夫勤春，乃始有秋，士卒先力，然后受赏。若能齐力一心，屠城陷敌，高官厚秩，朕不食言。若敢逋逃，违弃营伍，厥身从戮，罪及妻孥，此皆邦国之典刑，古今之常事。记朕誓言，诚宜自勉。⑤

---

① 梁满仓：《魏晋南北朝五礼制度考论》，第446—470页。
② 《旧唐书》卷三《太宗本纪》，第57页。
③ 《旧唐书》卷一百八十七下《忠义附张巡传》，第4901页。
④ 《旧唐书》卷一百三十三《李晟传》，第3668页。
⑤ 《全唐文》卷十《征高丽誓师文》，第124页。

这篇誓师的文章由太宗亲自当众宣读，首先表达了唐征高丽这场战争的正义性，使得唐朝军队立于道德制高点，其次指出唐军能够轻松地取得战争胜利，最后立誓在战争胜利后，有功者受赏，但有罪者同样要受到刑罚惩处。在声讨高丽的同时，鼓舞激励唐军，以求战争早日顺利。

唐德宗建中二年（781），亲自御望春楼誓师宣诏：

> 呜呼！东鄙之警，事非获已，唯尔将校群士，各以忠节，勤于王家。南赴蜀门，西定泾垒，甲胄不解，疮痍未平，今载用尔分镇于周郑之郊，敬德明命。夫王者之师，有征无战，稽诸理道，用正邦国。宜励乃戈甲，保固城池，以德和人，以义制事。将备其侵轶，不用越境攻取，戢而后动，可谓正矣。今外夷来庭，方春生植，品物资始，农桑是时。俾尔将士，暴露中野，我心痛悼，郁如焚灼。嗟尔有众，其悉予怀。①

这篇誓师诏文则主要表达了此次军队出征的背景以及德宗对于他们的期望与嘱托，并且体现了皇帝个人对于将士们的勉励与体贴，由于这次唐军的主要任务是驻守而不是进攻，所以誓师时更多提到的是军队行进过程中的注意事项，并没有过分强调进攻以及战争结果。

通过这两篇誓师诏书以及前述誓师情况，可知唐代誓师的用途、目的与魏晋南北朝时期的誓师基本一致，主要还是在于声讨敌军、激励自己，并通过赏罚来约束士兵，以达到此次军队出征的最终目的。在《神机制敌太白阴经》卷三十三之中有一篇《誓众文》，从其内容来看，应该是军队誓师时的常用模板："某将军某乙告尔六军将吏士伍等：圣人弦木为弧，剡木为矢，弧矢之利，以威不庭，兼弱攻昧，取乱侮亡。今戎夷不庭，式干王命，皇帝授我斧钺，肃将天威，有进死之荣，无退生之辱。用命，赏于祖；不用命，戮于社。军无二令，

---

① 《全唐文》卷五十三《御望春楼誓师诏》，第 577 页。

将无二言。勉尔乃诚，以从王事，无干典刑。"① 主要还是在誓师时强调己方出征的正义性，并且严明军纪，赏罚分明，激励士卒用心王事。

可见，唐代的誓师礼主要是在战争即将开始之前进行的宣读军令活动，通过这种仪式，来严明军纪，激励士卒，具有临时性与实用性的特点，但礼仪色彩比较淡薄，而且无法将其整合成一项具有代表性、能够普遍实施的礼仪程序。所以，誓师礼更加适合与其他军礼内容融合进行，而且重在宣读军法，申明军令，以保障礼仪与战争活动的顺利进行。

二 献俘礼

献俘礼，指的是战争胜利以后向中央政府进献俘虏、宣扬胜利果实的一种礼仪。唐代的献俘礼虽然同样没有载入礼典，但仍有一些条文夹杂于《开元礼》之中，如在卷八十三皇帝亲征告于太庙礼仪中，有凯旋献俘环节，"凯旋告日，陈俘馘于南门之外，北面西上，军实陈于后，其告奠之礼皆与告礼同"②；卷八十七制遣大将有司宜于太社礼中有"若凯旋，唯陈俘馘及军实于北门之外，南面东上，其告礼如上仪"③；卷八十八制遣大将有司告于太庙中有"若凯旋，惟陈俘馘及军实于南门之外，北面西上。其告礼如常仪"④。可见，唐代的献俘礼仪往往与告庙、宜社礼仪联系在了一起，这与献俘的地点密切相关，也因此引起了研究者的普遍关注。王博认为献俘礼的地点可以大致分为在太庙、太社、陵墓、太清宫所实施的象征性的告礼和针对皇帝本人的实用性的献俘礼两大类。⑤ 而且，随着唐代社会礼仪制度的发展，献俘礼的举行地点也在发生着变化，到了唐中晚期，已经开始在门楼献俘，如唐武宗会昌四年（844）八月，唐朝平定昭义镇节

---

① 《神机制敌太白阴经》卷三，第67页。
② 《大唐开元礼》卷八十三，第402页。
③ 《大唐开元礼》卷八十七，第417页。
④ 《大唐开元礼》卷八十八，第419页。
⑤ 王博：《唐代献俘礼的基本构造与皇帝权力》，《陕西历史博物馆馆刊》2014年第1期。

度使刘稹之乱,传首京师,"露布献于京师,上御安福门受俘,百僚楼前称贺"①。这一时期的献俘礼与宣露布礼已经发生了结合,直至五代、宋,二者已经彻底融合在一起,构成一项完整的献俘宣露布礼仪,举行的地点也固定在门楼,如《太常因革礼》中称"献俘馘御楼宣露布",《政和五礼新仪》中也称"御楼献俘宣露布"。有学者认为这种变化揭示了现世皇权不断加强的需要②,但这只是其中一个方面,更为重要的是,礼仪的世俗化也发生在这一时期,唐代献俘礼从庙堂走向门楼也是这一趋势的体现。

在现存唐代判文中,也有与献俘礼相关的,虽然作者不详,但判文中对于献俘的细节与原则进行了一些揭露。《对旋凯献俘判》的主要内容是对于凯旋献俘中二毛问题,所谓"君子不重伤,不擒二毛",即指的是在战争中不擒获老年人,但该判文中认为将士们跋山涉水,身临险境,付出了很多代价才取得胜利,最终班师回朝,凯旋献俘,对于俘虏中的老年人,不能放归,"征古可纵,在今莫舍,既负投石之力,允当操袂之来"③;《对献捷称其伐判》主要谴责了那些贪图军功,肆意征伐,想要借此参加献捷受俘礼仪的地方军使,判文中称:"速戾于争功,实乃包羞于阅礼,不可在位,何以佐军?"④也有对于释放俘虏的判文,如《对还生口判》中提到了甲为平卢小将军,尽数释放了军中擒获的俘虏,节度使想要加罪于甲,判者认为这种情况于古有征,属于以德服人,不仅不应该判罪,而且要进行奖赏。判文称:"类孔明之用师,威怀蛮长;同叔子之居镇,德服吴人。""此宜论赏,翻欲加刑。"⑤这些判文主要揭示了唐代对于俘虏的一些看法,虽然战争无法避免,但在有限的范围内,尽可能以德服人,不要为了贪图军功而主动挑起战争,对俘虏也要辩证地进行对待。

综上可以看出,唐代的献俘礼虽然没有礼典中所记载的独立礼仪

---

① 《旧唐书》卷十八《武宗本纪》,第601页。
② 毕祥来:《唐代献俘礼研究》,硕士学位论文,辽宁大学,2016年。
③ 《全唐文》卷九百七十八《对旋凯献俘判》,第10127页。
④ 《全唐文》卷九百七十八《对旋凯献俘判》,第10127页。
⑤ 《全唐文》卷九百七十八《对还生口判》,第10127页。

程序与内容，但其礼仪早已与皇帝亲征告于太庙、制遣大将有司宜社、告庙等礼仪结合在一起，在战争结束之后，向祖先社稷禀告胜利果实。而且，随着唐代军礼礼仪的发展，献俘礼与宣露布礼也逐渐融合，共同宣告了战争凯旋的喜悦消息，并向社会大众展现了大获全胜的欢庆场面，这种礼仪结合的现象，被五代、宋继续沿袭，并合为一体，作为重要的军礼内容之一继续实施。

第二节　唐代饮至、鼓吹礼再考

一　饮至礼

饮至礼，指的是军队凯旋以后进行的庆贺礼仪，多在太庙举行，"古者，军凯还则饮至于庙"①。武德四年（621），太宗平定王世充，凯旋京师长安，太宗"亲披黄金甲，陈铁马一万骑，甲士三万人，前后部鼓吹，俘二伪主及隋氏器物辇辂献于太庙"，高祖非常高兴，"行饮至礼以享焉"②；贞观十四年（640），侯君集平定高昌，"勒石纪功，凯而旋，俘智盛君臣献观德殿"，太宗为其"行饮至礼，酺三日"③；开元二十三年（735），张守珪讨平契丹叛乱，并因此前往东都洛阳献捷，玄宗见到他后，立即"酺燕为守珪饮至"④，恩宠有加；代宗时期，以皇太子雍王李适（唐德宗）为天下兵马元帅，与郭子仪等共同扫平安史余孽，军功甚伟，代宗因此而为他"饮至策勋，再有斯授"⑤。虽然饮至礼在唐代仍为军礼，但实际上已经很少实施，并且其礼仪性质也有所改变，已有学者认为唐代的饮至已经成为御赐庆功宴的代名词，是一种仪式饮食，娱乐色彩相当浓厚。⑥

唐人文集中留有《饮至赋》诸篇，均以"破敌有功"为韵。唐

---

① 《新唐书》卷二百一十五下《突厥传》，第6063页。
② 《旧唐书》卷二《太宗本纪》，第28页。
③ 《新唐书》卷二百二十一上《西域传》，第6223页。
④ 《新唐书》卷一百三十三《张守珪传》，第4549页。
⑤ 《旧唐书》卷一百二十《郭子仪传》，第3460页。
⑥ 李蓉：《唐代饮至宴考述》，《北京舞蹈学院学报》2016年第6期。

代宗大历年间曾考中进士的李子卿有《饮至赋》一篇，文中提到了战争胜利以及凯旋后实施饮至礼的盛大场面，"凿门而上将初出，屈指而西戎已破。既执讯而获俘，遂策勋而类禡……振旅而还，军容毕觌……醉百壶而军声恺康，献万寿而喜气绵幂。茂勋彰于宇县，盛礼陈于宗祏"①；唐德宗朝宰相崔损，大历末年中博学宏词科，授官秘书省校书郎，曾作《饮至赋》，赞颂了唐朝的饮至礼与武功，"每怀远以赏功，因劳军而献寿，坐朝饮至，同鲁史之策勋；在泮献馘，耻汉家之斩首，远方安而犹慎，多垒静而不有"，并且通过饮至礼，能够激励将士，勇于作战，最终达到和平盛世，"勇爵劝能，懦夫增气于无敌；拔卒为将，武臣誓心于有功。然后寰海远辟，天下大同，教化无外，昭明有融。睹班师之盛礼，莫不励志而饬躬"②。这些文章中对于饮至礼的描述，更多的是表达了对于唐前期武功全盛时代的追慕与赞扬，并借此希望唐朝在经历安史之乱的挫折以后，能够继续振作，弘扬武备，以再次实现文治武功的盛世局面。但根据实际情况来看，受诸多历史条件的限制，这种愿望已经无法实现，只能停留于文本之上，而且，唐中晚期文人心目中的饮至礼已经与宴会密不可分，可见唐代的饮至礼已经趋于没落，逐渐消失于史籍之中，后世也基本不见提及。

而且，唐代皇帝参加饮至礼时，对于其出行车服也有礼仪上的要求。皇帝出行时要乘金辂，"赤质，金饰末"③，行饮至礼时要着衮冕，"广一尺二寸，长二尺四寸，金饰玉簪导，垂白珠十二旒，朱丝组带为缨，色如绶。深青衣纁裳，十二章：日、月、星辰、山、龙、华虫、火、宗彝八章在衣；藻、粉米、黼、黻四章在裳。衣画，裳绣，以象天地之色也。自山、龙以下，每章一行为等，每行十二。衣、褾、领，画以升龙，白纱中单，黻领、青褾、襈、裾，绂绣龙、山、火三章，舄加金饰"④。这些记载显示了唐代对于饮至礼最后的

---

① 《全唐文》卷四百五十四《饮至赋》，第4639页。
② 《全唐文》卷四百七十六《饮至赋》，第4861页。
③ 《旧唐书》卷四十五《舆服志》，第1932页。
④ 《旧唐书》卷四十五《舆服志》，第1936页。

重视与关注，但由于饮至礼自身实施的情况相当少，所以这些礼仪车服的记载是否得到贯彻，仍是一个值得怀疑的问题。

二 鼓吹礼

鼓吹，本是一种音乐演奏形式，但在魏晋南北朝时期，随着五礼制度化的同时，一部分鼓吹开始与军事活动密切相关，逐渐成为军礼内容之一，为了与其他鼓吹进行区别，梁满仓将这一部分鼓吹称为"军礼鼓吹"。魏晋南北朝的军礼鼓吹可以在生前授予身负重任、功勋卓著的将领，也可以在武臣死后赐予鼓吹，但都与军事活动、将领有关，主要目的是抵消社会上轻视武人武事的风气，提高武人的地位，同时调动将领积极性，提高士气，增强国家军事作战能力[①]，这一制度也被后世沿用。隋代的军礼鼓吹多以死后赠送的方式为主，以表彰死者生前的军功，如李穆，死后"赠使持节、冀定赵相瀛毛魏卫洛怀十州诸军事、冀州刺史。谥曰明。赐以石椁、前后部羽葆鼓吹、辒辌车"[②]；李德林，死后"赠大将军、廉州刺史，谥曰文。及将葬，敕令羽林百人，并鼓吹一部"[③]；杨素死后"给辒车，班剑四十人，前后部羽葆鼓吹"[④]；宇文述死后"赠司徒、尚书令、十郡太守，班剑四十人，辒辌车，前后部鼓吹"[⑤]。也有生前授予鼓吹的，如谯国夫人，忠贞为国，率领百越酋长平定了广州刺史欧阳纥的谋反，隋朝中央为了表彰其功，"给鼓吹一部，并麾幢旌节，其卤簿一如刺史之仪"[⑥]。

到了唐代，军礼鼓吹也以赠予死者为主，多与其生前参与军事活动有关。高祖第三女平阳公主，平定长安有功，"独有军功，每赏赐异于他主"，武德六年（623），平阳公主薨，高祖为其加"前后部羽

---

① 梁满仓：《魏晋南北朝五礼制度考论》，第385—415页。
② 《隋书》卷三十七《李穆传》，第1118—1119页。
③ 《隋书》卷四十二《李德林传》，第1208页。
④ 《隋书》卷四十八《杨素传》，第1292页。
⑤ 《隋书》卷六十一《宇文述传》，第1467页。
⑥ 《隋书》卷八十《列女附谯国夫人传》，第1802页。

葆鼓吹、大辂、麾幢、班剑四十人、虎贲甲卒"。太常寺礼官认为妇人加鼓吹不合礼仪，高祖李渊认为平阳公主平定长安有功，不同于一般妇女，"遂特加之，以旌殊绩"①；李靖死后，"赠司徒、并州都督，给班剑四十人、羽葆鼓吹、陪葬昭陵"②；魏徵死后，"给羽葆鼓吹、班剑四十人"③；陪葬昭陵的房玄龄、高士廉、张士贵、李靖、尉迟敬德、杜君绰、郑仁泰、程知节、李勣、赵王李福等人，在其墓志之中均有"鼓吹仪仗，送至墓所"的记载。④ 也有生前赐鼓吹者，如秦王李世民平定王世充有功，赠"前后部鼓吹及九部之乐，班剑四十人"⑤；齐王李元吉亦有功，高祖赐"前后部鼓吹乐二部、班剑二十人"⑥；李晟，因其收复长安有功，德宗赐新第于永崇里，"鼓吹导从，京城以为荣观"⑦。这些人都立有军功，朝廷赐予其鼓吹，肯定了他们的功绩，同时也起到了奖赏和表彰作用。

　　鼓吹自魏晋南北朝用于军礼以后，人们对其认识与用途就有了更加全面的了解，直到唐代，观念仍是如此。如高祖就认为"鼓吹，军乐也"⑧；熟识经典、深谙礼学的唐绍就认为，"窃闻鼓吹之作，本为军容……自昔功臣备礼，适得用之。丈夫有四方之功，所以恩加宠锡"⑨；《旧唐书·音乐志》在叙述乐曲沿革时，也提到"魏、晋已来鼓吹曲章，多述当时战功"⑩ "鼓吹本军旅之音，马上奏之"⑪；李德裕在《鼓吹赋》中也提到了鼓吹的古今变化。"本轩皇因出师而作，

---

① 《旧唐书》卷十八《平阳公主传》，第2316页。
② 《旧唐书》卷六十七《李靖传》，第2482页。
③ 《旧唐书》卷七十一《魏徵传》，第2561页。
④ 张沛：《昭陵碑石》，三秦出版社1993年版，第123、127、133、138、142、154、156、158、173、180页。
⑤ 《旧唐书》卷二《太宗本纪》，第28页。
⑥ 《旧唐书》卷六十四《高祖二十二子附李元吉传》，第2421页。
⑦ 《旧唐书》卷一百三十三《李晟传》，第3671页。
⑧ 《旧唐书》卷十八《平阳公主传》，第2316页。
⑨ 《旧唐书》卷二十八《音乐志》，第1050页。
⑩ 《旧唐书》卷二十八《音乐志》，第1050页。
⑪ 《旧唐书》卷二十九《音乐志》，第1071页。

前代将相，有功则假之，今藩阃皆备此乐"①，可见，鼓吹在军礼中的作用与地位已经是当时社会上的共识。

但是，唐代的鼓吹也有其他用途，如麟德元年，高祖追封其已故长女为安定公主，"卤簿鼓吹及供葬所须，并如亲王之制"②；中宗景龙二年，皇后建言请在后妃、公主及五品以上母妻迁葬之日，"特给鼓吹。宫官亦准此"③，遭到了侍御史唐绍的劝谏，结果中宗没有听取谏言；于休烈妻韦氏卒，代宗以于休烈父子儒行著闻，特地"诏赠韦氏国夫人，葬日给卤簿鼓吹"④。这些事例基本属于特殊的赏赐与重视，早已摆脱了军礼的范畴，是作为一种荣誉的象征赐予死者，以示尊崇，但同样体现了唐代鼓吹在唐人心中的重要地位与价值。

此外，在皇帝、太子等出行卤簿之中，也有鼓吹，但这属于一种礼仪仪仗，更符合其原本用途，唐代还设置有鼓吹署，其长官为鼓吹令，从七品下，负责"鼓吹施用调习之节，以备卤簿之仪"⑤，另有丞、府、乐正、典事、掌固等属官，配合工作。因此，学者曾对鼓吹乐曲展开详细讨论并进行总结，认为唐代的鼓吹曲现存曲目共85首，可以分为鼓吹部、羽葆部、铙吹部、大横吹部、小横吹部等五部，既可以用于皇帝、皇太后、皇后、皇太子、亲王以及一定品级大臣的仪仗，又能够用于凯乐、合朔伐鼓、大傩、婚葬和夜警晨严等场合⑥，其中凯乐、合朔伐鼓、大傩、丧葬中的鼓吹均与军礼有关。虽然唐朝乐曲难以完整复原，鼓吹之乐也很难再现，但李德裕曾在《鼓吹赋》中用文字描述了鼓吹乐曲的前后节奏与承转变化，"其始也，若伐木丁丁，响连青冥。喧禽万族，声应崖谷。其纵也，狼羊斗角，奔兕相

---

① （唐）李德裕撰：《会昌一品集》，上海古籍出版社1994年版，第137页。
② 《旧唐书》卷四《高宗本纪》，第85页。
③ 《旧唐书》卷二十八《音乐志》，第1050页。
④ 《旧唐书》卷一百四十九《于休烈传》，第4009页。
⑤ 《旧唐书》卷四十四《职官志》，第1875页。
⑥ 左汉林：《唐代宫廷鼓吹乐的用途考论》，《江汉大学学报》（人文科学版）2007年第2期。

触。转石振于崩溪，燎野焚于寒竹。其终也，如风飙暂息，万籁皆肃。天地霁而雷霆收，川波静而鱼龙伏"①。

根据传世及碑志资料来看，军礼中的鼓吹大量运用于唐代安史之乱以前，这与大多数军礼的发展轨迹相似，说明唐代的军礼在唐前期与唐后期有着不同的发展轨迹，这与社会风气的转变、武将地位的变化与皇帝的统治策略息息相关。而且，唐代的军礼鼓吹只是官方鼓吹乐曲的广泛用途之一，除了用于赏赐以表达对功臣的尊重与表扬之外，并没有更多的礼仪细节，尤其是军礼鼓吹在生前授予时，与凯旋、献俘等礼仪交织，死后赠予时与葬礼融合，自身的内容与特点被进一步挤压削减，从而越来越难以独立呈现。

表13　　　　　　　　碑志资料中的唐代鼓吹记录

姓名、葬年	碑志中的鼓吹	文献来源
褚亮 贞观二十一年（647）	仪仗鼓吹，送至墓所	《全唐文》卷九百九十一《散骑常侍赠太常卿阳翟侯褚公碑》，第10269页
李思摩 贞观二十一（647）	仪仗鼓吹等送至墓所，并送还宅	《唐代墓志汇编续集》贞观050，第38页
李靖 贞观二十三年（649）	羽葆鼓吹	《昭陵碑石》，第138页
裴希惇 永徽元年（650）	羽仪鼓吹，仍送至墓所	《全唐文》卷二百八十二《唐齐州长史裴府君神道碑》，第2862页
崔敦礼 显庆元年（656）	鼓吹往还	《全唐文》卷一百四十五《太子少师中书令开府仪同三司并州都督上柱国固安昭公崔敦礼碑》，第1470页
张士贵 显庆二年（657）	鼓吹往还	《唐代墓志汇编》显庆056，第265页

① 《会昌一品集》，第137页。

续表

姓名、葬年	碑志中的鼓吹	文献来源
尉迟敬德 显庆四年（659）	仪仗鼓吹，送至墓所，仍送还宅	《唐代墓志汇编》显庆100，第292页
兰陵长公主 显庆四年（659）	特给鼓吹，送墓往还	《全唐文》卷一百五十三《大唐故兰陵长公主碑》，第1564页
郑仁泰 麟德元年（664）	鼓吹仪仗，送至墓所	《唐代墓志汇编》麟德018，第407页
程知节 麟德二年（665）	仪仗鼓吹，送至墓所往还	《唐代墓志汇编续集》麟德019，第152页
武后母杨氏 咸亨元年（670）	羽葆鼓吹仪仗，送至墓所往还	《全唐文》卷二百三十九《大周无上孝明高皇后碑铭（并序）》，第2421页
李福 咸亨二年（671）	班剑卌人，羽葆鼓吹及仪仗送至墓所往还，并赐东园秘器	《唐代墓志汇编续集》咸亨013，第195页
李凤 上元二年（675）	给班剑卌人，羽葆、鼓吹及仪仗，送至墓所往还	《唐代墓志汇编续集》上元011，第215页
李勣 仪凤二年（677）	给班剑卌人，加羽葆鼓吹	《唐代墓志汇编续集》总章010，第179页
泉男生 调露元年（679）	仪仗鼓吹，送至墓所往还	《唐代墓志汇编》调露023，第668页
梁待宾 长寿二年（693）	鼓吹仪仗，送至墓所	《全唐文》卷一百九十五《大周明威将军梁公神道碑》，第1973页
韦洞 景龙二年（708）	羽葆鼓吹仪仗送至墓所往还	《唐代墓志汇编》景龙011，第1084页
韦洵 景龙二年（708）	葬日，各给班剑卌人，羽葆鼓吹及仪仗	《长安碑刻》①上，第85页
韦泚 景龙二年（708）	葬日，各给班剑卌人，羽葆鼓吹往还	《全唐文补遗（三）》，第41页
束良 景龙三年（709）	赐东园秘器、鼓吹	《唐代墓志汇编》景龙015，第1088页

---

① 陕西古籍整理办公室编：《长安碑刻》，陕西人民出版社2014年版。

续表

姓名、葬年	碑志中的鼓吹	文献来源
李贤 景云二年（711）	给鼓吹仪仗送至墓所	《唐代墓志汇编》景云020，第1130页
源杲 开元十年（722）	官给仪仗羽葆鼓吹	《唐代墓志汇编》开元146，第1257页
裴沙 开元十三年（725）	班剑鼓吹	《唐代墓志汇编》开元213，第1304页
王英 开元二十七年（739）	官给卤簿，班剑鼓吹	《洛阳新出土墓志释录》①，第254页
朱保 天宝七载（748）	太常给其鼓吹	《唐代墓志汇编续集》天宝038，第608页
曹怀直 乾元二年（759）	给粟帛，房部鼓吹	《大唐西市博物馆藏墓志》②（中），598
李怀让 广德元年（763）	前后鼓吹	《全唐文》四百一十九《华州刺史李公墓志铭》，第4286页
第五玄昱 大历十二年（777）	卤簿鼓吹	《唐代墓志汇编续集》大历033，第714页
冯朝光 兴元元年（785）	车辂鼓吹	《西安碑林博物馆新藏墓志汇编》，第215页
颜真卿 贞元二年（786）	鼓吹羽仪，送于墓所	《全唐文》卷三百九十四《光禄大夫太子太师上柱国鲁郡开国公颜真卿墓志铭》，第4010页
杨万荣 贞元六年（790）	给卤簿、鼓吹	《全唐文补遗（三）》，第127页
李元谅 贞元十年（794）	笳箫鼓吹	《唐代墓志汇编续集》贞元030，第755页
韦武	给卤簿鼓吹	《唐文拾遗》卷二十七《唐故银青光禄大夫京兆尹兼御史大夫上柱国赠吏部尚书京兆韦公神道碑铭（并序）》，第10673页

---

① 杨作龙、赵水森：《洛阳新出土墓志释录》，北京图书馆出版社2004年版
② 胡戟、荣新江：《大唐西市博物馆藏墓志》，北京大学出版社2012年版。

续表

姓名、葬年	碑志中的鼓吹	文献来源
张奉国 元和二年（807）	给班剑鼓吹以葬之	《全唐文》卷六百五十四《唐故开府仪同三司检校兵部尚书兼左骁卫上将军充大内皇城留守御史大夫上柱国南阳郡王赠某官碑文铭》，第6651页
论惟贤 元和四年（809）	诏给卤簿鼓吹	《全唐文》卷四百七十九《骠骑大将军论公神道碑铭（并序）》，第4892页
马存亮 开成七年（842）	以卤簿鼓吹葬	《全唐文》卷七百十一《唐故开府仪同三司行右领军卫上将军致仕上柱国扶风马公神道碑铭》，第7298页

小 结

综上所述，唐代的誓师、献俘、饮至、鼓吹等军礼内容，主要反映了将士从出征到凯旋，再到赏赐策勋、最终亡故送葬的一系列礼仪，只是由于这些礼仪内容或者趋于没落，很少举行，或者与其他的礼仪逐渐融合，失去了自身的独立性，或者受到了其他因素的影响，自身的礼仪性严重削弱，以至于无法独成一体，具备更多的礼仪程序与细节，难以进入国家礼典之中。但纵观唐代的历史记载，它们的内容与影响仍旧不可忽视，与礼典记载的军礼共同构成了唐代辉煌灿烂的军事礼仪。

第 三 章

以兵入礼：唐代班剑、棨戟制度考论

唐人云："礼无避于金革。"这是唐代礼仪包容性与丰富内涵的体现，同时也是唐人知礼、用礼的社会写照。唐代的班剑和棨戟制度在沿袭汉魏以来制度内容的同时，又根据其社会实际情况做出了一些调整并广泛应用，在唐前期形成了独特的兵与礼文化交融发展的繁盛现象。但随着安史之乱以后唐朝社会政治经济的剧变，班剑和棨戟制度逐渐衰落，与同时期礼制文化的变迁和唐人尚武风气的转变亦步亦趋，虽然班剑与棨戟并不完全属于军礼范畴，但却是我们深刻理解中古礼制与社会风气发展变迁轨迹的一个绝佳视角。

第一节　唐代班剑制度考释

《文献通考》记载："按周以上祭服，无剑而有屦。胡《周官》司服之职，悉不著剑。自秦及西汉艰危用武之时，朝、祭服皆佩剑。东汉大祭祀玉佩约屦以行事，惟朝尚佩剑。晋制，服剑以木代之，谓之班剑。东齐谓之象剑。"[①] 可见班剑由秦汉时期的佩剑演变而来，晋时已为木制。胡三省引诸书考证以为"刘良《文选注》曰：班剑，谓执剑而从行者也。吕向曰：班，列也，言使勇士行列持剑以为仪仗也。李周翰曰：班剑，木剑无刃，假作剑形，画之以文，故曰班也。

---

① 《文献通考》卷一百七十三《王礼》八，中华书局1986年影印本，第1024页。

《晋志》，文武官公，给虎贲二十人，持班剑"①，可见，晋时班剑为虎贲二十人所持。到了唐代，似乎有所改变，《唐六典》在介绍唐代刀制的时候，提到四种刀，有仪刀、鄣刀、横刀、陌刀，其中对仪刀的解释为："今仪刀，盖古班剑之类，晋、宋以来谓之御刀，后魏曰长刀，皆施龙凤环；至隋，谓之仪刀，装以金银，羽仪所执。"② 可见，到了唐代出现了一种类似班剑的仪刀，但用途仍保持一致，是一种荣誉性的仪仗，刀饰金银，由卫士所执。

根据前引《太平御览》关于班剑的记载来看，曹魏时公卿大臣，甚至是东宫皇太子，班剑人数均不过二十人，而到了南朝晋宋时期，已出现班剑六十人的情况。唐代也出现了班剑，虽然目前班剑制度的具体规定尚不清楚，或许我们可以根据唐代班剑的实施情况和规模来进一步认清班剑制度。

表14　　　　　　　　唐代班剑制度实施一览表

人物	赐班剑时所带官职	班剑规模	史料来源
平阳公主（高祖女）	公主	班剑四十人	《资治通鉴》卷190，第6077页
太宗	天策上将，位在王公上，领司徒陕东道大行台尚书令	班剑四十人	《唐大诏令集》卷35《秦王天策上将制》，第149页
李元吉	司空	班剑二十人	《新唐书》卷79，第3546页
李凤（高祖第十五子）	赠司徒使持节大都督扬滁和润常宣歙七州诸军事扬州刺史	班剑四十人	《唐代墓志汇编续集》上元〇一一，第215页
李福（太宗第十一子）	赠司空荆州都督荆州刺史	班剑四十人	《唐代墓志汇编续集》咸亨〇一三，第195页
魏徵	赠司空相州都督	班剑四十人	《旧唐书》卷71，第2561页

① 《资治通鉴》卷第九十二明帝太宁元年三月条胡注，第2961页。
② 《唐六典》卷第十六，第461页。

续表

人物	赐班剑时所带官职	班剑规模	史料来源
高士廉	赠司徒使持节都督并汾箕岚四州诸军事并州刺史	班剑四十人	《全唐文》卷8《赐高士廉陪葬诏》，第102页
尉迟恭	赐司徒使持节都督并蔚岚代等四州诸军事并州刺史	班剑四十人	《昭陵碑石》，第146页
李靖	赠司徒使持节都督并汾冀岚四州诸军事并州刺史	班剑四十人	《昭陵碑石》，第138页
李勣	赠太尉使持节大都督扬和滁宣歙常润七州诸军事扬州刺史	班剑四十人	《唐代墓志汇编续集》总章010，第179页
房玄龄	赠太尉	班剑四十人	《全唐文》卷149，第1516页
武后母杨氏	鲁国夫人	班剑四十人	《全唐文》卷239，第2421页
韦洞	赠并州大都督淮阳王	班剑四十人	《唐代墓志汇编》景龙011，第1084页
韦洵	赠益州大都督汝南王	班剑四十人	《长安碑刻》上，第85页
韦泚	赠荆州大都督上蔡郡王	班剑四十人	《全唐文补遗（三）》，第41页
裴沙	忠武将军行左领军卫郎将	不详	《唐代墓志汇编》开元213，第1304页
李林甫	赠太尉扬州大都督	不详	《旧唐书》卷106，第3240页
张奉国	开府仪同三司检校兵部尚书兼左骁卫上将军充大内皇城留守御史大夫上柱国南阳郡王	班剑、鼓吹	《全唐文》卷654，第6651页
张献诚	赠太子太师御史大夫邓国公	不详	《唐代墓志汇编续集》大历007，第696页

由表14可知，唐代班剑一般都授予皇亲贵胄、达官显贵，多为

对政权有卓越贡献者。上表除武则天生母杨氏之外，都对唐政权的建立和巩固立下了卓越功勋。唐代班剑多作为仪仗赠予逝者，表达对其功勋的肯定，所谓"朱旗载路，班剑启行，哀荣之礼备矣，诸侯之孝终矣"①。当然，也有生前就授予班剑的，如太宗、元吉等，也是在唐初统一征战中立下了汗马功劳。我们也可以看到，唐代的班剑赠予规模一般以四十人为主，除去记载不详者，仅齐王元吉为二十人，但这其中大概受到了太宗的影响，是一种折中的办法。

此外，如果排除资料分布与搜集方面的原因，就目前掌握的资料来看，我们可以看到唐代班剑的实行多发生在唐初，主要赠予为唐帝国出谋划策、南征北战的功臣将相，这与班剑自南北朝兴起以来的情况相似，南北朝时期，政权更迭频繁，功臣将佐辅助君王建立政权，自然受到厚待与尊崇，班剑就是一种信任与崇重的荣誉象征。唐立国之初，各割据政权也在虎视眈眈，名将贤臣同样对于唐朝政权的建立和巩固有着非常密切的联系，因此，唐初君主也是尊崇他们并且给予他们所应有的地位与荣耀，班剑就是其中之一。但到了唐后期，似乎唐人对于班剑制度失去了兴趣，在仅有的资料中也显得语焉不详，完全失去了唐前期那份尊重与荣誉感。而这种赠予武将班剑作为荣誉赏赐的现象，与鼓吹一样，可以将其归入军礼的讨论之中。

唐代的班剑不仅可以作为荣誉赐予有功者，而且是一种礼仪仪仗。《新唐书》记载，皇帝大驾卤簿有"左右卫将军二人，分左右，领班剑、仪刀，各一人从。次班剑、仪刀，左右厢各十二行"②；皇太子卤簿有"左右翊府郎将二人，主班剑。次左右翊卫二十四人，执班剑，分左右"③。《大唐开元礼》记述皇帝卤簿时，有"左右卫将军各一人，分左右。次班剑、仪刀，左右厢各十二行"④，皇太子卤簿时"左右翊府郎将各一人骑，领班剑。次左右卫翊卫二十四人骑，执

---

① 《全唐文》卷二百三十八《太子少傅苏瓌神道碑》，第242页。
② 《新唐书》卷二十三上《仪卫志》，第501页。
③ 《新唐书》卷二十三下《仪卫志》，第501页。
④ 《大唐开元礼》卷二，第21页。

班剑"①。可见《新唐书》与《大唐开元礼》记载基本相同，《新唐书》应该是根据《大唐开元礼》而作，二者承转关系也更加明确，而在作为仪仗时，班剑与仪刀并列，说明唐代二者同时存在，只是用途不一。

　　班剑赐予功臣，代表着地位与荣耀；作为仪仗，象征着权力与威严。唐代不仅沿用了班剑，而且加入了本朝的仪刀，与班剑相辅相成，这也是唐代礼制吸收前朝并加以改革创新的例证。晋时班剑以木为之，唐代由于资料所限，并不能确定其质地，但从"饰以金银"来看，推测可能仍为木制，因为作为一种仪仗形制，且多出现在丧葬仪式中，使用金属则显得有些突兀，之后发现的考古材料也印证了这一观点。从班剑的使用和形制来看，联想到唐代帝王陵前的翁仲持剑现象，可能此二者之间有着某种联系，但也可能是一种平行理念，尚缺乏相关的论证资料。

　　班剑除了作为皇家出行仪仗和功臣送葬仪仗之外，还作为陪葬品埋于坟墓。在已经考古发现的唐代墓葬中，已经确认为班剑的有李勣墓，出土一把全长 1 米的班剑，剑体木制，剑柄及鞘外均裹鎏金铜业，上刻怪兽、瑞草纹饰，相当精致②；刘智夫妇墓出土金铜装班剑一柄，长约 1.15 米，以木为芯，外包铜皮，无剑锋，通体鎏金，表面錾刻忍冬纹③……这些考古出土的班剑实物，印证了班剑木质的事实，同时在木芯的基础上加以装饰，外包铜皮并鎏金，錾刻花纹，已经失去了兵器原有的肃杀之气，而更具华丽和修饰之美。极有可能的是，唐代的班剑就是以这一种形制出现在仪仗队列之中，充分显示出唐王朝对于赠予班剑者的肯定与赞赏。

　　综上所述，班剑在唐代可以作为出行卤簿的仪仗队，用于彰显皇族的尊贵与威严，也可以作为将相大臣的送葬仪仗，表达朝廷对于其一生功绩的认可与表彰，同时，班剑也作为礼器被埋入功臣的坟墓之

---

① （唐）萧嵩等：《大唐开元礼》卷二，第 24 页。
② 昭陵博物馆：《唐昭陵李勣（徐懋功）墓清理简报》，《考古与文物》2000 年第 3 期。
③ 陕西省考古研究院、西北大学考古学系：《陕西西安唐刘智夫妇墓发掘简报》，《考古与文物》2016 年第 3 期。

中，这已经有考古实物可以佐证。可见，唐代在继承魏晋以来班剑制度的同时，赋予了其更丰富的用途与意义，是唐人重视礼仪、适时改变的体现。但随着唐后期时代和观念的发展变化，班剑制度也逐渐趋于消亡，因此，班剑制度的意义与影响集中于唐前期，与唐前期的政治统治、社会风气和军事制度等都有着密切的联系。

第二节　唐代棨戟制度考释

棨戟，颜师古称"有衣之戟"①，又称门戟。与班剑一样，也是作为一种礼仪仪仗而使用，在史籍中频繁出现，而且在考古资料中亦有反映。棨戟制度形成于汉，是所谓的"前驱之器"，"以木为之。后代刻伪，无复典刑，以赤油韬之，亦谓之油戟，亦曰棨戟，王公以下通用之以前驱"②。因此，汉代的棨戟是一种官吏经常使用的仪仗，材质为木，同时，汉代的墓葬壁画中也有棨戟制度的反映。③ 经过魏晋南北朝的洗礼，到了唐代，棨戟制度产生了些许变化。

唐代的棨戟则主要立于官方地界或私家门前，是身份和地位的象征。夏晓臻将棨戟分为官戟和私戟，官戟指庙、社、宫门、诸州门前所列者；私戟指私家门前所列者，均有一定的资格标准。④ 根据《唐六典》和《唐会要》所载唐玄宗开元八年（720）敕文可知，符合棨戟制度的官方地界有：太庙、太社、诸宫殿门、东宫诸门、诸府、诸州门；符合私戟的有：正一品，开府仪同三司、嗣王、郡王、上柱国、柱国带职事二品、京兆尹、河南尹、太原尹、上柱国、柱国带职事三品以上、开国（《唐六典》为国公，应是）、上护军、护军带职事三品⑤。现根据典籍所载，制表如下。

---

① 《汉书》卷七十六《韩延寿传》，第3215页。
② 《资治通鉴》卷四十光武帝建武元年七月条胡注，第1311页。
③ 可参见徐志君：《汉画所见棨戟研究——论使用、形制和意义》，《南京艺术学院学报（美术与设计）》2015年第5期。
④ 夏晓臻：《唐代棨戟制度考述》，《东南文化》1994年第6期。
⑤ 《唐六典》尚书礼部卷第四，第116页；《唐会要》卷三十二《舆服》，第685页。

表 15　　唐代棨戟规格表（《唐六典》所载开元八年）

戟数（竿）	官戟	私戟
二十四	太庙、太社、诸宫殿门	
十八	东宫诸门	
十六		正一品门
十四	京兆尹、河南尹、太原尹、大都督府、大都护府	开府仪同三司、嗣王、郡王、上柱国、柱国带职事二品
十二	中都督府、上州、上都护府	上柱国、柱国带职事三品以上
十	下都督府、中、下州	国公、上护军、护军带职事三品

可见，唐朝的棨戟除了皇家庙社宫殿和官方府衙之外，私家所受棨戟者多为高官大员，标准严格，即职事官三品以上，散官须在二品以上，勋官须带职事三品以上，这也反映了唐代对于职事官的看重。而且所受私戟一般在官员死后是要收回的，只是针对官员个人，并不能沿用。同时官戟五年一易，私家门戟则没有明确规定，需要再行申请，"若下都督、诸州门，其门戟幡有破坏，五年一易，百官门不在官易之限"①。

唐代的棨戟制度并不固定，会因时因事而改动。有妇女施棨戟者：景龙三年（709）七月，韦后上表请求"妇人不因夫、子而加邑号者，请见同任职事官，听子孙用荫，门施棨戟"，中宗最终同意了韦后的请求。这种十分违背制度的现象发生在中宗景龙三年，反映出了韦后刻意提高妇女地位，欲效仿武则天女主临朝的政治野心；有本乡立戟者：张介然，玄宗朝人，官至卫尉卿、河陇行军司马，上言曰："臣今三品，合立棨戟。若列于帝城，乡里不知，臣河东人，若得本乡立之，百代荣盛。"玄宗答应了他的请求，并在张介然京城的宅门前另立棨戟，史称"本乡立戟，介然始也"②；有宦官立戟者，

① 《唐会要》卷三十二《舆服》下，第 685 页。
② 《唐会要》卷三十二《舆服》下，第 685 页。

"玄宗在位既久，崇重宫禁，中官稍称旨者，即授三品、左右监门将军，得门施棨戟"①，反映了宦官门施棨戟的现象及其权力的逐渐抬头；藩镇也可以立戟，所谓"藩镇府门列戟，因谓之戟门"②；也有外邦立戟者，唐宪宗元和七年（812），新罗国刚上任的大宰相金崇斌等三人，"宜令本国准例赐戟"③，这种遵循唐礼的行为，反映了唐朝文化的深远影响。

天宝六载（747）四月，玄宗下敕修改《仪制令》，对棨戟制度做了一些调整。对比开元八年九月敕可知，将庙、社、宫殿门的列戟数量减少至二十，新增散官光禄大夫（从二品）以上、镇国大将军（从二品）以上各同职事品。④ 这样的调整一是显示了唐朝对于皇室地位的提高，二是散官品阶明显降低（从之前二品以上改为从二品以上），且无须带职事三品以上，这反映了唐玄宗天宝年间职事官阶官化的现象⑤，镇国大将军这一武散官的首次出现，反映了武散官地位的提高，也透漏出天宝年间地方边镇官员势力的增强。

安史之乱以后，官员队伍糜费，散官高品者众多，使职阶官化现象严重，致使棨戟制度混乱不堪。德宗贞元六年（790）敕令："近日散试官，使带高阶者众，恐须商量者。伏请准旧制令本文，取带三品以上正员职事官为定。"宪宗元和六年（811）十二月，再次下敕"立戟官阶勋，悉至三品，然后申请，仍编于格令"，严格了棨戟制度的申请标准，减少棨戟收授不当现象的发生。同年，就因为所立棨戟不合程序规定，元义方和卢坦罚俸一月、收回棨戟，勾检官员陆质、崔备、元祐等渎职，罚俸一季。并下敕严申："兵兴以来，勋赏超越，其所立戟，须有明文。宜令所司准旧制，待官阶勋并至三品，然后申请，仍编于格令。"⑥

---

① 《旧唐书》卷一百八十四《宦官传》，第4754页。
② 《资治通鉴》卷二百三十八宪宗元和五年十月条胡注，第7802页。
③ 《旧唐书》卷十五《宪宗本纪》，第443页。
④ 《通典》卷二十五《职官》七，第701页。
⑤ 张国刚：《唐代阶官与职事官的阶官化论述》，《中华文史论丛》1989年第2期。
⑥ 《唐会要》卷三十二《舆服》下，第686—687页。

同样，棨戟制度也可以根据现实和人情的需要而改动。贞元十一年（795）十月，宁武军节度使李愿根据《仪制令》中棨戟五年一换的规定，请求换戟，但"有司详检，在格无文"。这是必然，因为《仪制令》只规定官戟五年一换，私戟并不在更换之列，但由于李愿"家承忠勋，身著劳效"而特意批准了他的请求。① 这虽是一则小事，但从中可以看出制度在人情之下的妥协与让步，反映了唐朝礼制灵活运用的特点。

由于棨戟有着严格的标准，故而官员们都以获得棨戟为荣，诗曰："庭聚歌钟丽，门罗棨戟荣。"② 咸通二年（861），杨汝士与诸子任官"皆至正卿，所居静恭里，兄弟并列门戟，时人荣之"③，更有"三戟崔家""三戟张家"④ 的世代至高荣誉。当然，也有人根据前代典籍反对棨戟制度，"上古祭名，不闻有戟神、节神……凡戟，天子二十四，诸侯十。今之藩镇，古之诸侯也。在其地则施于公府门，爵位崇显者，亦许列之私第。苟祭之拜之，不经之甚也"⑤，但反对之声甚微，无法改变唐人以门列棨戟为荣的观念。

唐代有专门管理实施棨戟制度的机构，《新唐书·百官志》载"武器署，令一人，正八品下；丞二人，正九品下。掌外戎器。祭祀、巡幸，则纳于武库。给六品以上葬卤簿、棨戟"⑥，《通典》也将天宝六载改《仪制令》中棨戟改成记在武库令下。而议定与决策机构仍待考证，至晚唐时则掌握在太常礼院手中。天祐四年（907），太常礼院奏："两浙节度使钱镠受册讫，旧立门戟一十二枝，合准礼例，更添四枝，仍五年一易。"⑦

---

① 《唐会要》卷三十二《舆服》下，第687页。
② 《全唐诗》卷九十一韦嗣立《酬崔光禄冬日述怀赠答》，中华书局1960年影印本，第988页。
③ 《唐会要》卷三十二《舆服》下，第688页。
④ 《旧唐书》卷七十七《崔义玄传》，第2691页；《旧唐书》卷八十三《张俭传》，第2776页。
⑤ 《唐会要》卷三十二《舆服》下，第688页。
⑥ 《新唐书》卷四十《百官志》，第1249页。
⑦ 《唐会要》卷三十二《舆服》下，第688页。

与班剑相同的是，棨戟同样可用作仪仗，称为油戟，即油漆的木戟。《大唐开元礼》卷二《皇太子卤簿》记有"次仪仗左右厢，各六部，部六行，行六人，皆执戟、弓箭、鋋（chán）、刀盾、仪锽、五色幡、油戟相间"；《亲王卤簿》条有"油戟十八"①的记载，虽然并不见于其他等级卤簿中，但也可证明油戟已经不同于戟，可以单独作为仪仗出现在卤簿之中，象征着尊贵的地位与威严。

唐人不仅生前享受着这份荣誉，在死后仍将棨戟带入陵园或坟墓，显示出古人"视死如生"的特点，唐代帝王陵墓之前也有立戟，但只在文献中略有记载，具体情况已不可考证。如《旧唐书·宪宗本纪》载："大风坏崇陵寝殿鸱尾，折门戟六"②"盗断建陵门戟四十七竿"③。在已经发现的唐代墓葬壁画中，也有一些反映棨戟制度的实例，借此可以佐证文献记载的可靠性。现总结列表如下。

表16　　　　　　　　唐代墓葬壁画列戟情况表④

墓主	身份	棨戟规格（竿）	埋葬年代	来源
李寿	高祖从弟，河北道行台尚书左仆射左武卫大将军，淮安王，赠司空	一副两架，十四	贞观四年（630）	见⑤
段简璧	太宗外甥女，邳国夫人	一副两架，十二	永徽二年（651）	见⑥
李氏	定襄县主	一副两架，十二	永徽四年（653）	见⑦

---

① 《大唐开元礼》卷二，第25—26页。
② 《旧唐书》卷十五《宪宗本纪》，第445页。
③ 《旧唐书》卷十五《宪宗本纪》，第455页。
④ 此表据申秦雁《唐代列戟制探析》表格而作，有增改，原文见《陕西历史博物馆馆刊》1994年第1辑。
⑤ 陕西省博物馆、陕西省文管会：《唐李寿墓发掘简报》，《文物》1974年第9期；又见中国社会科学院考古研究所编《新中国的考古发现与研究》，文物出版社1984年版，第589页。
⑥ 昭陵博物馆：《唐昭陵段简璧墓清理报告》，《文博》1989年第6期。
⑦ 陕西省文管所：《唐阿史那忠墓发掘简报》，《考古》1977年第5期。

续表

墓主	身份	棨戟规格（竿）	埋葬年代	来源
李氏	太宗最幼女，新城公主	一副两架，十二	龙朔三年（663）	见①
韦贵妃	太宗妃	残缺，余4，总数不详	乾封二年（667）	见②
阿史那忠	右骁卫大将军，薛国公，赠镇军大将军，荆州大都督，上柱国	一副两架，十二	上元二年（675）	同上
苏君③	不明	一副两架，十	总章至开元（668—741）	见④
李晦	宗室，右金吾卫大将军、秋官尚书	不详	永昌元年（689）	见⑤
李仙蕙	中宗第七女，永泰郡主	一副两架，十二	神龙二年（706）	见⑥
李贤	中宗第二子，赠章怀太子	一副两架，十四	同上	见⑦
李重润	中宗长子，赠懿德太子	两副四架，四十八	同上	见⑧

---

① 陕西省考古研究所、陕西历史博物馆、礼泉县昭陵博物馆编著：《唐新城长公主墓发掘报告》，科学出版社2004年版，第93页。

② 徐光冀：《中国出土壁画全集》陕西卷上，科学出版社2011年版，第201页。

③ 有学者考订其为苏定方墓，见宿白《西安地区唐墓壁画的布局和内容》，《考古学报》1982年第2期、《西安地区的唐墓形制》，《文物》1995年第12期；拜根兴《也论苏君墓当为苏定方墓》，《考古与文物》2005年第5期。但也有人提出质疑，见卢亚辉《咸阳唐代苏君墓献疑》，《中国国家博物馆馆刊》2017年第4期。

④ 陕西省社科院考古所：《陕西咸阳唐苏君墓的发掘》，《考古》1963年第9期；又见中国社会科学院考古研究所编《新中国的考古发现与研究》，第589页。

⑤ 韩伟、张建林主编：《陕西新出土唐墓壁画》，重庆出版社1998年版，第63—67页。

⑥ 陕西省文管会：《唐永泰公主墓发掘简报》，《文物》1964年第1期。

⑦ 陕西省博物馆、乾县文教局唐墓发掘组：《唐章怀太子墓发掘简报》，《文物》1972年第7期。

⑧ 陕西省博物馆、乾县文教局：《唐懿德太子墓发掘简报》，《文物》1972年第7期。

续表

墓主	身份	棨戟规格（竿）	埋葬年代	来源
薛氏	太平长公主第二女，万泉县主	一副两架，十	景云元年（710）	见①
李重俊	节愍太子	持戟，十八	景云元年（710）	见②
李㧑	睿宗第二子，赠惠庄太子	一副两架，十八	开元十二年（724）	见③
李邕	唐高祖李渊曾孙，號庄王李凤孙、曹州刺史李宏之子	一副两架，十四	开元十五年（727）	见④
张去奢	与玄宗为姨表兄弟，少府监⑤	不详	天宝六载（747）	见⑥

从表16来看，墓葬壁画中出现列戟现象的墓主大都是皇亲国戚，其墓地也分布于京师长安附近，由此可见唐代棨戟制度的高标准与严要求，一般人是没有资格享用的。同时我们也可以看到，墓葬壁画中所列戟的规格与文献标准大致相同，由于这些唐墓均属于唐天宝年间以前（最晚为天宝六载），这或许与唐中后期的社会政治状况有关，李星明认为中晚唐的陵墓建造者对于列戟制度已经不感兴趣，并根据唐僖宗靖陵甬道东西两壁仅各绘有一执戟武士，未见天子列戟，反映了唐末列戟礼仪制度的崩析。⑦ 由于缺乏唐中晚期的相关资料，故而难以研究唐墓壁画棨戟制度的发展变革，李说也有合理之处。此外这或许也与国家财力和礼制的变迁有关，安史之乱以后，唐朝社会经济遭受重创，继续在墓葬中绘制大规模壁画略显华而不实，财力上也是

---

① 贺梓城：《唐墓壁画》，《文物》1959年第8期。
② 《中国出土壁画全集》陕西卷下，第328页。
③ 陕西省考古研究所：《唐惠庄太子李㧑墓发掘报告》，科学出版社2004年版，第27—28页。
④ 《中国出土壁画全集》陕西卷下，第346页。
⑤ 张岩：《张去奢、张去逸墓志考释》，《碑林集刊》1998年第5辑。
⑥ 王仁波等：《陕西唐墓壁画之研究（下）》，《文博》1984年第2期。
⑦ 李星明：《唐代墓室壁画研究》，陕西人民美术出版社2004年版，第159页。

捉襟见肘,所以墓葬与陵园的规模都无法与唐前期相提并论。同时表格所列墓主13人,其中女性5人,亦可证明唐史中有关女性列戟现象的真实性,虽然多为皇室成员,但也能在某些方面反映出唐代前期妇女拥有足够高的社会地位。

综上所述,与班剑相似,唐代的棨戟一样用途广泛。既可以作为权力等级的象征树立在公私官邸之前,也可以作为仪仗出现在皇帝卤簿之中,同时,也可以体现在皇亲国戚的墓葬壁画之中。随着考古工作的持续开展,应该会有更多的唐朝墓葬被发掘出来,精美的班剑与棨戟壁画也会再次出现在世人的眼前,展现墓主生前的荣誉与地位。

余论　兵、礼之辩与唐代社会的变迁

古人云:"兵者,凶器也",多视战争与兵器为不祥、不洁之物,但纵观历史的发展,战争从来都不曾真正停歇,反而成为争权夺利者借之以实现自身目的的基石与踏板,故而中央政府掌握着大量军队,却对社会大众严加管控,禁止私造与携带兵器。秦始皇统一六国之后,便"销锋镝,铸以为金人十二",预防地方反叛,唐朝也是如此,《唐律疏议》载"诸私有禁兵器者徒一年半……私造者各加一等"①。与强行管制地方和民间不同的是,中央政府总体上垄断着兵器的铸造与使用,从原始矿产的垄断一直到军队的补给,这是保持中央政府统治地位的关键。兵器是统治者权力的来源,是维持自身统治的基础,所以兵器在某种意义上也就成为权力的象征。

虽然班剑与棨戟制度均渊源于汉魏时期,但到了唐代,其使用标准更加严格,规模也相对统一,在唐前期得到了大范围的应用,成为唐代礼制内容之一,那些与军将武臣联系紧密的荣誉班剑、棨戟的赏赐行为,可以视为唐代军礼内容的一部分。由此亦可见唐人对于古礼的吸收与创新,这些礼制元素的应用,同样也是唐代社会生活的真实写照。

---

① 刘俊文笺解:《唐律疏议笺解》卷第十六《擅兴》,中华书局1996年版,第1217页。

剑与戟，是中国古代最为常见的兵器种类，笔者不禁思考：古人为了将这些兵器纳入礼制的范畴，特地改变其形制与材质，其目的与意义何在？联想到远古时期的钺，可能与班剑、棨戟等制度殊途同归。钺最初也是兵器，但逐渐成为军权和国家统治权的象征，掌握在部落首领的手中。先秦考古中也时常能发现玉质的钺，作为礼器埋入首领的墓穴之中，这与木制的班剑和棨戟一样，从一开始的兵器已经彻底成为一种权力的象征，频频出现在唐代社会礼仪活动之中。班剑和棨戟主要依靠数量和规模来区别等级，分赐功劳不一的臣下，除了皇室亲属之外，多赐予有军功的谋臣武将，这或许是班剑、棨戟等以兵器为原型发展而来的礼仪制度所应有的寓意吧！

班剑与棨戟的相关史料与考古实物多出现于唐前期，除了上述的礼制观念与国力之外，唐前期的尚武风气应该也是原因之一。面临战乱与割据，唐前期为了实现统一，对于武力的重视与运用是无法避免的问题，再加上胡汉杂糅的血统，使得唐前期的统治阶层更加崇尚武力。但是，虽然唐朝极大地拓展了班剑与棨戟的礼仪用途，但从上述统计资料来看，能获得奖赏的大都是皇亲国戚与名臣将相，并没有出现滥赏的现象，这也反映出唐代礼制运用的严格与谨慎。

同时，唐前期的班剑与棨戟制度自安史之乱以后便趋于消亡，史籍中的记载也都模糊不详，这极大地反映了中国古代社会对于兵器和习武风气的认识与发展变迁。雷海宗认为隋和唐前期对于北朝外族政治制度的承袭与利用，使其成为汉以后中国自治的唯一强盛时代①，安史之乱以后唐人对胡人逐渐产生了芥蒂，并在之后的历史发展中，文人集团掌握政治话语权，武将的地位和作用被边缘化，直到宋以后重文轻武的局面基本定型。兵与礼始终是一个王朝建立和巩固的基础，军事实力是硬实力，是内核，而礼制对于政权的合法性和正当性的舆论宣传也不容忽视，二者的结合由内而外地展现了一个政权得以存在和发展的活力与前景。当一个王朝积极运用军事与礼制舆论力量时，就有很大的可能会创造盛世，汉朝和唐前期即是如此；但当一个

---

① 雷海宗：《中国的文化与中国的兵》，商务印书馆2001年版，第48页。

王朝提防武将，限制军事力量，礼制建设又缺乏活力时，便会处处掣肘，命途多舛，唐后期和宋朝的历史便与此有关。

因此，唐代班剑和棨戟制度在继承魏晋以来原有内容的同时，能尽最大可能地改造和多方面利用，彰显了唐前期的社会活力和社会风气。但随着安史之乱以后时代的变迁，班剑和棨戟也在此发展趋势之下趋于湮灭，与武功和盛世同逝。虽然二者并不完全属于军礼，但与军礼鼓吹一样，班剑与棨戟在实际运用中，生前赠予以表唐人所立军功，在葬时赠予表示他对于唐朝的军事贡献，就已经具备了军礼的属性，但由于唐人对于这些礼仪的推崇以及它们广泛的运用，使其军礼属性有所淡化而已。

第四章

唐代军法与军礼的辩证关系研究

在中国古代人治社会中,法与礼的界限和关系,始终是研究者试图辨别与解释的热点问题,在军事层面也是如此。一方面,军令如山、不容违背,显示了军法的严肃性;另一方面,礼缘人情、不擒二毛,又展现了军礼的道德关怀。那么,唐代军法与军礼究竟存在怎样的关系,以及二者对于唐代的军事活动有何影响,则是需要深入研究与探讨的话题。

第一节 唐代军法的内容、实施与特点

"古之用兵,必先立法",军法是保障军事活动顺利进行的前提条件。学界对于军法的具体概念有很多解释,卢志攀在罗列各种学说观点之后综合认为,军法是"调整国家在国防建设方面的军事社会关系,武装力量内部的关系,武装力量与国家、地方及其他的各种军事社会关系"①。这种现代化的术语可以简单总结为军法就是调整各种与军事活动有关的法律总和。唐代法律的建设大致以安史之乱为分界点,在其前后有着完全不同的文本载体与实施效力,故而在探究唐代的军法时,需要分前后两个时间段展开讨论。

唐前期的国家法律主要包括四个部分,即律、令、格、式,"凡律以正

---

① 卢志攀:《唐代军事法律的前后变化》,硕士学位论文,福建师范大学,2006年。

刑定罪，令以设范立制，格以禁违正邪，式以轨物程事"①。目前现存的具有代表性的唐代完整的法律文献主要有《唐律疏议》与《唐六典》。

《唐律疏议》以《永徽律》为蓝本，它是在唐《武德律》《贞观律》的基础上修改编撰，并经过长孙无忌等的逐条解释，于永徽四年（653）撰成颁行，但其内容一直处于不断的修改删补之中。现存三十卷《唐律疏议》中，与军法有关的条文散布于《卫禁律》《职制律》《擅兴律》《贼盗律》《杂律》《捕亡律》等卷之中，其中以《卫禁律》《擅兴律》最为丰富集中，也是军事法律研究学者重点参考的文本资料。② 据笔者分析统计，《唐律疏议》各卷中的军法条目分布如下。

表17　　　　　　　　《唐律疏议》所见军礼条目表③

《唐律疏议》卷名	条数	主要内容	条目
卷第七、八《卫禁律》	33	擅进、冒名、玩忽职守、偷越边境	58.阑入庙社山陵兆域门 59.阑入宫殿门及上阁 60.阑入踰阈为限 61.宫殿门无籍冒名人 62.宿卫冒名相代 63.因事入宫殿辄宿 64.未著籍入宫殿 65.宫殿作罢不出 66.登高临宫中 67.宿卫人被劾奏不收仗 68.应出宫殿辄留 69.阑入非御所在 70.已配仗卫辄回改 71.奉敕夜开宫殿门 72.也禁宫殿出入 73.向宫殿射 74.车驾行冲队仗 75.宿卫上番不到 76.宿卫兵仗远身 77.行宫营门 78.宫内外行夜不觉犯法 79.犯庙社禁苑罪名 80.冒名守卫 81.越州镇戍城垣 82.私度及越度关 83.不应度关而给过 84.关津留难 85.私度有他罪 86.人兵度关妄随度 87.赍禁物私度关 88.越度缘边关塞 89.缘边城戍不觉奸人出入 90.烽候不警

---

① 《唐六典》尚书刑部卷第六，第185页。
② 廖祖威：《唐代军法与案例探讨》，硕士学位论文，中正大学，2004年；全佛光《唐代军队纪律及其相关问题研究》，硕士学位论文，陕西师范大学，2012年。
③ 表格内容参照《唐律疏议笺解》，序号同，见《唐律疏议笺解》。

续表

《唐律疏议》卷名	条数	主要内容	条目
卷第九《职制律》	2	稽留军事信息	123. 驿使稽程 124. 驿使以书寄人
卷第十六《擅兴律》	18	违犯兵役征发、军事指挥、兵器保管、战场纪律	224. 擅发兵 225. 擅调给杂物 226. 应给发兵符不给 227. 拣点卫士征人不平 228. 征人冒名相代 229. 校阅违期 230. 乏军兴 231. 行人稽留 232. 征讨告贼消息 233. 主将丢城弃去 234. 主将临阵先退 235. 私放征防人还 236. 征人巧诈避役 237. 镇戍有犯 238. 非公文出给戎仗 239. 遣番代违限 243. 私有禁兵器 246. 丁防稽留
卷第十七《贼盗律》	1	盗窃兵器	275. 盗禁兵器
卷第二十一《斗讼律》	2	兵器伤人	304. 兵刃斫射人 306. 斗故杀人
卷第二十五《诈伪律》	1	逃避兵役	381. 诈疾病及故伤残
卷第二十六、二十七《杂律》	3	士兵负伤或死亡、私藏兵器	396. 丁防管奴婢病不救疗 407. 征行身死不送还乡 444. 停留请受军器
卷第二十八《捕亡律》	5	逃兵	451. 捕罪人逗留不行 457. 从军征讨亡 458. 防人向防及在防亡 460. 宿卫人亡 461. 丁夫杂匠亡

从表17可见，一共502条《唐律疏议》中，与军法有关的有65条，比郑显文统计的37条多出28条①，约占全书的13%。仝佛光将这些军法按照内容分为规范军人服役、妨碍职务、军事物资及武器装备、维护将士人身权利等四个方面②，基本涵盖了这些军法内容，而具体的刑罚，则要根据其违反法律的程度以及犯罪者本人的身份来进行衡量。

开元二十六年（738）成书的《唐六典》，虽然关于其性质以及是否

---

① 郑显文：《律令时代中国的法律与社会》，知识产权出版社2007年版，第300页。
② 仝佛光：《唐代军队纪律及其相关问题研究》，硕士学位论文，陕西师范大学，2012年。

行用仍存在争论①，但它的确保留了很多唐前期的珍贵史料，史料价值极高。《唐六典》里面保存了唐代前期的令，但内容已经佚失，仅存目录，"《令》二十有七（分为三十卷）：一曰《官品》（分为上、下），二曰《三师三公台省职员》，三曰《寺监职员》，四曰《卫府职员》，五曰《东宫王府职员》，六曰《州县镇戍岳渎关津职员》，七曰《内外命妇职员》，八曰《祠》，九曰《户》，十曰《选举》，十一曰《考课》，十二曰《宫卫》，十三曰《军防》，十四曰《衣服》，十五曰《仪制》，十六曰《卤簿》（分为上、下），十七曰《公式》（分为上、下），十八曰《田》，十九曰《赋役》，二十曰《仓库》，二十一曰《厩牧》，二十二曰《关市》，二十三曰《医疾》，二十四曰《狱官》，二十五曰《营缮》，二十六曰《丧葬》，二十七曰《杂令》，而大凡一千五百四十有六条焉"②。此外，日本学者仁井田陞和池田温等在唐令的辑佚和复原方面成果颇多，主要收录于《唐令拾遗》（收录唐令715条）、《唐令拾遗补》（增补246条，有重复）之中，以及国内《天圣令》残卷的刊布和众多学者的分析研究③，共辑佚唐令1172条，与《唐六典》所载的开元七年（719）④ 1546条唐令在数量上已经相差不大。总体来说，唐令中与军法有关的主要集中在《军防令》《宫卫令》《卫府职员》等卷中，郑显文曾统计出《军防令》中有军法47条，主要涉及军队编制、士兵装备、卫士宿番、将士考核、出征仪式、军队管理、军衔评定、军用物资等军事方面的法令⑤，内容最为丰富，而《宫卫令》《卫府职员》中都是一些关于宫廷禁卫、卫府方面的军令。

此外，格、式中也包含了一些军事方面的法律条文，但原文早已不存，只有一些散见于传世史料及出土的敦煌吐鲁番文献之中，如周字五

---

① 关于《唐六典》行用和性质的讨论，参看吴丽娱《从唐代礼书的修订方式看礼的型制变迁》，《中国古代法律文献研究》2014年第八辑，第149页注释③。
② 《唐六典》尚书刑部卷第六，第183—184页。
③ 天一阁博物馆、中国社会科学院历史研究所天圣令整理课题组校订：《天一阁藏明钞本天圣令校证附唐令复原研究》，中华书局2006年版，《天圣令》以开元二十五年令为蓝本，共复原唐令221条。
④ 见［日］仁井田陞《唐令拾遗》序论，栗劲等译，长春出版社1989年版，第853页。
⑤ 郑显文：《律令时代中国的法律与社会》，第301页。

十一号的《开元职方格》、《开元兵部选格》等《兵部格》残卷,传世史料中保留的 24 条《兵部式》①,这些传世史料与出土文献的法律条文辑佚工作正在循序开展②,取得的成果也会逐渐丰富唐代的军事法律研究。综合来看,唐代律、令中的军法具有普遍性,有相当广泛的适用范围,而格、式中的军法则更具特殊性,主要是针对具体的军事内容进行法律制度上的界定,比较繁密,也更有利于具体军事活动的展开。

除了国家律、令、格、式制度中的军法外,还有一些私家著述也反映了唐前期的军法,如《李卫公兵法》与《神机制敌太白阴经》。《李卫公兵法》的作者是唐代著名军事家李靖,但该书在北宋时已经亡佚,只附录在《通典》之中,直到清代汪宗沂根据杜佑《通典》、杜牧《孙子注》及《太平御览》《武经总要》等书,辑成《李卫公兵法辑本》三卷,上卷为《将务兵谋》、中卷为《部伍营阵》、下卷为《攻守战具》。《神机制敌太白阴经》则为中唐时期的李筌所作,其中也包含了一些军令,现将其内容分列如下表。

表18　《李卫公兵法》与《神机制敌太白阴经》所见军令对照表

《通典·兵典二》所载军令③	量刑标准	《神机制敌太白阴经·誓众军令》④	量刑标准
1. 漏泄军事	斩	1. 漏军事者,漏泄军中阴谋及告事者	斩
2. 背均逃走	斩	2. 背军走者,在道及营、临阵同	斩
3. 后期	斩	3. 不战而降敌者,背顺归逆同	斩
4. 行列不齐,旌旗不正,金革不鸣	斩	4. 不当日时后期者,诈事会战同(阻雨雪水火不坐)	斩
5. 与敌私交通	斩	5. 与敌人私交通者,言语、书疏同	斩,籍没其家

---

① 郑显文:《律令时代中国的法律与社会》,第 325 页。
② 辻正博、周东平:《敦煌、吐鲁番出土唐代法制文献研究之现状》,《法律文化研究》2019 年第 2 期。
③ 《通典》卷一百四十九《兵》,第 3809—3810 页。
④ 《神机制敌太白阴经》卷三,第 68—70 页。

《通典·兵典二》所载军令①	量刑标准	《神机制敌太白阴经·誓众军令》②	量刑标准
6. 或说道释，祈祷鬼神，阴阳卜筮，灾祥讹言，以动众心，与其人往还言议	斩	6. 失主将者（随从则不坐）	斩
7. 无故惊军，叫呼奔走，谬言烟尘	斩	7. 失旌旗、节钺者，与敌人所取同	连队斩
8. 凡言觇候，或更相推托，谬说事宜，兼复漏泄者	斩	8. 临难不相救者，为敌所急，不相救者同	斩
9. 吏士所经历，因便侵掠	斩	9. 诳惑讹言妄说阴阳卜筮者，妄说鬼神灾祥以动众者	斩
10. 奸人妻女，及将女妇入营	斩	10. 无故惊军者，呼叫奔走、妄言烟尘者同	斩
11. 不战而降敌	没其家	11. 遗弃五兵、军装者，不谨固检察者同	斩
12. 凡有私雠，须先言状，令其避仇。若不言，因战阵报复者	斩	12. 自相窃盗者，不计多少	斩
13. 布阵旗乱，吏士惊惶，罪在旗头	斩	13. 将吏守职不平、藏情相容者理事曲法者同	斩
14. 阵定，或辄进退，或辄先取敌，致乱行者	斩	14. 以强凌弱，樗蒲忿争，酗酒喧竞，恶骂无礼，于理不顺者（因公宴集醉者不坐）	斩
15. 或有弓弩已注矢而回顾者，或干行失位者，守围不固	斩	15. 军中奔走军马者	斩
16. 遇敌攻围危急，若前后左右部队不救致陷者	斩	16. 破敌先房掠者，入敌境亦同	斩
17. 设奇伏掩袭，务应机速捷。前将先合，后将即副。进退应接乖者	斩	17. 更铺失候，犯夜失号，擅宿他火者	斩
18. 为敌所乘，失旗鼓节钺者	斩	18. 守围不固者	斩

---

① 《通典》卷一百四十九《兵》，第3809—3810页。
② 《神机制敌太白阴经》卷三，第68—70页。

续表

《通典·兵典二》所载军令①	量刑标准	《神机制敌太白阴经·誓众军令》②	量刑标准
19. 战敌，旗头被敌杀，不得尸首者	斩	19. 不伏差遣及主吏役使不平者，有私及强梁者同	斩
20. 凡战敌，失主将，随从者	斩	20. 侵欺百姓，奸居人子女及将妇人入营者，	斩
21. 一将御敌，裨将以下等差主率，不齐力同战、更相救助者	斩	21. 违将军一时一命	斩
22. 吏士虽破敌，滥行杀戮，发冢墓，焚庐室，践稼穑，伐树木者	斩		
23. 擒获敌人，或有来降者，直领见总帅，不得辄访问敌中事。若违，因而漏泄者	斩		
24. 破敌，先虏掠者，入敌境	斩		
25. 隐欺破虏所收获，及吏士身死，有隐欺其资物，兼违令不收恤者	斩		
26. 违总帅一时之令	斩		

从表18中可以直观地看到，《李卫公兵法》所载军令略多于《神机制敌太白阴经》中之军令，但二者在内容上略有重复，无法确定是否存在前后抄录的现象，这些内容都是军旅中常见的违法行为，作为军队中的习惯法，可以长期施行。而且量刑标准都极其严格，基本以斩刑为主。已有的研究认为这些私家著作中的军令在实际执行过程中优于军律，而且更为严格，同时，《神机制敌太白阴经》对于《李卫公兵法》中的军令内容多有继承，反映了军令的稳定性。③《神机制

---

① 《通典》卷一百四十九《兵》，第3809—3810页。
② 《神机制敌太白阴经》卷三，第68—70页。
③ 仝佛光：《唐代军队纪律及其相关问题研究》，硕士学位论文，陕西师范大学，2012年。

敌太白阴经》对于军令有进一步的解释："令之不行，不可以称兵。三令而不如法者，吏士之罪也；申明而不如法者，将之过也。先甲三日，悬令于军门，付之军正，使执本宣于六军之众。有犯命者，命军正准令按理而后行刑，使六军知禁而不敢违也。"① 说明军令的严苛不是在于惩罚，而是为了更好地管理军中纪律，所以需要提前申明军令，防止违犯，是一种预防性措施。

研究者普遍认为唐前期的军法是一个系统的、多方位的制度，唐政府通过律、令、格、式以及制敕等多方面规定，把各个方面协调统一起来，以此来维护唐王朝的国家军事利益。② 但安史之乱以后，藩镇力量日益强大，唐朝中央的权威与控制力却在逐渐减弱，加上兵制的变化、军事管理体系的破坏，唐前期律令制度下的军法已经失去效力，很难实施。于是唐朝政府开始编撰格后敕和刑律统类，自开元十九年（731）起，唐朝便采用直接编纂皇帝制敕的方式，并使其法律化，制定成格后敕，用以调整日益变化的社会关系。肃代以后，德宗朝取"至德以来制敕奏谳，掇其可为法者藏之，而不名书"。宪宗时刑部侍郎许孟容删改天宝以后敕撰成《开元格后敕》，文宗时编修《大和格后敕》《开成详定格》，宣宗时左卫率府仓曹参军张戣"以刑律分类为门，而附以格敕"，编成《大中刑律统类》③，颁行天下。在唐中晚期，这些格后敕逐渐超越了法律的地位，成为执法断案的依据。有学者认为格后敕继承并发展了格的特点——适应性、变通性、灵活性，能够及时地体现皇帝的意志，并适应变化了的社会状况，对后世法律的编纂产生了深远影响。④ 更为重要的是，在藩镇军事集团中，中央的法律条文自然毫无约束作用，而在此环境下，维护军队秩序的习惯法与军令的作用就越来越受到藩镇将帅的重视，而负责执行军法，维护藩镇军队秩序的都虞侯一职也显得尤为重要。唐代宗大历

---

① 《神机制敌太白阴经》卷三，第67页。
② 卢志攀：《唐代军事法律的前后变化》，硕士学位论文，福建师范大学，2006年。
③ 《新唐书》卷五十六《刑法志》，第1413—1414页。
④ 侯雯：《唐代格后敕的编纂及特点》，《北京师范大学学报》（人文社会科学版）2002年第1期。

三年（768），郭子仪妻南阳府人乳母之子违犯军令，在军中走马，被都虞候杖杀。郭子仪的儿子们向郭子仪哭诉，并说都虞候行为蛮横，请求惩处，郭子仪叱骂了这些人，并叹着气说道："子仪诸子，皆奴材也。不赏父之都虞候而惜母之乳母子。"① 唐德宗贞元四年（788）七月，张献甫奉诏出镇邠宁，邠宁军因为忌惮张献甫管理严格，趁他没到任之际，发动叛乱，纵兵大掠，更是要挟监军杨明义想要更换主帅，幸赖都虞候杨朝晟"斩其乱首二百余人"②，邠宁军才恢复安稳。以上事例中，军中走马，按照前引《神机制敌太白阴经》，是为斩刑，而在军中反叛作乱，自然也是死刑，可见军队中的习惯法具有持久的效力与可行性。而且，值得注意的是，维护军纪、负责实施刑罚的人正是都虞候，由于他能不畏权贵地实施军法，才顺利地保障了军队的安稳，获得了主帅的肯定与赞赏。

但随着历史的发展，唐代的格敕著录已经亡佚，只剩下一些条文散存于唐代典籍及考古出土文献之中。关于军法的敕文数量也相当少，如《全唐文》卷一百十五《严约军法敕》，虽然该敕书颁布于后晋高祖时期，反映的是当时的军事法律，但也能从侧面反映出唐代晚期的军法敕文情况。文中写道："古之用兵，必先立法，等第既分于将领，高卑自有于规绳。或闻近年，多逾此制，至于行间士卒，罔遵都内指挥，既侮国章，且乖师律，适当开创，要整纪纲，宜示条流，免干法制"，主要陈述了这一时期军中违犯军法之事屡有发生，需要对其进行整顿，维持军法的严肃性，接着说明了具体的犯罪情况与处罚方式，最后告谕军队，使人知晓，并遵守军法，"事要整齐，法宜遵守，分明告谕，咸使闻知"③。可见，相对于简洁易懂的军法律令来说，敕文除了申明军法以外，还要符合诏敕的文本格式，使其内容更加完整，而且，敕书的法律约束对象与范围明显不如律令，这也是格后敕需要不断补充修订的原因之一。

---

① 《资治通鉴》卷二百二十四唐代宗大历三年二月条，第7317页。
② 《旧唐书》卷十三《德宗本纪》，第365页。
③ 《全唐文》卷一百十五《严约军法敕》，第1173页。

在唐前期律令制度全面实施的情况下，军法得到了最大可能的实施。如太宗时名将薛万彻，太宗对其大加称赞，认为当世的名将只有李勣、李道宗、薛万彻三人，评价相当之高。当他担任右领军时，镇守黄龙，后坐擅将兵出境，被征入朝。① 又有贞观朝的殿中少卿独孤晟，唐太宗诏令其率兵与李大恩汇合直达马邑，结果独孤晟因失军期获罪，减死徙边；右卫将军、东郡公、赤水道行军总管李道彦，与左骁卫将军、荣国公樊兴都犯了失军期之罪，最后减死徙边。② 坐失军期，在唐律中是乏军兴罪，超期则斩，刑罚相当严重。但因独孤晟是外戚，李道彦是皇室宗亲，得罪之后仅能减死徙边，可见唐前期军法执行的严格程度。贞观十九年，太宗亲征辽东，抚州刺史、平壤道行军总管张文干"以渡海多覆舟船，诏迫，逗留不赴，斩之"③。《唐律疏议》对于稽留有条文："临军征讨而稽期者流三千里，三日斩。"④ 则张文干稽留日期应超三日，而且没有得到赦免，直接被斩。武则天永昌元年（689），诏命文昌右相韦待价为安息道行军大总管，安西大都护阎温古担任副手，发兵征讨吐蕃，但二人逗留不前，判处韦待价徒刑，除名，配流绣州，不久即死；阎温古被判死刑。⑤

安史之乱以后，唐朝的统治权威下降，国家律法的效力也相当有限。贞元十四年（798），山南东道节度使于頔"不奉诏旨，擅总兵据南阳，朝廷几为之旰食"⑥，"天子未始谁何"⑦。穆宗长庆元年（821）十二月，横海节度使监军谢良通奏言节度使杜叔良"大败于博野，失亡七千余人。叔良脱身还营，丧其旌节"⑧。兵败，丢失旌节，按照军法本为死罪，结果仅仅是"贬叔良为归州刺史"⑨。同时，

---

① 《册府元龟》卷四百三十九《将帅部·擅命》，第4959页。
② 《册府元龟》卷四百四十七《将帅部·违约》，第5036页。
③ 《册府元龟》卷四百三十九《将帅部·逗挠》，第5021页。
④ 《唐律疏议笺解》卷十六《擅兴》，第1188页。
⑤ 《旧唐书》卷七十七《韦待价传》，第2672页。
⑥ 《旧唐书》卷一百五十六《于頔传》，第4130页。
⑦ 《新唐书》卷一百七十二《于頔传》，第5200页。
⑧ 《资治通鉴》卷二百四十二穆宗长庆元年十二月条，第7925—7926页。
⑨ 《旧唐书》卷十六《穆宗本纪》，第494页。

随着朝廷法令制度的衰微，所谓"朝廷赏罚，近日不行，未立功者或已拜官，已败衂者不闻得罪"①，藩镇军队中除了一些执法严明的节帅与都虞候尚能维持军法、保障军纪之外，更多的藩镇处于失法状态，而军中日常事务的处置则落入牙兵等实力派手中，这些人大多目无法纪，一心追求眼前利益，"杀帅长，大钞劫，狃于利而然也"②，"今之将校，罕有义心，因利乘便，必相倾陷"③，这也是藩镇动乱的主要特点之一。④ 节度使们为了约束士兵，不得不采取严刑峻法，"小失意者，皆以军法从事"⑤，造成的结果就是士兵愈加骄横，"其凶戾者，强买豪夺，逾法犯令，长吏不能禁。变易主帅，有同儿戏"⑥。节帅们也不得不依靠军士来维护自身权力，如昭义监军刘承偕恃穆宗之恩宠欺凌节度使刘悟，甚至当众羞辱，并"纵其下乱法"，企图作乱缚送刘悟于京师。刘悟知道以后，"讽其军士作乱"，斩杀乱法者，并囚禁刘承偕于府舍⑦。可见，无论是监军还是节度使，都不得不依靠士兵来实现自身的目的，军法约束力的下降也十分明显。上至将帅，下至军士，都肆意违反军法。穆宗长庆二年（822），成德军节度使王庭凑围攻深州，深州大将臧平等举城投降，庭凑"责其坚守，杀平等将吏百八十余人"⑧；文宗大和三年（829），西川节度使杜元颖"不晓军事，专务蓄积，减削士卒衣粮"，导致士兵衣食不足，"皆入蛮境钞盗以自给"，蛮人因此掌握了蜀川的军事防备情况，于是大举入寇，杜元颖毫无防备，蜀卒甚至为蛮人当向导，结果嶲、戎二州失陷，杜元颖与蛮大战于邛州，唐军大败，邛州失陷。⑨ 杀降、通敌，按照军法，皆为死罪，但在以上事例中，军法对于节度使以及普

---

① 《资治通鉴》卷二百四十二穆宗长庆二年正月条，第7927页。
② 《新唐书》卷二百一十四《刘玄佐传》，第6000页。
③ 《旧唐书》卷一百四十二《李宝臣附惟岳传》，第3869页。
④ 张国刚：《唐代藩镇研究》（增订版），中国人民大学出版社2009年版，第60页。
⑤ 《旧唐书》卷一百五十六《于頔传》，第4130页。
⑥ 《旧唐书》卷一百八十一《罗弘信附威传》，第4692页。
⑦ 《资治通鉴》卷二百四十二穆宗长庆二年二月条，第7933页。
⑧ 《资治通鉴》卷二百四十二穆宗长庆二年二月条，第7935页。
⑨ 《资治通鉴》卷二百四十四文宗大和三年十一月条，第7989页。

通士兵毫无约束力。

藩镇使府中军法的失位与私法的滥用,会进一步加剧地方叛乱与大屠杀。宪宗元和十四年(819),朝廷命令曹华前往沂州抚慰军情,曹华先是大飨将士,好言相抚,接着埋伏甲兵,大杀郓州士兵,"死者千二百人,无一得脱者。门屏间赤雾高丈余,久之方散"。就连司马光也对此事进行了批评:"何必以天子诏书为诱人之饵乎!且作乱者五人耳,乃使曹华设诈,屠千余人,不亦滥乎!然则自今士卒孰不猜其将帅,将帅何以令其士卒!"① 就因为法令不修,失去信义,只顾眼前利益,才使得宪宗削藩的大好局面转瞬即逝,颇为可惜。

由此可见,唐代的军法在唐前期尚能得到基本遵循,但安史之乱以后,军法的强制性与约束力都有所减弱,而且在不同时间与空间上的实施也不一样,这取决于中央政府的统治范围、藩镇节度使的个人品质以及将领与士兵之间的私人关系。

第二节 唐代军礼与军法的辩证关系

礼与法的关系,自古以来就有讨论,《论语》中有:"道之以政,齐之以刑,民免而无耻;道之以德,齐之以礼,有耻且格。"② 又曰:"礼乐不兴,则刑罚不中;刑罚不中,则民无所措手足。"③ 东汉陈宠说道:"礼之所去,刑之所取;失礼则入刑,相为表里也。"④ 高明士先生经过研究认为:"汉、魏以来,致力于将礼法典化,到隋唐集其大成。"⑤

唐代是中国古代礼仪、法律制度建设的高峰期,其修撰的法律典籍《唐律疏议》、礼仪典籍《大唐开元礼》,都是中国古代律法、礼仪方面的集大成之作,并对后世的法律与礼仪产生了深远的影响,而

---

① 《资治通鉴》卷二百四十一宪宗元和十四年九月条,第7894—7895页。
② 《论语正义》卷二《为政》,中华书局1990年版,第41页。
③ 《论语正义》卷十六《子路》,第522页。
④ 《后汉书》卷四十六《陈宠传》,第1554页。
⑤ 高明士:《中国中古礼律综论》导论部分,商务印书馆2017年版,第3页。

礼与法同时修撰、互相融合的现象也在这一时期得到具体体现。《唐律疏议》中的"德礼为政教之本，刑罚为政教之用"[1]，明确指出了唐代立法的原理与礼主刑辅的原则，《四库全书总目提要》在提及《唐律疏议》时也说道："论者谓唐律一准乎礼，以为出入得古今之平，故宋世多采用之。"可见唐代的礼对于法律建设的影响。同时，也有以法入礼的现象，唐代皇帝经常以颁发诏令的形式对礼仪问题进行规范，而这些诏敕也就具备了法律效力，如开元二十九年（741），唐玄宗颁发敕书："凡庶之中，情理多阙，每因送葬，或酣饮而归，及寒食上墓之时，亦便为宴乐，在于风俗，岂成礼教？自今已后，其缘葬事有不依礼法者，委所由州县并左右街使严加捉搦，一切禁断，其有犯者，官人殿黜，白身人所在决一顿。"[2] 到了唐中晚期亦是如此，唐德宗贞元四年（788）下诏："比来常参官请假往东郊拜扫，多旷废职事，自今以后，任遣子弟，以申情礼。"[3] 通过诏敕来规范礼仪，可以体现国家对于礼仪制度的重视，以便更好地促进礼仪的遵守与实施。吴丽娱研究认为唐中晚期的制礼过程中，修礼的大臣需要不断地将礼典的规定与制敕的新制加以对比，并在前后时期陈陈相因，保留不同时代的改礼制敕，虽然礼仪典籍成品较少，但都反映在独特的格敕修撰系统之中[4]。可见，无论是以礼入法还是以法入礼，都在唐朝的日常生活中有所体现，而礼法合流的最终目的也是在于二者于实践层面上的融会贯通[5]。

在礼法合流的同时，唐朝社会上也有关于礼法的争论，最值得探讨的则是开元二十三年（735）张琇兄弟为报父仇杀杨万顷以及唐宪宗元和六年（811）梁悦为父杀仇人两起案件。张瑝、张琇两兄弟之父张审素，为巂州都督，久镇边关。突然有人揭发张审素在军中贪赃

---

[1] 《唐律疏议笺解》卷一《名例》，第3页。
[2] 《册府元龟》卷一百五十九《帝王部·革弊》，第1926页。
[3] 《唐会要》卷二十三《寒食拜扫》，第512页。
[4] 吴丽娱：《从唐代礼书的修订方式看礼的型制变迁》，《中国古代法律文献研究》2014年第8辑。
[5] 王美华：《礼法合流与唐宋礼制的推行》，《社会科学辑刊》2008年第4期。

枉法，玄宗敕令监察御史杨汪前去案察。杨汪在去往巂州的途中，被张审素的党羽劫持，当着他的面杀掉了告发张审素的人，并胁迫杨汪上奏称张审素无罪。接着张审素党羽被杀，杨汪得以逃脱，并上奏称张审素谋反，结果罪名坐实，张审素被斩，籍没其家。张瑝、张琇两兄弟因为年幼，被发配岭外，长大后各自逃归，开元二十三年在长安袭杀杨汪。杀人之后想要继续去杀当年一起构陷张审素的人，最终半路被捕，关于其如何定罪，玄宗君臣展开了一番讨论。张九龄与百姓们出于同情，都希望能够赦免他们，"时都城士女，皆矜琇等幼稚孝烈，能复父仇，多言其合矜恕者。中书令张九龄又欲活之"。但裴耀卿、李林甫认为"国法不可纵报仇"，玄宗也认为如此，对张九龄说："复仇虽礼法所许，杀人亦格律具存。孝子之情，义不顾命，国家设法，焉得容此！杀之成复仇之志，赦之亏律格之条。"①并下敕说明事情缘由，表明其为了维护法律，决定杀张氏兄弟。张氏兄弟死后，官员百姓们都很伤感，于是为他们作哀诔，张贴于街道，并且出资造义井，收其尸首，埋葬于北邙，二人事迹也被列入《旧唐书·孝友传》之中。

宪宗元和六年（811），富平县人梁悦为报父仇杀死秦果，并前往县衙自首。宪宗下敕决断，减免死刑，"决一百，配流循州"。时任职方郎中的韩愈认为按照《春秋》《礼记》《周礼》等礼经来说，梁悦不宜判处死刑；而按照法律条文来说，杀人者死，这种情况非常矛盾，所以为了以后更好地解决此类事件，应该制定一条制度："凡有复父仇者，事发，具其事由，下尚书省集议奏闻。"②这样根据实际情况而处置，对于礼法都有所保全。这两起案件有相似的地方，但结果截然相反，玄宗重法，而宪宗取礼，这说明礼与法在不同的时间段内有不同的实施效果，也反映了唐人在不同时期对于礼与法的认知与取舍。

具体从军礼与军法的层面来说，二者也在一定程度上互相融合。

---

① 《旧唐书》卷一百八十八《孝友附张琇》，第 4933—4934 页。
② 《旧唐书》卷五十《刑法志》，第 2153—2154 页。

尤其在《大唐开元礼》中有所体现，如唐代讲武礼实施过程中，大将的誓词就包含了军法，"今行讲武，以教人战，进退左右，一如军法，用命有常赏，不用命有常刑，可不勉之"①；田狩礼仪中对于迟到的士兵也有惩罚，"质明，弊旗，后至者罚之"②；射礼中有"不鼓不释""射中者依算赐物，不中者罚酒"③的军法规定；在朔日伐鼓礼仪中设置有专门的军队人员参与其礼，"队正一人著平巾帻、袴褶，执刀，帅卫士五人执五兵立于鼓外，矛处东，戟在南，斧、钺在西，槊在北"④；而在宫廷大傩礼仪中，诸卫将士需要穿着特定的礼仪服饰进行守卫工作，甚至还需要亲身参与到除傩礼仪之中。⑤虽然这些礼仪中的军法严厉程度并不一致，但其目的都是规范参与礼仪的士兵们的行为，使军礼能够井然有序地顺利进行。

而在军法之中，也有礼仪条文的融入。《唐律疏议》军法条目中，也有"阑入庙社山陵兆域门""征行身死不送还乡"等礼仪方面的法律规定，《李卫公兵法》中有"吏士虽破敌，滥行杀戮，发冢墓，焚庐室，践稼穑，伐树木者，皆斩之"⑥，《神机制敌太白阴经》中有"以强凌弱，樗蒲忿争，酗酒喧竞，恶骂无礼，于理不顺者，斩"⑦等与礼有关的条文，违犯之后的刑罚也比较严苛，这说明了法的禁止性。从二者的内容可以看出，军法的影响范围与实际效果远胜于军礼，它能凭借其强大的约束力与执行力直接达到维持军纪的目的，而军礼在大多数情况下，只能担当配角，在军事活动中，法主礼辅、恩威并施、赏罚分明，才能最大限度地保障军队的和谐以及战斗力。

此外，在唐代礼仪思想中，礼在实施过程中会因人情和时事而有所变化，"夫礼缘人情而立制，因时事而为范，变古者未必是，循旧

---

① 《大唐开元礼》卷八十五，第409页。
② 《大唐开元礼》卷八十五，第410页。
③ 《大唐开元礼》卷八十五，第414页。
④ 《大唐开元礼》卷八十五，第423页。
⑤ 《唐会要》卷七十一《十二卫》，第1520页。
⑥ 《通典》卷一百四十九《兵》，第3810页。
⑦ 《神机制敌太白阴经》卷三，第69页。

者不足多也"①。军法同样也有这一方面的体现，《唐律疏议》虽然明文规定了法律条文与违法之后的刑罚，但所谓"刑不上大夫""名位不同，礼亦异数"②，唐律在"十恶不赦"之后仍规定了"八议"，即亲、故、贤、能、功、贵、勤、宾，这八种人犯罪之后有相应的法律特权，以表达"重亲贤，敦故旧，尊宾贵，尚功能"③的儒家《周礼》精神。如前述独孤晟、李道彦，皆犯死罪，但因其是皇室宗亲，最后改为徒刑；大顺府果毅王万兴在高宗田狩之时违犯军令，本应处死，但高宗"恐外人谓我玩好畋猎，轻弃人命，又以其曾从征辽有功，特令放免"④。在上表16中，《神机制敌太白阴经》条目中带有括号的内容均是军令中的特殊情况，可以据此减轻惩罚，甚至免罪，这说明在军法的撰作过程中，充分考虑到了军队中的一些特殊情况，能够使后来的执法者依据不同的情形来参照实施。这些法律条文中的特例，都是因时因事而做出的调整与改变，与礼仪的变化如出一辙，也能由侧面反映出唐代社会的高度文明，体现了唐人的思维与崇尚。

高明士认为魏晋以及隋唐的律及令典，含有相当浓厚的礼之制与礼之义⑤，也就是说，唐代修撰的《唐律疏议》《唐六典》等律法以及典制类书籍都深深地受到了礼的影响。而军礼与军法的关系也是如此，在法主礼辅的原则下，二者互相配合，共同保障唐代前期军事征伐活动的有序进行。但到了唐后期，地方藩镇势力强势崛起，军法的强制性逐渐减弱，朝廷上下几乎不言军礼，军礼也处于废止的边缘，二者的约束力同时下降，也没有再度重视与修撰的可能了。为了加强节度使与军将之间的个人联系，他们甚至通过广收义子、建立义亲的宗法方式来突出双方之间的情感维系，但在实际利益的诱惑之下，这种义亲关系往往脆弱不堪，只能依赖严厉的军法来约束军中将士，实

---

① 《唐会要》卷三十七《服纪》，第789页。
② 《旧唐书》卷四十五《舆服志》，第1939页。
③ 《唐律疏议笺解》卷一《名例》，第103—105页。
④ 《唐会要》卷二十八《蒐狩》，第614页。
⑤ 《中古礼律综论》，第27页。

现短暂的稳定局面。所以，礼法的同时失位与私家军法的流行是藩镇军队中军事叛乱、烧杀抢掠等恶性事件频频发生的主要原因之一。

小　结

从前期军礼与军法的融合共用到后期二者的相继衰退，体现了时代的变迁对于礼法制度与社会风气的严重影响。唐初以来的礼法同修、并行，逐渐转变为令式入礼，最后完全由格敕代礼，用约束力更强的诏敕来严格保障礼仪的实施，促使文宗开成年间修成的《开成格》成为礼法结合的新标志。吴丽娱通过研究认为"礼法结合的方式与礼的型制变迁是我们理解中古制度和唐宋变革的一个出口"①，也是唐代军礼与军法发展变迁的深刻诠释。军礼与军法的约束效力与实践应用各不相同，但二者的融合对于唐前期军政活动产生了巨大的积极影响，也是奠定大唐盛世的重要基础之一，随着府兵的瓦解与募兵的兴盛以及唐中晚期藩镇节帅对军队的大量掌握，中央的礼法制度逐渐失效，而地方军队的秩序与法令几乎完全取决于都虞候以及节度使的个人态度，这无疑对藩镇的上下秩序与地方社会的安稳状态留下了极大的隐患。

附论　唐代军礼与军乐的辩证关系略考

"礼乐之本，古今所崇"②，礼乐的重视与实施对于国家和个人都有着非常重要的积极意义，在国家治理层面，礼乐的施行能够稳定社会秩序，提高军队作战的积极性，"施之于邦国，则朝廷序；施之于天下，则神祇格；施之于宾宴，则君臣和；施之于战阵，则士民勇"③；在个人层面，则更多的是用来修身养性，"礼乐二事，以为身

---

① 吴丽娱：《从唐代礼书的修订方式看礼的型制变迁》，《中国古代法律文献研究》2014年第8辑。
② 《旧唐书》卷一百八十八《孝友附崔沔传》，第4929页。
③ 《旧唐书》卷二十八《音乐志》，第1039页。

文；仁义五常，自成家范"①。所以，自周公制礼作乐以来，礼乐的兴盛就是国家大治的标志，统治者也非常重视礼乐的修撰与实践，以达到营造盛世的目的，开元盛世的场面，就是在此基础上形成的，各项制度都得到了充分的实践，"纠之以典刑，明之以礼乐，爱之以慈俭，律之以轨仪"②。虽然礼、乐本为二物，但二者经常搭配运用，在举行礼仪活动的同时，辅之以乐曲，动止有节，相得益彰。在唐代的军礼实施过程中，也有乐曲的出现，这有着非常重要的实际意义，故而本节内容主要围绕唐代的军礼与军乐展开讨论，探求在军礼实施过程中军乐的使用以及军乐出现的功能与作用。

在唐前期的职官制度中，主要掌管乐曲撰作的官员有太常寺及其下属官员。其长官太常卿，正三品，总掌邦国礼乐之事；协律郎，正八品上，掌和律吕，辨别音节。下分八署，其中太乐署长官太乐令，从七品下，负责教习乐人调合钟律，以备礼仪用乐；鼓吹署长官鼓吹令，从七品下，负责鼓吹在演奏过程中的调节③，还有大量的乐工参与到具体乐曲的演奏之中，在正式的礼仪活动开始之前，他们要进行相应的斋戒活动。而且，随着使职的大量设置，唐朝设置了礼仪详定使，负责参酌考订朝廷的礼乐制度，如宪宗朝的郑余庆就曾充任这一使职。④

唐代的军乐一直处于不断的撰作与完善过程之中。贞观元年（627），太宗根据他自己在武德年间四处征伐的实际体会，创作《秦王破阵乐》，以表达自己居安思危、不忘初心的为政思想，之后又创作《破阵乐舞图》，在起居郎吕才的编排下形成乐舞，随后又令魏徵、虞世南、褚亮、李百药改制歌词，更名为《七德》之舞，在演奏的过程中，乐工被甲执戟，抑扬蹈厉，场面十分震撼，武臣烈将都纷纷称赞说乐舞非常符合太宗百战百胜的英武形象，皆称万岁。⑤ 龙朔二年

---

① 《旧唐书》卷一百七十七《崔珙附崔瑄传》，第4588页。
② 《旧唐书》卷九《玄宗本纪》，第236页。
③ 《唐六典》太常寺卷第十四，第394—407页。
④ 《旧唐书》卷一百五十八《郑余庆传》，第4165页。
⑤ 《唐会要》卷三十三《破阵乐》，第714—715页。

(662),高宗命李勣、李义府、苏定方、阿史那忠、于阗王伏阇一起观看屯营新教的乐舞,定名为《一戎大定乐》,当时高宗有亲征辽东的想法,遂以此乐来表达朝廷的用武之意。① 天宝十三载(754),太乐署向玄宗供奉曲名,并改诸乐之名,其中《破陈乐》《大定乐》等太蔟均的商调式乐曲改名为大食调。② 贞元三年(787),河东节度使马燧进献《定难曲》,德宗命人进行了演示。③ 十八年,南蛮骠国在南诏与唐修好的情况下,也有归附之心,于是在南诏异牟寻的建议下进献夷中乐曲,剑南西川节度使韦皋根据这些乐曲作《南诏奉圣乐》,共有乐三十曲,乐工一百九十六人,分为四步,即龟兹部、大鼓部、胡部、军乐部,其中军乐部"金饶、金铎,皆二;枹鼓、金钲,皆四。钲、鼓,金饰盖,垂流苏。工十二人,服南诏服,立《辟四门》舞筵四隅,节拜合乐"④。节鼓,象征着唐朝的号令远布;振铎,表明周制采诗之义,既符合古制,又称赞了唐朝的文治武功,这些乐曲的进献表明了南诏改过自新、与唐修好的真心诚意。唐文宗大和三年(829),太常礼院上奏请撰作军乐仪注,得到了文宗的同意与认可。⑤ 同时,唐代又沿袭了前代从鲜卑、吐谷浑、部落稽三国传入的《北狄乐》,其是马上之乐、军旅之音,源自北魏、北周,隋朝时与《西凉乐》杂奏,到了唐代,虽然乐曲传承下来,但乐词已经无法翻译⑥,失去了原来的军乐音貌。

在《大唐开元礼》所撰的军礼内容之中,也有乐曲的出现,前文偶有提及,现在此进行统一归纳。在皇帝亲征礼仪中,皇帝类于上帝时,奏"豫和之乐(圜钟为角,太蔟为征,姑洗为羽)、太和之乐、肃和之乐(大吕之均)、雍和之乐(黄钟之均)";宜于太社时,奏"顺和之乐(函钟之均)、太和之乐、肃和之乐(应钟之均)、雍和之

---

① 《唐会要》卷三十三《诸乐》,第718页。
② 《唐会要》卷三十三《诸乐》,第719页。
③ 《唐会要》卷三十三《诸乐》,第721页。
④ 《新唐书》卷二百二十二下《南蛮》,第6308—6310页。
⑤ 《旧唐书》卷二十八《音乐志》,第1053—1054页。
⑥ 《唐会要》卷三十三《北狄三国乐》,第725页。

乐（无射之均）"；告于太庙时，奏"永和之乐（黄钟之均）、太和之乐、肃和之乐（圜钟之均）、雍和之乐（无射之均）"①。在皇帝讲武礼仪中，虽然没有成文的乐曲，但依然使用鼓、钲之声来号令讲武演习的军队，作为他们进退的依据。在皇帝田狩礼仪中，鼓吹令要设置十六面鼓陈列于皇帝的东南方，参加的将士也要各备箫角②，主要是为了击鼓以壮大声势、驱逐野兽，使其到达皇帝射猎的场所。在皇帝大射礼仪中，提前一天，太乐令要设置好宫悬之乐，鼓吹令要设置十二案，"以当月之调，登歌各以其合"，到了正式实施射礼的时候，皇帝射箭之前，协律郎举麾，奏鼓吹以及《驺虞》五节，皇帝开始射箭之后，每射一箭都要与相应的乐曲章节相应；侍射者大射的时候，没有鼓吹，先奏《狸首》三节，然后开始射箭，每一箭依旧与曲节相应。在皇帝观射礼仪中，也是奏《狸首》之乐，"奏七节，节间疏数如一"，如果皇帝举行燕游小射之礼时，则不备乐悬，不奏乐曲。③在朔日伐鼓礼仪中，也没有完整的乐曲，仅在太社周围设置龙鼓，在日食发生之时共同敲击，发声如雷，壮大声势以救日；在州县朔日伐鼓之礼中，也要击鼓，刺史先击，然后令人代之。④ 在大傩礼仪中，据前文考证，宫廷大傩礼仪是配备有相应的鼓吹、唱和与乐曲的，相对完整；在州县大傩之中，傩者敲击鼓鞡，"躁呼鼓鞭击戈扬楯"以入，唱帅与侲子要唱和歌曲以驱傩。⑤

由上可知，在《大唐开元礼》所记载的唐代军礼之中，只有皇帝亲自参加的礼仪才有完整的成文乐曲，如皇帝亲征礼仪、皇帝大射、宫廷傩礼；其他的军礼如讲武、田狩、合朔伐鼓与地方上的大傩，则仅仅配备一些乐器，简单用来敲击发声而已，由此也可以看出乐与礼一样，都有辨别尊卑的社会功能，而这些军乐夹杂在军礼过程中的主要目的是发布号令、营造声势、驱逐邪厉。

---

① 《大唐开元礼》，第394—402页，亦可参见本书表2。
② 《大唐开元礼》卷八十五，第410—411页。
③ 《大唐开元礼》卷八十六，第411—415页。
④ 《大唐开元礼》卷九十，第423页。
⑤ 《大唐开元礼》卷九十，第424页。

除了《大唐开元礼》中的军礼以及军礼实施过程中的军乐以外，还有凯旋时进入都城所奏的凯乐。武周神功元年（697）七月，清边道大总管建安王武攸宜打败契丹，准备凯旋，想要在本月诣阙献俘。内史王及善认为在将军凯旋进城的时候，应该演奏军乐，但无奈与孝明高皇帝忌月冲突，请"备而不奏"。但王方庆认为礼经只有忌日，没有忌月的记载，凯乐可以避开忌日正常演奏，一时争论不休，于是令群臣商定。太常寺礼官荀讷也认为忌月之礼不合古制，而且军乐是军容，与一般的乐曲不同，可以振作，于事无嫌，武则天最后听从了荀讷的建议。① 同时，鼓吹也属于军乐，其中军礼鼓吹更是唐代军礼内容的一部分，这一点已见前章所述。在下文展开论证。

综上所述，唐代的军乐一直处于不断的撰作与完善之中，当军乐的实施与现实情况有所冲突之时，唐朝的官员能够根据礼经的记载与实际的社会情况做出调整与改变。军乐与军礼常常如影随形，二者互相融合，共同促进唐代军事活动的顺利有序进行，在乐曲不全的情况之下，唐朝君臣也能利用乐器来制造音声，用于发布号令、营造声势、驱逐邪厉。另外，唐代军乐的撰作主要是为了宣扬唐代的赫赫武备，同时也彰显了统治者居安思危、重视军备的治国思想，与军礼的一些作用基本相似，共同促使唐代的军事征伐活动走向辉煌。

---

① 《旧唐书》卷八十九《王方庆传》，第2898页。

第五章

唐代军礼诸问题杂论

除了具体的礼仪内容与仪式之外，唐代的军礼在制定与实践的过程中还包括更多的细节问题，如礼仪车服、参礼官员以及祭祀仪式，这些问题不仅与军礼有关，更是反映了唐代礼仪制度的深层思想与本质含义，通过这些问题的探讨，可以直接促进唐代军礼的细节研究，并由此进一步地窥探有唐一代的礼仪撰作与真实内涵。

第一节 唐代军礼中的车服问题考述

礼者，"以仪辨等，则民不越"①，说明了礼仪在规范社会等级秩序方面的功能，车服礼仪就是这种礼仪功能的表现之一。从先秦时期开始，就非常明确地记载了君臣的尊卑关系与相对应的车服，如"天子驾六，诸侯与卿驾四，大夫驾三，士驾二，庶人驾一"②，以及冕旒之制：天子之冕十二旒，诸侯九，上大夫七，下大夫五。③ 而且有专门的官员负责天子出行的车服与用途，如司服负责辨别天子衣服的名称与运用，巾车负责车驾的政令，并分辨其用途与旗物。其中，与军事相关的车服主要有革辂，"以即戎，以封四卫"，革辂，即把皮革鞔在车驾上，并涂漆，没有其他的装饰④；"凡兵事，韦弁服"，韦

---

① 《周礼注疏》卷十《地官·大司徒》，第246页。
② 金德建著：《司马迁所见书考》，上海人民出版社1963年版，第272—273页。
③ 《周礼注疏》卷三十二《地官·弁师》，第836—840页。
④ 《周礼注疏》卷二十七《春官·巾车》，第716页。

弁，即由柔软的双层皮革制作的帽子、衣服。① 清人任大椿曾对于先秦时期的弁服进行了综合考证论述，认为韦弁服可以作为天子、诸侯、大夫兵事之服，皮弁服可以作为诸侯田猎之服，朝弁服可以作为天子田猎之服。②

到了唐代，礼仪依然体现了社会上的尊卑秩序，"制礼定名，合从事实，使名实相副，则尊卑有伦"③，车服同样如此。有关的车服礼仪保留在《旧唐书·舆服志》与《新唐书·车服志》当中，现根据其记载，将军礼中的皇帝车服情况总结列表如下。

表19　　　　　　　　唐代军礼中的皇帝车服④

	衣服	车
皇帝亲征	武弁	
遣将	衮冕	
讲武	武弁	
田狩	武弁	木辂
射	武弁	金辂
饮至	衮冕	金辂
备注	衮冕：广一尺二寸，长二尺四寸，金饰玉簪导，垂白珠十二旒，朱丝组带为缨，色如绶。深青衣纁裳，十二章：日、月、星辰、山、龙、华虫、火、宗彝八章在衣；藻、粉米、黼、黻四章在裳。衣画，裳绣，以象天地之色也。自山、龙以下，每章一行为等，每行十二。衣、褾、领，画以升龙，白纱中单，黻领，青褾、襈、裾，黻绣龙、山、火三章，舄加金饰 武弁，金附蝉，平巾帻，余同前服 平巾帻，金宝饰。导簪冠支皆以玉，紫褶，亦白褶。白袴，玉具装，真珠宝细带。乘马则服之	金辂，赤质，以金饰诸末，余与玉辂同，驾赤骝，乡射、祀还、饮至则供之 木辂，黑质，漆之，余与玉辂同，驾黑骝，畋猎则供之

---

① 《周礼注疏》卷二十一《春官·司服》，第552页。
② 《弁服释例八卷表一卷》，第133、151、177页。
③ 《旧唐书》卷二十一《礼仪志》，第844页。
④ 《旧唐书》卷四十五《舆服志》，第1932—1937页。《新唐书》卷二十四《车服志》略同，第511—516页。

由表19可见，在唐代军礼中，皇帝主要乘木辂、金辂，服武弁、衮冕，其中衮冕、金辂的等级较高，武弁、木辂则次之，还有革辂，虽然并未指明其具体的使用方式，但仍旧以军事活动为主。典籍中对于皇帝车服的记载非常详细，体现了天子的至尊地位，与《周礼》相比，革辂、弁服在军事方面的用途继续沿用，唐代在此基础上又细化为不同的礼仪搭配不同的车服，而且材质、装饰特点鲜明，礼仪细节更加丰富。

同时，马也在唐代社会出行中占据着重要地位，皇帝在实施礼仪时，甚至放弃车辂，而选择骑马，文武百官则更是以马为主要的出行交通工具。又有奚车，本契丹塞外之物，开元、天宝年间逐渐在长安流行开来；又有兜笼，本巴蜀妇人所用，易于担负，自乾元以后，随着朝廷蕃将的增多而流行起来。①

自《武德令》起，就规定了武弁、平巾帻为武官、诸卫领军武侯监门、领太子左右诸坊诸率及镇戍流内九品以上服。② 开元以后，又流行起了头巾、平头巾子，用紫皂官絁制作，文武百官竞相效仿。天宝十载（751），又改诸卫旗幡队仗，先用绯色，并用赤黄色，以与唐代土德相符。又有袴褶，缵严时文武百官"咸服之"，皇帝亲临戎事，则"缚袴不舒散也"，内官紫褶，外官绛褶，骑用皮。而且唐代前期的服饰深受胡人的影响，褶服以靴③，靴即胡靴，由于其穿着非常轻便，故而经常用于军事作战当中。

在《大唐开元礼》所记载的军礼之中，也有一些车服方面的礼仪要求，如唐代皇帝亲征礼仪中，纂严时皇帝要穿着武弁、骑马出宫、曲直华盖。銮驾出宫时要穿着武弁，乘革辂，备大驾与严鼓。④ 解严时百官服袴褶，督将服戎服，皇帝着通天冠、绛纱袍，乘舆以出⑤；宣露布礼仪中的群官客使各服其服；讲武礼仪当中文武百官穿着公

---

① 《旧唐书》卷四十五《舆服志》，第1957页。
② 《旧唐书》卷四十五《舆服志》，第1943页。
③ 《旧唐书》卷四十五《舆服志》，第1953—1955页。
④ 《大唐开元礼》卷八十，第392—393页。
⑤ 《大唐开元礼》卷八十三，第403页。

服，侍卫之官各服其器服，讲武士卒穿着甲胄，并建五彩牙旗；射礼中文武百官都穿公服；诸马神的祭祀礼仪之中太祝、献官以下各服其服；朔日伐鼓礼仪中郊社令和门仆都穿赤帻绛衣，鼓吹令穿着平巾帻、袴褶，队正一人穿着平巾帻、袴褶，太史官一人穿着赤帻、赤衣，皇帝与百官皆素服；在宫廷傩礼中，侲子戴假面，穿着赤布袴褶，执事穿赤帻、赤衣，方相氏戴假面，黄金四目，蒙熊皮，穿黑衣、朱裳。除了朔日伐鼓与傩礼需要搭配特定的服饰色彩以救日驱厉之外，其他的军礼之中文官通常穿着公服，又称"从省服"，"冠，帻，缨，簪导，绛纱单衣，白裙襦（亦裙衫也），革带，钩䚢，假带，方心，袜，履，纷，鞶囊"①。一品以下、五品以上的官员在谒见东宫及其他公事时穿着公服，六品以下，则去除纷、鞶囊，余下皆同。各地前来观礼的朝集使则穿朝服，又称"具服"，"冠，帻，缨，簪导，绛纱单衣，白纱中单，皂领、襈、裾，白裙襦（亦裙衫也），革带，钩䚢，假带，曲领方心，绛纱蔽膝，袜，舄，剑，珮，绶"②。若其官品在七品以下，则去除剑、珮、绶，余下皆同。武官则着武弁、平巾帻，为其公事之服。从中可以看出，公服与朝服除了个别饰品不同之外，总体来说非常相似，并且随着礼仪重要程度与官员品级的不同而随时改易，随着考古工作的逐渐开展，也有一些实物资料能够用来还原唐代武官的礼仪服制。③

安史之乱以后，随着唐代中枢体制与地方行政体系的变化，逐渐形成了刺史拜见观察使，着戎服趋庭致礼的制度。德宗贞元年中，齐映廉察江西，路过吉州，但吉州刺史令狐峘自认为自己资历老，而且是进士出身，不想以戎服拜谒齐映，并告诉其妻韦氏，表达了戎服拜谒后辈的耻辱之意，其妻也支持他的想法，于是令狐峘以客礼前去拜谒，齐映看到后，虽然没有明说，但心底里深以为憾，于是向朝廷上奏其为政有失，令狐峘被贬为衢州别驾，自此十余年内，再无迁转。④

---

① 《旧唐书》卷四十五《舆服志》，第1944页。
② 《旧唐书》卷四十五《舆服志》，第1944页。
③ 何月馨：《略论唐代官服入殓的制度与实践》，《考古》2020年第1期。
④ 《旧唐书》卷一百四十九《令狐峘传》，第4014页。

这里的戎服，指的是辟邪绣文袍，绛帕櫜鞬①，绛帕即红色抹额，櫜鞬为放置弓矢的地方，所以令狐峘因穿着戎服面见晚辈感到耻辱，但也因此招来了祸患。可见，戎服在上下级官员之间的交往中仍扮演着重要角色，并成为应有的礼节与众所周知的故事。

永贞元年（805），德宗薨逝，李藩作为告哀使前往幽州转告丧事。刚到郊外，幽州节度使刘济"红帓首，靴袴、握刀，左右杂配，弓韔服，矢插房，俯立迎道左"②，刘济身为重镇节度使，官居司徒，仍以戎服礼见唐朝中央使臣，可见其对于朝廷的恭顺与忠诚，也是因为他，对外管控奚族、对内讨伐成德节度使王承宗，屡立战功，并想要以节镇归顺中央政府，结果被次子刘总所鸩杀。同样地，在岭南节度大府与其他四府之间，也有相似的行为，岭南有七十州，其中二十二州隶属于岭南节度府，其余四十八州分置为四府，府各有帅，以岭南节度府为大府，"大府帅或道过其府，府帅必戎服，左握刀，右属弓矢，帕首袴靴迎郊"③，也体现了上下级之间的军礼秩序。而且岭南节度使的人选也必须重于他镇，只有文武兼备、识大体、有威信的人才能胜任。

宪宗元和九年（814），蔡州吴元济起兵反叛，唐朝出兵前去讨伐。宪宗诏命鄂岳观察使柳公绰调出鄂岳士兵五千人以隶安州刺史李听，让李听带兵前往行营。柳公绰认为朝廷轻视其为儒生，不知战争之事，于是上奏请求自己带兵前去，得到了宪宗的认可。柳公绰从鄂州渡湘江，直达安州，安州刺史李听以廉使之礼，戎服櫜鞬以事公绰，柳公绰对李听说："你之所以戎服櫜鞬，难道不是与军事作战有关吗？如果你不穿戎服，只穿公服，则我们两个人都只是州刺史，怎么确定隶属关系呢？你擅于军事作战，如果我指挥能力不足，自然会赴阙请罪，不然，我就暂且签署官职，按照军法来处理事情。"李听听完之后，愿意接受柳公绰的调遣，唯他之命是从，

---

① 《全唐文》卷八百七十三《乞宣所司制造绣袍櫜议》，第9139页。
② 《韩昌黎文集校注》卷四《送幽州李端公序》，第264页。
③ 《韩昌黎文集校注》卷四《送郑尚书序》，第283页。

被署为鄂岳都知兵马使、中军先锋、行营兵马都虞候，并为其挑选六千士卒，任其指挥，李听"感恩畏威，如出麾下"，故而在柳公绰的统帅下，"鄂人战每克捷"①。从中可以看出，刺史拜见观察使，着戎服橐鞬，不仅是一种尊重与礼节，而且表明了二者的身份及军事隶属关系，相当于一种兵符，为观察使统帅境内士兵提供了名义上的支持。

元和十三年（818），李愬雪夜袭蔡州，生擒吴元济，平定淮西之乱，统军元帅裴度前去蔡州主政，李愬"具橐鞬以军礼迎度"，并拜于路左，十分恭敬。裴度又以宰相礼接受李愬的迎谒，使得围观的人颇为惊讶。黄正建考证认为橐鞬服属于戎服的一种，并总结出它主要运用于刺史谒见观察使、兵马使谒见节度使、低级节度使谒见高级节度使，以及节度使谒见宰相或朝廷使臣，是一种礼仪服饰②，穿着橐鞬服以表达对上级的尊敬以及展现自己愿意服从军事指挥的诚恳意愿。

通过戎服来体现对上级长官以及中央使节的重视，颇具军事礼仪色彩，虽然没有其他的礼仪环节相辅佐，但这种直观的视觉感受能够更加清楚地表达出二者的军事隶属关系，消除隔阂，迅速增加交流双方的信任感。这种情况一直延续至文宗大和年间，甚至衍生出新的制度：新授的方镇节度使要身穿戎服，"具帑抹，带器仗"，到尚书省兵部参拜辞谢。令狐楚认为这种携带兵器进入省阁的现象不合古制，容易招致祸乱，上奏请求文宗立即停罢，改用公服参谢，得到了文宗的认可。③虽然在中央停罢了着橐鞬参拜的礼仪，但在地方藩镇，这一军礼依旧得以沿用，武宗会昌三年（843），昭义节度留后刘稹占据潞州，想要求取节度使一职，未得朝廷应允，于是刘稹发兵威胁。武宗担心刘稹暗地里勾结河朔三镇，威胁中央政府，于是诏命御史中丞李回奉使河朔，魏博节度使何弘敬、成德

---

① 《旧唐书》卷一百六十五《柳公绰传》，第4302页。
② 黄正建：《唐代戎服"橐鞬服"与地方行政长官的军事色彩》，《中国史研究》2002年第4期。
③ 《旧唐书》卷一百七十二《令狐楚传》，第4463页。

节度使王元逵都穿着橐鞬在郊外迎候①,可见,戎服参拜之军礼在唐代中晚期的藩镇使府交往中非常普遍,甚至成为一种习以为常的地方军事礼仪,即使是再跋扈的藩镇节帅,仍然会遵守实施。

因此,随着时代背景的影响与变化,军礼中的车服仪制也会有所变化,并能推陈出新,以符合军事活动的实际需求。唐前期的军礼中皇帝是唯一的核心,所以有关礼仪车服都记载得十分详细,体现了其独尊地位,但到了唐中晚期,皇帝的权威受到了挑战,地方军事集团崛起,藩镇府帅势力也不断坐大,逐渐开始有了礼仪方面的诉求。在大多数情况下,他们尊奉唐朝中央,接受皇帝的诏命,而且愿意以武臣的身份保境安民,从皇帝手中合法地拿到地方军政大权,所以他们在得到节钺之后,愿意着戎服橐鞬到尚书省兵部进行拜谢,在面对朝廷的宰相、中央派来的使臣时也能以军礼待之。同时,他们在地方上所进行的交往活动中,也按照唐朝政府的等级秩序来辨明尊卑,以实施相关礼仪,不仅体现在军礼戎服上,还体现在他们日常交往的表状书仪之中。

第二节 唐代军礼中的官僚群体研究

唐代建立健全的官僚系统不仅为唐帝国日常政务的处理提供了方便,也保障了唐代每一项军礼内容的完整实施,是唐代军礼达到鼎盛的必备条件。《大唐开元礼》所记载的盛世军礼,每一个礼仪环节都需要设置相应的官员进行负责,并需要大量的官员参与其中,以展现唐代军礼的内容与特点。通过研究军礼中的官僚群体,能够进一步理解唐代官僚制度与礼仪制度之间的密切联系,并对唐代的军礼有一个更加全面的认识与解释。

---

① 《旧唐书》卷一百七十三《李回传》,第4502页。

表 20　　　　　　　唐代军礼的内容及其参加官员①

唐代军礼内容		参加军礼的官僚群体
皇帝亲征	类于上帝	尚舍奉御、守宫、典仪、乘黄令、侍中、通事舍人、中书令、群官、客使、诸军将、诸卫、尚舍直长、太乐令、右校、郊社令、奉礼、府史、斋郎、太官令、太史令、郊社令、良醖令、太祝、赞者、赞引、千牛将军、侍中、谒者、太常博士、太常卿、殿中监、协律郎、鼓祝、司徒、黄门侍郎、御史
	宜于太社	尚舍直长、尚舍奉御、守宫、太乐令、右校、奉礼、太祝、郊社令、府史、斋郎、太官令、太史令、良醖令、赞者、赞引、御史、博士、群官、客使、千牛将军、侍中、军将、殿中监、太常卿、协律郎、鼓祝、司徒、黄门侍郎
	告于太庙	尚舍直长、尚舍奉御、守宫、太乐令、右校、奉礼、太庙令、太官令、良醖令、赞者、赞引、御史、博士、太祝、宫闱令、令史、祝史、通事舍人、群官、客使、千牛将军、侍中、协律郎、谒者、诸军将、太常卿、殿中监、鼓祝、黄门侍郎、中书令、司徒、斋郎、典仪、乘黄令、诸卫、典谒
	祃于所征之地	诸军将、诸卫、尚舍直长、尚舍奉御、右校、奉礼、兵部侍郎、郊社令、府史、斋郎、太官令、良醖令、赞者、御史、太祝、赞引、太常博士、太常卿、侍中、司徒、黄门侍郎
	軷于国门	右校、太祝、太官令、郊社令、祝史、太仆卿
	告所过山川	太官令、郊社丞、奉礼、赞者、太祝、斋郎、太官丞
平荡贼寇宣露布		守宫、兵部侍郎、群官、客使、奉礼、谒者、中书令、令史、典谒、兵部尚书
遣使劳军将		使者、谒者、大将

---

① 表格内容依据《大唐开元礼》卷八十一至卷九十，第392—424页所作。

续表

唐代军礼内容		参加军礼的官僚群体
讲武		尚舍奉御、讲武将帅及士卒、侍中、文武官应从者、侍卫、乘黄令、千牛将军、黄门侍郎、赞者、太仆卿、中书令、兵部尚书、诸州使人及蕃客、谒者、鸿胪卿、通事舍人
田狩		将士、鼓吹令、诸公王、虞部
大射	皇帝射于射宫	太乐令、鼓吹令、文武官、典谒、侍中、千牛备身、左右司射、司马、千牛中郎将、千牛将军、协律郎
	皇帝观射于射宫	太乐令、王公百官、典谒、侍中、左右司射、司马、通事舍人、太常卿、协律郎
马祭	仲春祀马祖	守宫、郊社令、太官令、太史令、奉礼、赞者、太祝、献官、赞引、斋郎
	仲夏享先牧	右校、太官令、太史令、郊社令、奉礼、赞者、谒者、献官、太祝、赞引、斋郎
	仲秋祭马社	同上
	仲冬祭马步	同上
合朔伐鼓	中央合朔伐鼓	郊社令、鼓吹令、队正、卫士、太史官
	诸州朔日伐鼓	刺史州官及九品以上
大傩	宫廷大傩	鼓吹令、太卜令、太祝、斋郎、右校、诸卫、寺伯
	诸州县傩	刺史、祝

从表20来看，凡是皇帝出席或参加的唐代军礼，具体负责礼仪程序的官员身份等级就较高，人数规模也较为庞大，基本上司徒（正一品）[①]、侍中（正三品）、中书令（正三品）、太常卿（正三品）、太仆卿（从三品）、黄门侍郎（正四品上）等官员都是围绕皇帝而服务的，而其他军礼不仅礼仪程序简略，参礼官员也等级较低。

唐代三省六部以及诸寺监的官员系统中，司徒（正一品），主要在皇帝亲征礼仪中进熟或晨裸环节奉俎进献皇帝；诸卫负责护卫皇帝安全并担当礼仪仪仗，千牛将军（从三品）、千牛中郎将（正四品

---

① 所有官员的品阶及其职能参考《唐六典》。

下),负责保卫皇帝;内侍省宫闱局宫闱令(从七品下),在皇帝亲征告庙之时奉出宗庙神主。内寺伯(正七品下),在宫廷大傩礼仪中监察出入。

中书省中书令(正三品)在皇帝亲征礼仪中纂严及銮驾回宫环节承传皇帝诏令,在宣露布之礼中接受露布并当众宣读。通事舍人(从六品上)在皇帝亲征、讲武、大射等礼仪中将皇帝诏敕传达给参加礼仪的文武官员;门下省从属官员侍中(正三品)在皇帝亲征礼仪中纂严及銮驾回宫环节负责进止以及祭奠过程中向皇帝转呈诸物,黄门侍郎(正四品上)在皇帝亲征礼仪奠玉帛环节中进受巾、爵,协同侍中,并在讲武礼仪中的皇帝进出皇宫环节中负责发号施令。典仪(从九品下),在皇帝亲征礼仪中负责设置百官版位次序于殿庭;殿中省从属官员殿中监(从三品),在皇帝亲征礼仪奠玉帛环节负责向皇帝进受镇珪,尚舍奉御(从五品上)和尚舍直长(正七品下)负责陈设皇帝及诸官座次;秘书省太史局太史令(从五品下)负责在合朔伐鼓礼仪中观测太阳的具体变化,并发号施令。尚书省兵部尚书(正三品)在宣露布之礼中从中书令手中接过露布,在讲武礼仪中奉引皇帝御驾,其从属官员兵部侍郎(正四品下)在皇帝祃祭礼中,负责建旗及陈设兵甲,在宣露布礼仪中最先奏闻,并在露布宣读完毕之后从兵部尚书手中接过露布。工部下属虞部郎中(从五品上),在田狩礼中测量场地广狭,并在田野之中立表,以示围猎范围。

其他如太常寺官员太常卿(正三品),负责在礼仪诸环节导引皇帝,太常博士(从七品上)负责导引太常卿,太乐令(从七品下)和协律郎(正八品上)负责祭祀的礼乐,太卜令(正八品下)负责卜日,郊社令(从七品下)负责祭祀中的积柴、设罍洗、设神座、进祝版等活动,郊社丞(从八品上)辅之,奉礼郎(从九品上)负责导引赞者,太祝(正九品上)负责进爵、进俎、进奠版等进受环节,又设置大量斋郎负责协同太祝,赞引、谒者负责导引诸官;光禄寺官员太官令(从七品下)准备奠玉帛环节的牢馔以及充填诸笾豆簠簋等礼器,太官丞(从八品下)辅之。良醢令(正八品下)及属官在奠玉帛环节入实尊罍及玉;卫尉寺守宫令(正八品下)、守宫丞(正九品下）、监事（从九品下），负责在大型礼仪活动中设置王公百官的席位于正殿南门之外；太仆寺官员太仆卿（从三品），负责为皇帝准备车驾，乘黄署乘黄令（从七品下），负责陈列皇帝车辂与旗帜；将作监右校署右校令（从八品下），主要负责提前清理礼仪场所；御史台监察御史（正八品上），负责监察礼仪陈设及程序，有不修不敬的地方则进行弹劾。

此外，还有相关部门的职事官员、皇帝进出皇宫的大驾卤簿及从行人员、参与配祭的文武百官以及来自地方及外蕃的客使，尤为重要的是，在唐代军礼中，军中将帅是礼仪实施的基础人员与重点抬高对象。不仅在皇帝亲征礼仪的斋戒、奠玉帛、进熟等环节有礼仪上的要求与程序，还需要在皇帝祭奠完毕后在谒者的引导下完成单独的祭奠仪式，而且在劳军将、讲武、田狩、合朔伐鼓等礼仪中都充当着重要角色。

由上可见，唐代军礼的主要参加官员隶属于中书省、门下省、殿中省、尚书省兵部、工部及太常寺、光禄寺、卫尉寺、太仆寺、将作监、御史台等部门，其中，三省长官主要服务于皇帝的进止之节与祭祀呈送，说明了他们与皇帝的密切关系，也体现了虽然他们的实际职权被不断削弱，但其礼仪方面的职能却不断得到凸显。另外，在尚书省六部之中，兵部在军事礼仪中的重要地位得到体现，兵部尚书、兵部侍郎已经融入具体的礼仪程序当中。但吊诡的是，在唐代的军礼环节中，礼部及其属官的身影从未出现，大量出现的却是太常寺、光禄寺等负责具体礼仪的官员，这应该与当时官僚制度的发展与变革息息相关。

唐初实施的三省六部制，其礼官系统主要包括尚书省礼部与太常寺的从属官员，加之一些从属于宗正寺、鸿胪寺、光禄寺、卫尉寺、太仆寺的官员则起着协助作用。这些官员的职能和人员设置情况在四大职官书中都有记录，故而不再一一转述，礼部与太常寺的关系是礼部掌政令，太常寺负责执行，各司其事，互不影响。但由于唐代礼制出现的混乱局面，使得礼部和太常寺的官员不能很好地执行礼仪事务，经常需要礼制职官系统之外的官员来参与礼仪活动。

唐代现有礼官系统的伪滥与不专业化应该是礼官使职化的重要原因之一。唐高宗初年，诏令"太尉长孙无忌、中书令杜正伦、李义府、中书侍郎李友益、黄门侍郎刘祥道、许圉师、太子宾客许敬宗、太常少卿韦琨、太学博士史道玄、符玺郎孔志约、太常博士萧楚才、孙自觉、贺纪等"重修《贞观礼》，并撰成《显庆礼》。① 唐玄宗开元十二年（724）泰山封禅之前，诏令"中书令张说、右散骑常侍徐坚、太常少卿韦绦、秘书少监康子元、国子博士侯行果等，与礼官于集贤书院刊撰仪注"②。这两个关于参定礼仪的事例都有大量的人员参加，而且有很多人并不属于礼官系统，这说明现有礼官系统并不能完全掌握礼仪知识，需制定出符合社会现实和政府需要的礼仪程序，需要大量知礼懂礼的人来协助完成礼仪的顺利进行。比如武则天时期，就因为礼官大多不明礼仪，尽被贬黜，于是特诏国子博士唐绍"专知礼仪"③。任爽通过对362位唐代礼官的研究，得出唐代礼官形成非专业化的特征是在玄宗时期，教育与地域是影响唐代礼官学术传承的重要原因④，而玄宗朝是唐朝礼制大总结与大发展的重要时期，礼官的非专业化就变相地促使专业化的礼仪使职的产生，吴丽娱在研究《大唐开元礼》的同时谈道："礼仪使的设立，在相当成分上与以往礼制中的矛盾有关。但矛盾的解决，以及仪注的撰作，实基于日常礼仪活动和朝廷典礼的应用。由开元中礼仪使的设立来看，其最直接的目的还在于开元中构建盛世、更张礼仪的需要。"⑤ 而且，日渐失去实权的三公、六部尚书、十二卫大将军等也开始涉及礼仪事务。

此外，有学者研究认为唐朝礼仪事务的管理重心有一个自礼部向太常寺转移的过程。⑥ 唐高宗麟德二年（665），将封禅泰山，诏有司

---

① 《旧唐书》卷二十一《礼仪志》，第817—818页。
② 《旧唐书》卷十三《礼仪志》，第892页。
③ 《旧唐书》卷二十一《礼仪志》，第818页。
④ 《唐代礼制研究》，第284—285页。
⑤ 见吴丽娱：《营造盛世大唐开元礼的操作缘起》，《中国史研究》2006年第3期。又见其论文《唐代的礼仪使与大礼使》，载《中国社会科学院历史研究所学刊》第5集，商务印书馆2008年版，第127—156页。
⑥ 《唐代礼制研究》，第281—282页。

议礼。有司遵旧礼，以太常卿为亚献，光禄卿为终献，时任司礼太常伯（礼部尚书）的刘祥道反驳道："昔在三代，六卿位重，故得佐祠。汉、魏以来，权归台省，九卿皆为常伯属官。今登封大礼，不以八座行事，而用九卿，无乃循虚名而忘实事乎！"最后高宗听取了刘祥道的建议，以司徒为亚献，刘祥道为终献。① 刘祥道的争论反映了礼部尚书大权旁落的事实，虽然他取得了这一次的成果，但并无法阻止历史发展的事实，唐玄宗在修撰《唐六典》时，仍规定"凡国有大祭祀之礼，皇帝亲祭，则太尉为亚献，光禄卿为终献；若有司摄事；则太尉为初献，太常卿为亚献，光禄卿为终献"②，礼部尚书已经无法位列其中，这也反映了三公沦为荣誉职衔、行使礼仪职能的现实。太常卿在礼仪方面的主导地位也与其经常充任礼仪使的事实相印证，据笔者统计研究，有唐一代可考的充任礼仪使的官员有28人，其中本官为太常卿最多，有11人，其次为宰相，7人，共占总数的64%。

与礼部礼仪职能日渐萎缩相反的现象是：礼部掌握选举的职能在不断凸显。唐玄宗开元二十四年（736），考功员外郎李昂被举人诋诃，玄宗认为考功员外郎时望太轻，与贡举的重要性相比反差太大，便将贡举移到礼部，由礼部侍郎主持负责，礼部选士自此始③。之后礼部侍郎便负责贡举事务，两都试人、考功别头试等，甚至是科举制度本身的兴废都由礼部侍郎来论奏决议，可见礼部侍郎的工作重心已经逐渐发生了改变。

德宗朝陆长源曾论道："尚书六司，天下之理本：兵部无戎帐，户部无版图，虞水不管山川，金、仓不司田谷，光禄不供酒，卫尉不供幕，秘书不校勘，著作不修撰，官曹虚设，禄俸枉请。"④ 这种职官虚设的现象反映的是使职广泛设置以后的结果。礼仪使的设置虽然

---

① 《旧唐书》卷八十一《刘祥道传》，第2753页。
② 《唐六典》尚书礼部卷第四，第124页。
③ 《新唐书》卷四十四《选举志》，第1164页。
④ （宋）姚铉编：《唐文粹》卷七十九陆长源《上宰相书》，载任继愈《中华传世文选》，吉林人民出版社1998年版，第812页。

解决了唐帝国礼仪活动中的问题，但同时也使得礼部与太常寺之间失去以往的平衡，再加上中晚唐以后六部尚书职位多为荣誉官，具体事务交由六部侍郎负责的大背景下，礼仪事务由礼部转向太常寺也是时代的发展所致。五代时张承业曾对晋王李存勖说"殿下既化家为国，新创庙朝，典礼制度须取太常准的"①，已不见礼部踪迹。到了宋代，"凡礼乐制度有所损益，小事则同太常寺，大事则集侍从官、秘书省长贰或百官，议定以闻"②，礼部的绝大多数礼仪职能被取代，但是礼部掌握科举的职能却一直延续到清末，这种职能的转变可能也是历史发展的结果之一吧！

第三节　唐代军礼中的杂糅现象考论

自《周礼》开始，中国的礼仪就已经奠定了以吉、凶、军、宾、嘉为主体的五礼制度，虽然秦汉时期并没有继续延续，但经过魏晋南北朝的再次发展与奠定，到隋唐时期便形成了成熟的五礼制度。虽然划分为五种完全不同的礼仪，但并不意味着它们各自独立、泾渭分明，实际上，五礼在发展成熟的过程中一直彼此融合、相互影响，而最为明显的就是军礼中含有吉礼、嘉礼等因素，并源远流长。

《周礼》中记载春官大宗伯的职掌为建立邦国之天神、人鬼、地示之礼，以佐助帝王建保邦国，然后展开叙述五礼，说明五礼自诞生之初就有着密切的联系。其对于军礼的定义是："以军礼同邦国。大师之礼，用众也；大均之礼，恤众也；大田之礼，简众也；大役之礼，任众也；大封之礼，合众也。"③ 其本身就包含了军事活动之外的其他内容。另如射礼中的大射，就与祭祀有关，"大射为将祭择士，中多得与于祭，中少不得与于祭"④，即天子诸侯在祭祀之前为选取与祭之人而举行的射礼；在叙述夏官司马以及天子的马政之时，涉及

---

① 《资治通鉴》卷第二百七十一均王龙德元年正月条考异，第8985页。
② 《宋史》卷一百六十三《职官志》，第3851页。
③ 《周礼正义》卷三十四《春官·大宗伯》，第1357—1359页。
④ 《礼记集解》卷六十《射义》，第1441页。

诸马神的祭祀活动：春天祭祀马祖，执驹；夏天祭祀先牧，颁马攻特；秋天祭祀马社，臧仆；冬天祭祀马步，献马。马祖，即天驷，星宿名。执驹，即执驹礼，以保护幼马，郑玄谓："执犹拘也。春通淫之时，驹弱，血气未定，为其乘匹伤之"；先牧，指的是最先养马的人，但并不知道具体是谁，有所泛化。颁马攻特，指的是将公马与母马分开，阉割公马，郑众云："攻特谓騬之。"马社，指的是最先乘马的人，臧仆指对驾驭车马的驭夫的选择和训练，"臧仆谓简练驭者，令皆善也"。马步，指的是掌管马灾害的神，"神，为灾害马者"，献马，"见成马于王也"，指的是将驯养好的成年马匹献给天子①。这种四时祭祀活动再加上马从幼驹到成马的一系列步骤，构成先秦马政的主要内容，此外，祭祀时临大泽，用仲月刚日（甲庚丙壬戊为刚日，乙丁辛癸己为柔日）。

到了唐代，军礼中的皇帝亲征、大将出征、傩、马祭的礼仪都夹杂有其他礼仪，根据《大唐开元礼》的记载，如皇帝亲征礼仪，唐代皇帝在亲征之际要实施类于上帝、宜于太社、告于太庙、祃于所征之地、軷于国门、告所过山川等一系列礼仪，其中类、宜、告都是一种祭祀方式，祭祀的对象分别为天、太社、太庙，这些祭祀礼仪在唐代的吉礼中占据着重要地位，而且天、太庙属于唐代祭祀体系中的大祀，太社则属于中祀，祭祀的规模与等级都比较高。通过考察皇帝亲征礼仪中的祭祀，笔者发现，它们与吉礼中的皇帝祀圆丘、祭太社、时享太庙等祭祀礼仪在礼仪程序上基本相似，由于是皇帝亲祭，所以其礼仪规模相当隆重，銮驾出入宫城的环节完全一致，最大的区别之处就在于皇帝亲征礼仪并没有固定的举行时间，祭祀时的祝文都需要临时撰作，以宣告皇帝亲征之意，而且由于是军礼，其礼仪中增加了军将升坛祭告的环节，突出了其军礼属性。

在大将出征礼仪中也有遣使宜于太社、告于太庙、告于齐太公庙的礼仪程序，其中遣使宜于太社、告于太庙之礼与吉礼中的祭祀太社有司摄事、时享太庙有司摄事相差较大，无论是礼仪规模、礼仪程

---

① 《周礼注疏》卷三十三《春官》，第859—866页。

序，还是主持官员、祝文撰作，军礼中的大将出征礼仪都略显紧促，无疑是由于唐前期的大将出征比较频繁，相关礼仪也就有所简化。但在大将出征礼仪中，特地突出了告祭齐太公庙的环节，虽然与属于中祀的释奠齐太公庙之礼仍有差距，但依旧突出了唐代前期对于军礼与武备的重视。

唐代皇帝的田狩礼仪中也涉及了宗庙祭祀问题，"大兽公之，小兽私之。其上者以供宗庙，次者以供宾客，下者以充庖厨。乃命有司馌兽于四郊，以兽告至于庙社"①。将打猎所获的野兽作为祭品供奉宗庙，并且命有司祭祀四郊，告祭庙社，可见吉礼祭祀礼仪的重要地位。又比如唐代的射礼，在《周礼》中有宾射之礼，属于嘉礼，到了北齐、隋，才被纳入军礼范畴，并被《大唐开元礼》所承袭。但在之后的发展中，射礼逐渐演变为宴射，在嘉礼与军礼之间来回摇摆，显示了其军事性与非军事性的双面特征。

唐代军礼中的马祭基本全部属于祭祀之礼，上承《周礼》，由太常卿负责祭祀，"凡四仲之月，祭马祖、马步、先牧、马社"②，祭祀的时间、地点以及规格为："仲春，祭马祖；仲夏，祭先牧；仲秋，祭马社；仲冬，祭马步。并于大泽，用刚日。牲各用羊一，笾、豆各二，簠、簋各一。"③ 其之所以被纳入军礼，应该与马在军事作战中的特殊作用有关。

在唐代傩礼进行过程中，无论是宫廷还是地方州县，都要遣专门官员祭祀太阴之神，并且跪读相应祝文，太阴为九宫贵神之一，为八宫，"其星天任，其卦艮，其行土，其方白"④，九宫贵神既司水旱，又能升福禳灾，自天宝三载（744）设坛祭祀，其礼在太清宫、太庙之上，仅次于昊天上帝⑤，故而在驱傩避疫时进行祭祀。

《周礼》始定五礼，即吉、凶、军、宾、嘉。直到魏晋南北朝，

---

① 《大唐开元礼》卷八十五，第411页。
② 《唐六典》太仆寺卷第十七，第479页。
③ 《旧唐书》卷二十四《礼仪志》，第911页。
④ 《旧唐书》卷二十四《礼仪志》，第932页。
⑤ 《旧唐书》卷二十四《礼仪志》，第929页。

国家五礼体系才逐渐演变成熟，隋唐沿用并补充完善，一直影响到后世。《周礼》中五礼顺序为吉、凶、军、宾、嘉，凶礼居于第二位。后来，有人觉得凶礼不是喜庆吉祥之礼，就把它放在最后，变成了吉、嘉、宾、军、凶。而唐代的五礼次序根据《贞观礼》《大唐开元礼》的记载，五礼依次为吉、宾、军、嘉、凶。无论是出于何种心理而调整五礼次序，吉礼始终占据着最为重要的地位，在国家礼典中也是如此，《贞观礼》中有《吉礼》六十一篇，总一百三十八篇，吉礼占据其中的44%；一百五十卷《大唐开元礼》中，除去序例三卷，有吉礼七十五卷，约占全书的51%。

所谓"国之大事，在祀与戎"，祭祀与军事活动缺一不可，二者之间的相互影响也在情理之中，而军礼中大量的祭祀行为也能说明这一点。王博在探讨唐代的军礼时认为唐代军礼具有明显的复合型特质，即不仅有世俗性仪式，还夹杂大量的祭祀性仪式①，丸桥充拓甚至认为《大唐开元礼》中的军礼就是结合了与吉礼、嘉礼等起源不同的诸礼而形成②。军礼中的祭祀行为在一方面显示了祭祀礼仪强大的渗透性；另一方面彰显了皇帝对于神祇的重视与运用，在历史的发展过程中，君主们受到君权神授思想的影响，标榜着自身至尊地位的合法性与不可违抗，号称"天子"，并以此发号施令，进行统治。反映在军礼之中，除了皇帝、将帅多次申明军法之外，还采用祭祀神祇的方式再次宣扬上天的旨意，不听军令就恭行天之惩罚，以达到军礼顺利实施、出征所向披靡的美好愿望。这种五礼制度下各部分内容的影响与融合，从实质上反映了五礼的共有起源与同步发展，同时也与统治者对于权力构造的方式和政令宣达的时效有了进一步的提高有关。

这种军礼中其他礼仪杂糅的现象，反映了五礼在发展成熟的过程中，对于其内容与界限有着不断地改变与认识，直至五礼最终定型，虽然《大唐开元礼》体现了已经定型的五礼制度，但实际上，通过唐后期及五代、宋军礼演变轨迹来看，这种成熟与定型总是相对而言

---

① 王博：《唐・宋军礼の构造とその变容》，《史学杂志》2012年第121卷1号。
② 《唐代军事财政与礼制》，第219页。

的，军礼的内容与属性也在不断地发展与变化当中。

第四节　唐代军礼的实施范围与特点

虽然《大唐开元礼》中记载了诸多军礼，但仅限于礼仪内容与程序，无法得知其具体的实施情况以及有效的实施范围，遑论一些未被载入国家礼典的军事礼仪。因此，对于唐代军礼的研究要深入每一个具体的礼仪当中，探索其自身的实施情况以及在唐代时空范围内的发展与变化，并剖析其历史背景与缘由，才能真实地了解唐代军礼的本质特点与内涵。

在前几个章节，笔者分别对唐代军礼的内容与具体时间情况进行了考证研究，由于各部分内容比较分散，不易归纳，所以在这里对以上的研究情况进行一个总结，主要旨在说明唐代军礼的内容、实施次数以及实施范围，详细数据见下表。

表21　　　　　　　　　唐代军礼的实施情况表

军礼	实施次数	实施范围（起止时间）
皇帝亲征	0	
大将出征	无考	
宣露布	无考	
劳军将	无考	
讲武	17	武德元年十月至广明元年十一月
田狩	9	武德八年十二月至贞元十一年十二月
大射	17	武德二年正月至开元二十一年九月九日
合朔伐鼓	无考	
傩	无考	
马祭	无考	
誓师	2	贞观十九年、建中二年
饮至	3	武德四年、贞观十四年、开元二十三年
献俘	无考	
鼓吹	无考	

从表 21 可以看出唐代军礼的两种不同的表现形式。一方面，虽然《开元礼》中对于唐代军礼的内容以及礼仪细节都记载得十分详细，但实际上，一些军礼根本没有得到实践，如唐代皇帝亲征礼仪。另一些军礼虽然有具体的实践，而且载入了史籍之中，但并未被史家重视，仅限于提及而不知其他，以至于看似非常普遍的军礼内容，却根本无法统计其具体的实施情况，如唐代大将出征、劳军将、傩、马祭等军事礼仪，还有一些军礼所实施的时间并不固定，往往伴随着特定事件而举行，如宣露布、合朔伐鼓、献俘、鼓吹等，造成的结果就是史官们更加注重对于这些特殊事件的记录，如战争胜利、日食、功臣薨逝等，反而忽略了随之而来的礼仪活动，经常用重复性的话语一笔带过，毫无细节；另一方面，皇帝讲武、田狩、大射等直接源自《周礼》的礼仪内容，却得到了唐代皇帝的重视与实践，史籍的记载也更加丰富，这些军礼内容主要在特定的时间进行，以训练军队作战技能为主，并在礼仪结束之后附加一些赏赐活动，甚至大射礼仪已经逐渐演变为宴射之礼，军事属性严重削弱，但仍能作为军礼内容广泛实施于唐宋之际。而且，这些礼仪在内容上有一些相似性，强调军令指挥的特殊地位与官员之间的等级秩序，赏罚分明，并且与皇帝的日常游猎活动常常交织在一起。

而且，这些军礼实施的记载多集中在唐安史之乱以前，虽然唐中后期也有部分实施，但无论是礼仪规模还是实际内容，都无法与唐前期的军礼盛况相提并论，而且大多是在特殊的历史背景下被迫举行的，略显仓促，军礼的性质也发生了较大的变化。

具体来看唐代皇帝的军礼实施情况，在有文献可考的情况下，唐高祖共举行军礼9次（讲武4，田狩1，射礼3，饮至1），唐太宗13次（讲武2，田狩2，射礼7，誓师1，饮至1），高宗10次（讲武3，田狩3，射礼4），唐玄宗8次（讲武2，田狩2，射礼3，饮至1），唐肃宗2次（讲武2），唐代宗2次（讲武2），唐德宗2次（田狩1，誓师1），唐武宗1次（讲武1），唐僖宗1次（讲武1）。从中可以发现，唐前期的皇帝们对于军礼的内容与实施都非常重视，并且亲自参与实践，无论是实施内容还是实施次数，都居于唐朝诸皇帝前列。而唐后期的皇帝们实施的军礼多以讲武为主,只有德宗时期稍有不同,这种礼仪实践与发展的起伏现象不仅体现在军礼上,而且与整个唐代礼仪制度的发展阶段基本符合。

在唐代的礼仪制度建设过程中,如果以《大唐开元礼》为分界点,可以很清晰地看到,唐代的皇帝们从高祖、太宗、高宗到玄宗,都是在不断地尝试与积累,并撰成《贞观礼》《显庆礼》等礼仪典籍,最终凝结出《大唐开元礼》这一集大成之作,虽然在此过程中有所取舍,但整体上仍代表了唐前期诸位帝王的辛勤付出与成就。而且,唐前期的政治局势整体上是和平稳定的,并以繁荣、文明、开放的姿态面对国家内外的一系列挑战,成功取得了令人瞩目的成就,帝王们的治国理念也同样以"文武并重""蕃汉一家""礼主刑辅"为原则,确保了国家大政方针的贯彻施行。礼,尤其是《周礼》,在唐前期的国家政治生活中扮演着重要的角色[1],武周的换朝改制,《唐六典》与《大唐开元礼》的修撰,都与周礼密切相关。而且,唐朝虽然重视《周礼》,但并非一味崇古,而是在其礼制思想的基础上,融入唐代当前的政治制度与国家管理模式,《唐六典》的编撰就是唐代官员们对于古礼与现实政治之间选择权衡的结果。虽然军礼仪注的撰作尚在发展阶段,但皇帝们仍旧十分热衷于有关军礼的实施,并将其与国家的政治事件、文武大臣的赏赐以及个人的兴趣爱好结合起来,在国家强盛、尚武之风、君主重视、将帅忠心等条件的综合作用下,出现了唐前期的军礼屡见实施,并取得了辉煌的成就,达到了军礼发展的巅峰。同时需要注意的是,在可考的唐代讲武、田猎与大射等军礼的实施过程中,唐前期的皇帝们主要集中于唐高祖、唐太宗、唐高宗和唐玄宗,无论是中宗、睿宗还是武则天统治时期,都并未见到军礼的实施情况,即使武则天想要实施讲武,但最终也并未实施[2]。除了时间不符合礼制的原因之外,武则天在其他礼仪的撰作与实施方

---

[1] David McMullen,张凌云:《〈周礼〉与唐代前期的国家治理》,《陕西师范大学学报》(哲学社会科学版)2019年第3期。
[2] 《唐会要》卷二十六《讲武》,第585—586页。

面参与都非常频繁，但在军礼上却毫无反应，可能与其身为女性有莫大关系。可见，军礼的实施需要一个相对安稳的政治环境与拥有绝对权威的皇帝意旨。并且，与军事活动密切相关的军礼，妇女自然难以参与其中。

安史之乱发生以后，长达八年（755—763）的叛乱席卷唐朝北方的大多地区，经济残破、民不聊生，史载"东至郑、汴，达于徐方，北自覃怀，经于相土，人烟断绝，千里萧条"①。安史之乱既是唐朝历史的拐点，也是整个中国古代史的转折点，八年战争结束后的社会政治经济等各方面均已发生了天翻地覆的变化，史家于此着墨颇重，兹不赘述。广德元年（763），安史之乱虽然宣告结束，但礼崩乐坏、内忧外患的局面则一时难以改变。唐玄宗、代宗、德宗三次被迫离开京师逃难，仓促之际，肃宗只能即位于灵武，德宗又被迫罪己于奉天，同时安禄山、史思明、朱泚、李希烈等僭越称帝，朱滔、田悦等盗议称王，都妄图改朝换代，割据一方，严重挑战着唐朝中央的政治统治与礼仪秩序。代宗以来的姑息之政，致使藩镇"地益广，兵益强，僭拟益甚，侈心益昌"②，唐帝国威权不再，礼仪也日渐崩坏。肃代之际的讲武、德宗时期的誓师完全是为了应对眼前的军事威胁，武宗、僖宗的讲武则直接在神策军营中举行，可以十分明显地看出唐代军礼的急速衰败，而这种局面的出现，与国内藩镇林立、财力不足，皇帝猜忌武将、重文轻武等条件密切相关。

虽然唐德宗、唐宪宗统治时期想要通过礼制建设来试图恢复唐前期的盛世局面，唐德宗重修礼仪，规范秩序，在继承《大唐开元礼》的基础上顺应时代需要，产生了《大唐郊祀录》《通典》这样的礼仪著作，既载沿革，又注重当朝之礼仪章程。德宗在选举中也加入了《三礼》与《开元礼》科目，重视对礼仪之士的选拔与重用，宪宗更是在其基础上再次重申举子对于礼书的修习③，礼制也取得卓越的成

---

① 《旧唐书》卷一百二十《郭子仪传》，第3457页。
② 《新唐书》卷二百九《藩镇魏博》，第5922页。
③ 《唐会要》卷七十六《贡举中》，第1653—1654页。

就，前述《礼阁新仪》《曲台新礼》《续曲台礼》都完成于元和年间，但随着元和中兴的局面的破坏，这一时期的礼制建设也只能被迫终止，而且他们多着眼于祭祀与军赏，对于军礼却置若罔闻，不仅没有新的军礼产生，甚至对于《大唐开元礼》所载的军礼也很少实施，军礼的衰败可见一斑。所谓盛世制礼作乐，也是如此，只有在全盛的时代，礼乐制度才能被充分地发掘与应用，成为统治者标榜吹嘘的资本。而当国运不济、命途多舛，统治者大多提心吊胆、处处受制，又怎会有心思来追求礼制这种虚无缥缈的存在，所以，礼制更多的是精神层面的意义，是一种积极向上的政治姿态的衍生物，如果政治统治趋于崩溃，整个社会没有了改弦更张的实际需求，礼制也会被束之高阁，无人问津。

在前述唐代军礼中，皇帝亲自参加的有皇帝亲征礼仪、宣露布、讲武、田狩、大射、宫廷傩礼、誓师、饮至、献俘等礼仪，虽然仍是以皇帝为中心，但这些礼仪都需要皇帝与参加礼仪的文武百官根据程序来共同完成，皇帝还要亲自进行祭祀、受俘、赏赐、发号施令等仪式，来体现自己的地位与职责，并亲近百官、勉励将士。至于那些大将出征、劳军将、合朔伐鼓、马祭、鼓吹等礼仪，皇帝会根据实际情况派遣官员前去完成，说明这些礼仪虽然普遍施行，但其礼仪等级并不高，而且逐渐职业化，所以皇帝会适当地回避这些礼仪，并释放一些权力，来体现对于相关负责官员的尊重与信任。纵观中国古代军礼内容的发展，唐代的军礼最具有代表性，不仅内容丰富、礼仪程序完备，而且实施效果显著，与唐前期的强盛帝国相得益彰，同时，在军礼的实施过程中，既表现了君臣之间的尊卑秩序，又能进一步加强皇帝与军中将士之间的联系，体现了礼仪中等级性与实用性的特点。

虽然《周礼》对于唐代国家的治理与礼仪制度的撰作颇有影响，但到了唐代，古礼日渐晦涩难懂，唐人开始对于礼有了不同的见解，认为古礼多"循名丧实，逐末弃本"，且"古人之情，或有未达，所宜损益"[1]，在这种认识的基础上，唐礼开始与古礼分道扬镳，"取类

---

[1] 《旧唐书》卷二十七《礼仪志》，第1019页。

《新礼》，垂示将来，通于物情，自我作古"①。军礼的发展与变化亦是如此。

小　结

礼仪车服的制度规定主要是为了辨别尊卑、彰显风采，官员的设置则是为了更好地保障每一项礼仪的正常实施，军礼中的杂糅现象又使得军礼内容更加全面完整，这种层层完善与互相补充，体现了唐代政治制度的合理性与先进性。而这几个方面的细节均在唐前期得到了政府的高度重视与保障，再加上高度优越的政治文明与社会思想，使得唐代的礼仪制度以《大唐开元礼》的完成为标志而达到顶峰，并由此奠定了大唐盛世在中国古代历史上的巅峰地位。但安史之乱以后，唐帝国的权威已经受到了严峻的挑战，礼仪制度与撰作思想也发生了很大的转变，军礼也随着唐朝军事活动的衰弱而黯淡失色。与此同时，在政治层面，国家的官僚制度发生了重大变化，服饰层面也逐渐趋于朴素保守，甚至出现了更加符合地方军事长官互相交往的军礼服饰。唐代前期的军礼受制于后期的官僚制度、服饰风格与政权结构，即使中晚唐的皇帝们想要重振军礼之威，也只能在极其有限的范围内象征性地进行呈现，而在大多数情况下，唐代的军礼则完全沦为内府尘封的典籍图画，只有在追忆盛世梦境之时才展开，以表慰藉而已。

---

① 《唐会要》卷三七《服纪》，第799页。

结　语

　　唐代的军礼内容，大部分都保留在了《大唐开元礼》之中，此外，还有一些未被纳入礼典的军礼，同样不可忽视。本书利用上、下两篇的内容对唐代的军礼进行了分析研究，上篇首先以《大唐开元礼》为中心，详细考证了唐代每一条军礼的渊源、发展、礼仪内容与实践，随之对一些重要的与军礼相关的政治社会问题展开了具体讨论和研究，以补充礼典记述的片面与不足，并由此深层窥探唐代的军事活动及其实施情况，揭示军礼的实际范围与意义价值。下篇内容则针对唐代军礼的实质与特征展开专题论证，分别指出了唐代军礼在中古时期军礼内容发展与演变过程中的特殊地位与意义，探讨了礼典之外的一些常见的军礼内容，并辨析了唐代军法与军礼的相互关系、军礼与军乐的辩证关系以及二者的社会意义，分析了"以兵入礼"这一特殊的唐代礼仪现象，最后又对于唐代军礼中的车服、官员、祭祀杂糅现象等一些细节问题展开了研究论证。通过这些方面的研究，可以基本总结出唐代军礼的内容、特点、社会意义与历史价值，简单来说，唐代的军礼主要在继承《周礼》以及北齐、隋等前朝礼仪的基础上，加上唐朝君臣又在本朝礼仪制度的建设发展过程中进行了融合创作，使其在唐前期以《大唐开元礼》为标志从而达到了中国古代军礼发展的巅峰，深刻反映并影响着当时社会的政治、军事与文化，共同构建出唐前期的盛世帝国画卷，铭刻于后世人们的内心深处。但相较于吉凶礼仪在后世的变迁与转化，依旧占据着礼仪生活的大部分内容来说，军礼自唐中晚期以后，已经逐渐趋于没落，即使偶有振兴，却无论在内容层面还是实践层面,依旧无法与唐前期的军礼相提并论,后继朝代更是遥不可及。这不仅仅是王朝的军事实力问题,更是一个时代历史背景与社会思想的真实反映,具有特殊性,难以复刻。

朱溢在研究隋唐礼仪制度时已经注意到"礼仪制度的思想学说、学术文化背景特别深厚。所以,礼制史研究除了制度史研究的路径外,还有思想史研究的取向"①。这一点也同样适用于唐代军礼的研究与论证,正是唐前期尚武的社会风气与统治者重视武备的政治思想,才使得唐代的军礼发展达到顶峰。所谓盛世制礼作乐,也是如此,只有全盛的时代,礼乐制度才能被充分地发掘与应用,成为统治者标榜吹嘘的资本。而当国运不济、命途多舛,统治者大多提心吊胆、处处受制,又怎会有心思来追求礼制这种虚无缥缈的存在,所以,礼制更多的是精神层面的意义,是一种积极向上的政治姿态的衍生物,如果政治统治趋于崩溃,整个社会没有了改弦更张的实际需求,礼制也会被束之高阁,无人问津。由于其他吉、凶、宾、嘉四礼尚有一定的社会实用功能,能够随着时代的变迁而化作他用,而军礼则失去了再次孵化的社会土壤,只能在王朝建立初期昙花一现,随着社会秩序的稳定以及崇文抑武思想的抬头,军礼再次被束之高阁,无人问津。

实用思想主义在一定程度上决定了国家政治制度的设计与建设方向,礼仪制度亦是如此。在唐代社会,实用主义一直占据着重要地位,这也促使了其礼仪制度逐渐实用化与人性化。唐太宗贞观三年曾下诏恢复消失已久的籍田②,反映了太宗宣扬正统、重视农业的政治意图;而唐宪宗元和五年则下诏废罢籍田,敕文中说:"以江淮水旱之余,河朔师旅之后,宜宽物力,以济蒸元。况当三农休息之时,有百司供具之费,道途洒扫,暴露勤劳,惕然在怀,是用中止。虽前有成命,皆已施行,而重烦吾民,则无固必。其来年正月十八日籍田礼宜暂停"③,则又是因为自然灾害、战争等破坏了农业生产,宪宗停

---

① 朱溢:《隋唐礼制史研究的回顾和思考》,《史林》2011年第5期。
② 《唐大诏令集》卷七十四《贞观三年籍田诏》,第414页。
③ 《唐大诏令集》卷七十四《元和五年罢籍田敕》,第415页。

罢籍田则表达了他与民休息、安居乐业的关怀。同一种礼仪活动，在不同的时代，不同的社会状况下有着不同的需求与结果，这也就是礼制与现实密切关系的显例，礼制虽高于现实，却不得不依附于现实，一旦脱离现实，再好的礼制也将失去其价值。文宗开成二年（837）敕立终南山祠，而立祠的缘由在于"每闻京师旧说，以为终南山兴云，即必有雨。若当晴霁，虽密云他至，竟不沾濡。况兹山北面阙庭，日当恩顾，修其望祀，宠数宜及"①。正由于终南山有兴云致雨的特殊功效，即便是京师传闻，朝廷也能立祠致祭，甚至唐朝政府会利用摩尼教来祈雨②，雷闻认为这种现象"一方面反映了各种宗教都试图在官方礼书中占据一席之地，另一方面也反映了唐代国家对于各种宗教势力的利用，同时，这也体现了中国人的实用理性精神"③。

中国传统的儒家士大夫普遍认为"盛世莫过于三代，礼乐多逊于周公"，有着强烈的复古思想，且认为以前的就是最好的，君主们只要克己复礼、修德怀仁，便可垂拱而天下大治，反对激进改革，恪守所谓的"祖宗家法"。只可惜，这仅仅是一种理想而已，历史在不断地前进，不根据现实做合适的调整，便只能是自掘坟墓。《大唐开元礼》固然是盛世产物，集众多贤良俊士之功而成，但到了开元二十二年（734），唐玄宗就针对《开元礼》中的"笾豆之荐"和"服制之纪"做出了修改④，而这距《开元礼》颁行不过两年时间。所以说，在理想与现实、制度与人情之间，唐朝政府虽然也会做出犹豫，但更多的还是偏重于现实与人情的需要。

贞观年间太宗修礼，魏徵、令狐德棻上奏说："礼所以决嫌疑，定犹豫，别同异，明是非者也。非从天降，非从地出，人情而已矣。"⑤ 上元元年（674）十二月，武后上表也称："夫礼缘人情而立

---

① 《唐大诏令集》卷七十四《立终南山祠敕》，第420页。
② 《唐会要》卷四十九《摩尼寺》，第1012页。
③ 《郊庙之外：隋唐国家祭祀与宗教》，第306—307页。
④ 《唐会要》卷一七《祭器议》，第403—407页。
⑤ 《旧唐书》卷二十七《礼仪志》，第1019页。

制，因时事而为范，变古者未必是，循旧者不足多也。"① 从他们的言辞中可以很清楚地看到唐代的礼制与人情的关系以及变更礼仪的现实条件。礼制多从于人情与现实，《显庆礼》的修撰与武则天的掌权之路就有所体现。高宗朝初期，便有人认为太宗朝《贞观礼》"节文未备"，上奏重修礼书。于是高宗下诏令长孙无忌、杜正伦、李义府、许敬宗等参与修撰，是为《显庆礼》，但由于许敬宗、李义府居中用事，"其所损益，多涉希旨，行用以后，学者纷议，以为不及《贞观》(《贞观礼》)"②，因为《贞观礼》同样是长孙无忌等太宗朝臣所修，短短数年，不至于产生太大变革，结合永徽末至显庆年间政治形势，高宗在废王氏、立武则天为后的事情上与长孙无忌等元老大臣产生严重分歧，此次修礼，虽然表面上以长孙无忌为主导，其实质则是李义府、许敬宗顺从高宗意旨，变相表明他们支持武则天立后的政治态度。《显庆礼》与《贞观礼》的不同在于，《显庆礼》采用王肃学说，在郊祀中突出天的唯一性与皇权的至高无上；调整了笾、豆之数；改革了皇帝礼服和释奠礼等，这些改革都重在显示帝王的神圣不可侵犯，既符合了高宗摆脱束缚的个人意志，又为日后武则天在政治上施行独裁提供了依据。③

唐代的礼书也有一个逐渐转向实用的过程。前文已经详细列举了唐代的诸多礼书，并对其内容特点进行论述，也点明了唐代礼制的发展轨迹。同样地，礼制的世俗化及其实用性的出现也经历了一个变革的过程。吴丽娱即认为贞元、元和礼书的一个特点是其内容具体实用④，朝廷正礼与民间俗礼互相渗透、互相影响，明显地反映在当时所修撰的书仪之中。郑余庆的《大唐新定吉凶书仪》（S.6537V）就是这一时期糅合朝廷正礼与民间俗礼、以便更好地向民间宣传与普及的一部综合性书仪。

---

① 《唐会要》卷三十七《服纪》，第789页。
② 《旧唐书》卷二十一《礼仪志》，第817—818页。
③ 吴丽娱：《礼与中国古代社会》（隋唐五代宋元卷），中国社会科学出版社2016年版，第42—51页。
④ 吴丽娱：《唐礼摭遗：中古书仪研究》，商务印书馆2002年版，第228页。

当然，这也与古礼的复杂程度有着密切关系，唐代以前，三礼（《议礼》《礼记》《周礼》）长久以来是古人修礼的依据和参考，到了唐代，古礼日渐晦涩难懂，唐人开始对于礼有了不同的见解，认为古礼多"循名丧实，逐末弃本"，且"古人之情，或有未达，所宜损益"①，在这种认识的基础上，唐礼开始与古礼分道扬镳，"取类《新礼》，垂示将来，通于物情，自我作古"②。唐人改礼、变礼，甚至根据现实情况自己解释礼。玄宗后期啖助、赵匡、陆质等"解经别派"（或称春秋学派）脱离了汉学的传统治学方法，开始注重义理思辨，他们的出现就是唐人以己意解经的代表，并且，他们的行动与之后的古文运动一起影响着当时的社会变革，唐代中晚期的历史也在同一时期渐渐走向新的阶段。同时唐朝也是一个由贵族社会逐渐转向官僚社会的历史阶段，之前贵族社会中所言传身教的礼仪程式已经不再适用于官僚阶层，于是新的统治阶层变革古礼，使其更加契合自身的特点，更加注重实际，融入日常生活，新礼就成为新的时代背景下新的统治阶层的秩序与标榜。

但对于军礼的发展来说，这种实用主义的趋向却是致命的。因为统治者与普通大众的主要愿望还是和平，不希望大规模战争的爆发，而且，中晚唐以后的历史长河中，国家军事力量严重削弱，在大规模战争中也是胜少败多，尤其是两宋，在对外作战中更是接连失利，这就加速了军事活动的衰弱与军礼的萎缩。纵观唐宋之际的社会历史，可以发现军礼适宜的生存环境需要具备以下几个特征。

（1）战争。军礼设置的初衷就是为了训练军队的作战能力，以求在战争实践中取得先机，并围绕战争建立一系列相关礼仪，确保消除战争中的一切不利因素，平时通过讲武、田猎提高武备，战时则亲征命将统兵出战，所以，战争对于军礼来说至关重要，既是其建立与实施的最终目的，又能促进其更加丰富完善。

（2）统治者的重视。在唐代军礼中，很多内容需要皇帝亲自实

---

① 《旧唐书》卷二十七《礼仪志》，第1019页。
② 《唐会要》卷三七《服纪》，第799页。

施,如皇帝讲武、田狩、大射等礼仪,有些内容即使与皇帝并无直接关系,但仍需要皇帝派遣使者与官员主持举行,如劳军将、祭祀马神等,而且皇帝仍然有相应的礼仪规定与要求,如合朔伐鼓之礼,所以,军礼的具体实践需要皇帝个人有足够的重视,并能够身体力行,坚持实施。

(3)将帅士卒的待遇与前途。军礼的制定与指挥通常由皇帝与文官群体决定,但军礼实施的主体则是众多的将帅士卒,通过参加军礼,提升他们的作战技巧与能力,提高其荣誉感与责任感,并在军礼实施过程中,突出军将与士卒的主体地位,强调他们的重要性,最后通过一定的物质赏赐,再次巩固他们与皇帝以及中央政府的亲密关系。这些礼仪活动的举行,主要还是为了加强军中将帅与王朝命运之间的联系,希望他们能够在战争中奋勇杀敌,保卫疆土。同时,在建立功勋之后,他们需要得到相应的奖赏与足够的待遇,并拥有一条充满希望的加官晋爵之道,让他们得到足够的重视与满足,才能使得他们真诚地配合实践王朝的军事礼仪,并保障统治者的长治久安。

(4)社会上的尚武之风。尚武风气的存在与盛行有着一定的时空界限,无论是游牧民族还是农耕民族,往往在部落或王朝建立初期,尚武之风大行其道,对于政权的建立有着不可忽视的影响。但随着社会秩序的稳定、经济的富足,大多数王朝为了维护自身的统治,都会逐渐大兴文教,重文抑武,严格管控兵器与民间武装力量,但最终的覆灭仍是以武力推翻而结束,这似乎是历史发展的必然规律。只有尚武风气长存,军礼才能一直被纳入国家日常政治活动当中,所以,和平时代的社会环境之中如何保持尚武风气,又不至于产生危害,是一个永远值得深思的历史问题。

(5)礼仪制度的撰作。除了军事武备上的因素之外,更重要的是,统治者要注重礼仪制度的建设工作,并能够随着社会历史的发展而适当因循改革,只有重视礼仪,才能进一步提高军礼的认知与运用,军礼的建设与国家军事力量有关,但并不绝对。如南北朝后期并立北方的西魏北周与东魏北齐政权,在军事力量方面,北周优于北齐,故而最终北周消灭北齐统一北方,但在礼制文化方面,北齐政权要明显优于北周，军礼的内容与设置也更加完备，并完整地保留在《隋书·礼仪志》之中，这与统治者对于儒家文化与礼仪制度的重视程度息息相关。

以上五种条件，都与军礼的生存与兴亡息息相关，但战争的发生具有偶然性，难以人为控制，而尚武风气的长存又是一个略显矛盾、无法完美解决的历史难题。所以，只有统治者的重视与将帅士卒的待遇前途问题才是维系军礼存亡的关键所在，礼仪制度的建设又是提高与完善军礼的必备工作，而这三个问题的解答则完全取决于统治者的执政思想与统治策略，具有极强的主观选择性，这些举措反过来又与王朝的统治命运相契合，是国家政治生活中不可忽视的重要主题。

参考文献

一 历史文献

（汉）卫宏撰，（清）孙星衍校：《汉旧仪》，中华书局1985年版。

（汉）郑玄注，（唐）孔颖达正义，吕友仁整理：《礼记正义》，上海古籍出版社2008年版。

（汉）班固撰：《汉书》，中华书局1964标点本。

（宋）范晔撰，（唐）李贤等注：《后汉书》，中华书局1965年标点本。

（梁）刘勰著：《文心雕龙》，岳麓书社2004年版。

（梁）萧统编，（唐）李善注：《文选》，上海古籍出版社1986年版。

（梁）沈约：《宋书》，中华书局1974年标点本。

（梁）萧子显：《南齐书》，中华书局1972年标点本。

（北齐）魏收：《魏书》，中华书局1974年标点本。

（北齐）颜之推撰，贾二强校点：《颜氏家训》，辽宁教育出版社2001年版。

（唐）姚思廉：《梁书》，中华书局1973年标点本。

（唐）李百药：《北齐书》，中华书局1972年标点本。

（唐）令狐德棻：《周书》，中华书局1974年标点本。

（唐）房玄龄：《晋书》，中华书局1974年标点本。

（唐）魏徵、长孙无忌：《隋书》，中华书局1982年标点本。

（唐）李林甫等撰，陈仲夫点校：《唐六典》，中华书局1992年版。

（唐）王泾：《大唐郊祀录》，民族出版社2000年影印本。

（唐）萧嵩等：《大唐开元礼》，民族出版社2000年影印本。

（唐）张鷟撰，赵守俨点校：《朝野佥载》，中华书局1997年版。

（唐）杜佑撰：《通典》，中华书局2016年标点本。

（唐）阙名撰，阳羡生点校：《玉泉子》，上海古籍出版社2005年版。

（唐）刘禹锡撰，卞孝萱校订：《刘禹锡集》，中华书局1990年版。

（唐）李筌：《神机制敌太白阴经》，中华书局1985年版。

（唐）杜牧撰，陈允吉点校：《樊川文集》，上海古籍出版社2007年版。

（唐）封演撰，赵贞信校注：《封氏闻见记》，中华书局2005年版。

（唐）骆宾王撰，（清）陈熙晋笺，王群栗标点：《骆宾王集》，浙江古籍出版社2015年版。

（唐）张说撰：《张燕公集》，上海古籍出版社1992年版。

（唐）李淳风：《乙巳占》，中华书局1985年版。

（唐）白居易撰，朱金城点校：《白居易集笺校》，上海古籍出版社1988年版。

（唐）韩愈撰，马其昶校注：《韩昌黎文集校注》，上海古籍出版社1986年版。

（唐）段安节撰，亓娟莉：《乐府杂录校注》，上海古籍出版社2015年版。

（唐）孟郊著，韩泉欣校注：《孟郊集校注》，浙江古籍出版社1995年版。

（唐）李德裕撰：《会昌一品集》，上海古籍出版社1994年版。

（唐）李吉甫、贺次君：《元和郡县图志》，中华书局1983年版。

（后晋）刘昫等撰：《旧唐书》，中华书局1975年标点本。

（宋）王溥撰：《唐会要》，上海古籍出版社 2006 年版。

（宋）欧阳修、宋祁撰：《新唐书》，中华书局 1975 年标点本。

（宋）洪迈撰，孔凡礼点校：《容斋随笔》，中华书局 2005 年版。

（宋）赵彦卫撰，傅根清点校：《云麓漫钞》，中华书局 1996 年版。

（宋）薛居正等撰：《旧五代史》，中华书局 1976 年标点本。

（宋）高承撰，（明）李果订，金圆、许沛藻点校：《事物纪原》，中华书局 1989 年版。

（宋）孙逢吉撰：《职官分纪》，中华书局 1988 年版。

（宋）欧阳脩撰，徐无党注：《新五代史》，中华书局 1974 年标点本。

（宋）司马光编著，（元）胡三省音注：《资治通鉴》，中华书局 2016 年标点本。

（宋）宋敏求：《唐大诏令集》，中华书局 2008 年版。

（宋）王钦若：《册府元龟》，凤凰出版社 2006 年版。

（宋）李昉等：《文苑英华》，中华书局 1966 年影印本。

（宋）李昉等：《太平御览》，中华书局 1963 年影印本。

（宋）王谠撰，周勋初校证：《唐语林校证》，中华书局 1987 年版。

（宋）晁公武著，孙猛校证：《郡斋读书志校证》，上海古籍出版社 1990 年版。

（宋）陈旸撰：《乐书》，浙江大学出版社 2016 年版。

（宋）钱易撰，黄寿成点校：《南部新书》，中华书局 2002 年版。

（宋）欧阳修等：《太常因革礼》，清光绪广雅书局校勘本。

（宋）郑居中等：《政和五礼新仪》，清文渊阁四库全书本。

（宋）礼部太常寺纂修，（清）徐松辑：《中兴礼书》，国家图书馆藏清蒋氏宝彝堂钞本。

（宋）姚铉编：《唐文粹》，吉林人民出版社 1998 年版。

（元）脱脱：《宋史》，中华书局 1977 年标点本。

（元）马端临撰：《文献通考》，中华书局 1986 年影印本。

（明）蒋一葵撰：《尧山堂偶隽》，民国二十四年南海黄氏汇印本。

（明）丘濬撰：《大学衍义补》，上海书店出版社 2012 年版。

（明）王夫之：《船山全书》，岳麓书社 2011 年版。

（明）归有光、周本淳：《震川先生集》，上海古籍出版社 1981 年版。

（清）董诰等：《全唐文》，中华书局 1983 年影印本。

（清）彭定求等：《全唐诗》，中华书局 1960 年影印本。

（清）王昶撰：《金石萃编》，嘉庆十年青浦王师经训堂刊同治十年补刊本。

（清）秦蕙田：《五礼通考》，清文渊阁四库全书本。

（清）孙希旦撰，沈啸寰、王星贤点校：《礼记集解》，中华书局 1989 年版。

（清）孙诒让撰，王文锦、陈玉霞点校：《周礼正义》，中华书局 1987 年版。

（清）李道平撰，潘雨廷点校：《周易集解纂疏》，中华书局 1994 年版。

（清）刘宝楠撰，高流水点校：《论语正义》，中华书局 1990 年版。

（清）任大椿撰：《弁服释例八卷表一卷》，上海古籍出版社 1995 年版。

二 考古资料（以编著者姓氏拼音字母排序）

韩伟、张建林：《陕西新出土唐墓壁画》，重庆出版社 1998 年版。

胡戟、荣新江：《大唐西市博物馆藏墓志》，北京大学出版社 2012 年版。

陕西古籍整理办公室编：《长安碑刻》，陕西人民出版社 2014 年版。

陕西省考古研究所、陕西历史博物馆、礼泉县昭陵博物馆：《唐新城长公主墓发掘报告》，科学出版社 2004 年版。

陕西省考古研究所编著：《唐惠庄太子李㧑墓发掘报告》，科学出版社 2004 年版。

陕西省历史博物馆：《唐墓壁画精品选粹》，陕西人民美术出版社 1991 年版。

徐光冀主编：《中国出土壁画全集》，科学出版社 2011 年版。

杨作龙、赵水森：《洛阳新出土墓志释录》，北京图书馆出版社 2004 年版。

张沛：《昭陵碑石》，三秦出版社 1993 年版。

中国社会科学院考古研究所编：《新中国的考古发现与研究》，文物出版社 1984 年版。

周绍良：《唐代墓志汇编》，上海古籍出版社 1992 年版。

周绍良、赵超主编：《唐代墓志汇编续集》，上海古籍出版社 2001 年版。

三　今人著作（以编著者姓氏拼音字母排序）

柴剑虹：《敦煌吐鲁番学论稿》，浙江教育出版社 2000 年版。

陈世松、贾大泉主编，李敬洵撰：《四川通史》，四川大学出版社 1993 年版。

陈戍国：《中国礼制史·隋唐五代卷》，湖南教育出版社 1998 年版。

陈寅恪：《隋唐制度渊源略论稿》，商务印书馆 2011 年版。

陈寅恪著，万绳楠整理：《陈寅恪魏晋南北朝史讲演录》，贵州人民出版社 2007 年版。

陈遵妫：《中国天文学史》，上海人民出版社 1984 年版。

邓文宽：《邓文宽敦煌天文历法考索》，上海古籍出版社 2010 年版。

高明士：《中国中古礼律综论 法文化的定型》，商务印书馆 2017 年版。

胡戟：《礼仪志》，上海人民出版社 1998 年版。

胡戟等：《二十世纪唐研究》，中国社会科学出版社 2002 年版。

黄俊杰：《东亚儒学研究的回顾与展望》，华东师范大学出版社2008年版。

黄寿成：《嬗变、趋同及比较：北朝后期民族认同及区域文化研究》，中国社会科学出版社2019年版。

金德建：《司马迁所见书考》，上海人民出版社1963年版。

雷海宗：《中国的文化与中国的兵》，商务印书馆2001年版。

雷闻：《郊庙之外：隋唐国家祭祀与宗教》，生活·读书·新知三联书店2009年版。

李民、王健撰：《尚书译注》，上海古籍出版社2004年版。

李蓉：《隋唐军事征伐礼仪》，国防工业出版社2015年版。

李星明：《唐代墓室壁画研究》，陕西人民美术出版社2004年版。

梁满仓：《魏晋南北朝五礼制度考论》，社会科学文献出版社2009年版。

刘俊文：《唐律疏议笺解》，中华书局1996年版。

马俊民、王世平著：《唐代马政》，西北大学出版社1996年版。

曲六乙、钱茀著：《东方傩文化概论》，山西教育出版社2006年版。

任慧峰：《先秦军礼研究》，商务印书馆2015年版。

任爽：《唐代礼制研究》，东北师范大学出版社2000年版。

孙继民：《唐代行军制度研究》，文津出版社1995年版。

天一阁博物馆、中国社会科学院历史研究所天圣令整理课题组校订：《天一阁藏明钞本天圣令校证附唐令复原研究》，中华书局2006年版。

王贞平：《唐代宾礼研究：亚洲视域中的外交信息传递》，中西书局2017年版。

吴钢：《全唐文补遗》第5辑，三秦出版社1998年版。

吴丽娱：《唐礼摭遗：中古书仪研究》，商务印书馆2002年版。

吴丽娱：《礼俗之间——敦煌书仪散论》，浙江大学出版社2015年版。

吴丽娱：《礼与中国古代社会》（隋唐五代宋元卷），中国社会科学出版社 2016 年版。

严耕望：《唐代交通图考》，上海古籍出版社 2007 年版。

杨天宇：《礼记译注》，上海古籍出版社 2004 年版。

余欣：《神道人心：唐宋之际敦煌民生宗教社会史研究》，中华书局 2006 年版。

张国刚：《唐代藩镇研究》（增订版），中国人民大学出版社 2009 年版。

赵超著：《铁蹄驰骋考古文物中的马》，上海书画出版社 2013 年版。

郑显文：《律令时代中国的法律与社会》，知识产权出版社 2007 年版。

[日]仁井田陞：《唐令拾遗》序论，栗劲等译，长春出版社 1989 年版。

[日]丸桥充拓：《唐代军事财政与礼制》，张桦等译，西北大学出版社 2018 年版。

[日]金子修一：《中国古代皇帝祭祀研究》，徐璐等译，西北大学出版社 2018 年版。

四　学术论文（以编著者姓氏拼音字母排序）

David McMullen，张凌云：《〈周礼〉与唐代前期的国家治理》，《陕西师范大学学报》（哲学社会科学版）2019 年第 3 期。

白石将人：《〈江都集礼〉与隋代的制礼》，《中国古代法律文献研究》2020 年第 13 辑。

蔡艺：《秦汉之后大射礼的发展与嬗变》，《湖南工业大学学报》（社会科学版）2015 年第 6 期。

柴剑虹：《敦煌写卷中的〈曲子还京洛〉及其句式》，《文学遗产》1985 年第 1 期。

晁华山：《唐代天文学家瞿昙譔墓的发现》，《文物》1978 年第 10 期。

陈凌：《马镫起源及其在中古时期的传播新论》，《欧亚学刊》

2010 年第 9 辑。

陈峰、刘缙：《北宋讲武礼初探》，《清华大学学报》（哲学社会科学版）2007 年第 5 期。

陈烁：《敦煌民间驱傩仪式与驱傩词》，载《第三届中国俗文化国际学术研讨会暨项楚教授七十华诞学术讨论会论文集》，2009 年。

陈铁民：《〈《使至塞上》与崔希逸破吐蕃事无关〉求疵》，《历史研究》2017 年第 2 期。

陈志伟：《北朝讲武考论》，《兰州学刊》2011 年第 8 期。

陈志伟：《三国两晋讲武考》，《北方论丛》2014 年第 6 期。

戴伟华：《〈使至塞上〉与崔希逸破吐蕃事无关》，《历史研究》2014 年第 2 期。

冯金忠、郝黎：《论唐代的"出将入相"》，《河北学刊》2001 年第 1 期。

高明士：《从军礼论隋唐皇帝亲征》，《隋唐辽宋金元史论丛》2018 年第 8 辑。

高贤栋：《北魏孝文帝时期的礼制建设》，《烟台大学学报》（哲学社会科学版）2003 年第 4 期。

郭矗矗、范春义：《唐代宫廷傩仪考略》，《四川戏剧》2014 年第 10 期。

郭声波：《唐弱水西山羁縻州及保宁都护府考》，《中国史研究》1999 年第 4 期。

韩国才：《马的起源驯化、种质资源与产业模式》，《生物学通报》2014 年第 2 期。

何月馨：《略论唐代官服入殓的制度与实践》，《考古》2020 年第 1 期。

贺润坤：《从云梦秦简〈日书〉看秦国的六畜饲养业》，《文博》1989 年第 6 期。

贺梓城：《唐墓壁画》，《文物》1959 年第 8 期。

侯雯：《唐代格后敕的编纂及特点》，《北京师范大学学报》（人文社会科学版）2002 年第 1 期。

黄寿成：《北周礼仪制度渊源考》，《三门峡职业技术学院学报》2008年第2期。

黄寿成：《北齐文林馆考》，《暨南史学》2012年第7辑。

黄正建：《唐代戎服"櫜鞬服"与地方行政长官的军事色彩》，《中国史研究》2002年第4期。

贾鸿源：《太社与唐长安城中的祭祀空间——从禜门礼、合朔伐鼓角度的思考》，《中国古都研究》2013年第26辑。

金相范：《唐代讲武礼研究》，《宋史研究论丛》2006年第7辑。

雷闻：《龙角仙都：一个唐代宗教圣地的塑造与转型》，《复旦学报》（社会科学版）2014年第6期。

李平、卢向前：《略论露布的职能演进——以魏晋南北朝为中心》，《南京理工大学学报》（社会科学版）2006年第3期。

李蓉：《唐代饮至宴考述》，《北京舞蹈学院学报》2016年第6期。

李文才：《隋炀帝三征高丽的背景》，《江汉论坛》2005年第3期。

李学东：《〈河西破蕃贼露布〉所见史事探微》，《唐都学刊》2020年第3期。

李训亮：《唐代讲武述论》，《西安文理学院学报》（社会科学版）2005年第5期。

李正宇：《敦煌傩散论》，《敦煌研究》1993年第2期。

梁满仓：《论魏晋南北朝时期的五礼制度化》，《中国史研究》2001年第4期。

刘次沅、马莉萍：《隋唐五代日月食记录》，《时间频率学报》2013年第2期。

刘次沅：《隋唐五代天象记录统计分析》，《时间频率学报》2013年第3期。

刘世明：《后羿射日考辨——兼论〈尚书·胤征〉冤案》，《河北大学学报》（哲学社会科学版）2015年第1期。

刘振华：《试析傩礼中方相氏的地位嬗变》，《东北师大学报》

（哲学社会科学版）2014年第1期。

吕博：《唐代露布的两期形态及其行政、礼仪运作——以〈太白阴经·露布篇〉为中心》，《魏晋南北朝隋唐史资料》2012年第28辑。

乜小红：《略论唐代统治者的畋猎》，《武汉大学学报》（人文科学版）2009年第3期。

乜小红：《唐代官营畜牧业中的监牧制度》，《中国经济史研究》2005年第4期。

任士英：《唐代尚武之风与追求功名观念的变迁》，载郑学檬、冷敏述《唐文化研究论文集》，上海人民出版社1994年版。

陕西省博物馆、乾县文教局：《唐懿德太子墓发掘简报》，《文物》1972年第7期。

陕西省博物馆、陕西省文管会：《唐李寿墓发掘简报》，《文物》1974年第9期。

陕西省考古研究院、西北大学考古学系：《陕西西安唐刘智夫妇墓发掘简报》，《考古与文物》2016年第3期。

陕西省社科院考古所：《陕西咸阳唐苏君墓的发掘》，《考古》1963年第9期。

陕西省文管会：《唐永泰公主墓发掘简报》，《文物》1964年第1期。

陕西省文管所：《唐阿史那忠墓发掘简报》，《考古》1977年第5期。

申秦雁：《唐代列戟制探析》，《陕西历史博物馆馆刊》1994年第1辑。

孙继民：《李筌〈太白阴经〉琐见》，《魏晋南北朝隋唐史资料》1985年第7辑。

孙英刚：《评雷闻〈郊庙之外：隋唐国家祭祀与宗教〉》，《中华文史论丛》2011年第1辑。

谭蝉雪：《敦煌马文化》，《敦煌研究》1996年第1期。

唐雯：《唐国史中的史实遮蔽与形象建构——以玄宗先天二年政

变书写为中心》,《中国社会科学》2012 年第 3 期。

王博:《唐·宋军礼の构造とその变容》,《史学杂志》2012 年第 121 卷 1 号。

王博:《唐代讲武礼实施背景新考》,《隋唐辽宋金元史论丛》2016 年第 6 辑。

王博:《唐代献俘礼的基本构造与皇帝权力》,《陕西历史博物馆馆刊》2014 年第 1 期。

王博:《唐宋射礼的性质及其变迁——以唐宋射礼为中心》,《唐史论丛》2014 年第 19 辑。

王博:《唐代的国家典礼与军事征伐》,《隋唐辽宋金元史论丛》第 9 辑,上海古籍出版社 2019 年版。

王美华:《礼法合流与唐宋礼制的推行》,《社会科学辑刊》2008 年第 4 期。

王仁波等:《陕西唐墓壁画之研究(下)》,《文博》1984 年第 2 期。

王学军:《大傩礼与东汉疫病流行及其文学影响》,《文化遗产》2017 年第 4 期。

王瑜:《关于中国古代"讲武礼"的几个问题——以唐代为中心》,《求索》2009 年第 4 期。

王政达、赵庆伟:《唐代幕府武将挂文职事官、文散官官衔现象研究》,《南都学坛》2015 年第 2 期。

王志跃:《评雷闻〈郊庙之外——隋唐国家祭祀与宗教〉》,《中国史研究动态》2012 年第 5 期。

王子今:《睡虎地秦简〈日书〉所见行归宜忌》,《江汉考古》1994 年第 2 期。

吴丽娱:《从唐代礼书的修订方式看礼的型制变迁》,《中国古代法律文献研究》2014 年第八辑。

[日] 辻正博、周东平:《敦煌、吐鲁番出土唐代法制文献研究之现状》,《法律文化研究》2019 年第 2 期。

吴丽娱:《礼用之辨:〈大唐开元礼〉的行用释疑》,《文史》

2005 年第 2 期。

吴丽娱：《书评：雷闻〈郊庙之外——隋唐国家祭祀与宗教〉》，《汉学研究》第 28 卷第 1 期。

吴丽娱：《营造盛世：大唐开元礼的撰作缘起》，《中国史研究》2006 年第 3 期。

吴羽：《〈政和五礼新仪〉编撰考论》，《学术研究》2013 年第 6 期。

夏晓臻：《唐代棨戟制度考述》，《东南文化》1994 年第 6 期。

徐志君：《汉画所见棨戟研究——论使用、形制和意义》，《南京艺术学院学报（美术与设计）》2015 年第 5 期。

许凯翔：《雷闻〈郊庙之外——隋唐国家祭祀与宗教〉评介》，载《中国中古史研究：中国中古史青年学者联谊会会刊》第二卷，中华书局 2011 年版。

杨泓：《冯素弗墓马镫和中国马具装铠的发展》，《辽宁省博物馆馆刊》2010 年辑。

杨松冀：《〈河西破蕃贼露布〉与崔希逸无关——与戴伟华先生商榷》，《兰台世界》2015 年第 32 期。

杨英：《改革开放四十年来的中古礼学和礼制研究》，《文史哲》2020 年第 5 期。

殷祝胜：《杨谭任桂州刺史时间考辨》，《河池学院学报》2011 年第 1 期。

尹承：《北宋讲武礼新探》，《中国史研究》2017 年第 1 期。

游自勇、邓庆平：《评〈郊庙之外——隋唐国家祭祀与宗教〉》，《中国史研究》2012 年第 2 期。

于赓哲：《由武成王庙制变迁看唐代文武分途》，《魏晋南北朝隋唐史资料》2002 年第 19 辑。

喻国伟：《〈龙城石刻〉应是柳宗元手迹》，《广西社会科学》2009 年第 10 期。

张国刚：《唐代阶官与职事官的阶官化论述》，《中华文史论丛》1989 年第 2 期。

张维华：《汉武帝伐大宛与方士思想》，载氏著《汉史论集》，齐鲁书社 1980 年版。

张文昌：《〈大周通礼〉与〈开宝通礼〉内容与体例试探——以"通礼"为切入点》，《早期中国史研究》2010 年第 2 期。

张岩：《张去奢、张去逸墓志考释》，《碑林集刊》1998 年第 5 辑。

昭陵博物馆：《唐昭陵段简璧墓清理报告》，《文博》1989 年第 6 期。

昭陵博物馆：《唐昭陵李勣（徐懋功）墓清理简报》，《考古与文物》2000 年第 3 期。

赵澜：《〈大唐开元礼〉初探——论唐代礼制的演化历程》，《复旦学报》1994 年第 5 期。

赵越云、樊志民：《中国北方地区的家马引入与本土化历程》，《历史研究》2017 年第 6 期。

赵贞：《敦煌遗书中的唐代星占著作：〈西秦五州占〉》，《文献》2004 年第 1 期。

赵贞：《唐五代日食的发生及对政治的影响》，《西北师大学报》（社会科学版）2005 年第 5 期。

赵贞：《两唐书〈天文志〉日食记录初探》，《史学史研究》2010 年第 1 期。

甄尽忠：《日食与汉代帝王政治》，《天中学刊》2015 年第 2 期。

朱溢：《隋唐礼制史研究的回顾和思考》，《史林》2011 年第 5 期。

左汉林：《唐代宫廷鼓吹乐的用途考论》，《江汉大学学报》（人文科学版）2007 年第 2 期。

五　学位论文（以编著者姓氏拼音字母排序）

毕祥来：《唐代献俘礼研究》，硕士学位论文，辽宁大学，2016 年。

洪博：《宋代亲征及相关礼仪研究》，硕士学位论文，西北大学，

2015 年。

黄寿成：《论北朝后期区域文化趋同及比较》，博士学位论文，陕西师范大学，2005 年。

金溪：《北朝文化对南朝文化的接纳与反馈》，博士学位论文，北京大学，2012 年。

廖祖威：《唐代军法与案例探讨》，硕士学位论文，中正大学，2004 年。

卢志攀：《唐代军事法律的前后变化》，硕士学位论文，福建师范大学，2006 年。

任伟：《敦煌傩文化研究》，博士学位论文，兰州大学，2017 年。

宋泽立：《北齐文林馆文人群体研究》，硕士学位论文，上海师范大学，2014 年。

仝佛光：《唐代军队纪律及其相关问题研究》，硕士学位论文，陕西师范大学，2012 年。

王美华：《唐宋礼制研究》，博士学位论文，东北师范大学，2004 年。

夏冰冰：《唐代重阳节俗的文化阐释》，硕士学位论文，陕西师范大学，2014 年。

徐少举：《唐代的飞龙使和飞龙军》，硕士学位论文，北京师范大学，2011 年。

颜逸凡：《唐代皇帝田猎研究》，硕士学位论文，上海师范大学，2016 年。

尹承：《〈太常因革礼〉研究》，博士学位论文，山东大学，2015 年。

赵明旸：《唐代驸马若干问题研究》，硕士学位论文，陕西师范大学，2017 年。

后　　记

在这本书即将出版之际，我的内心五味杂陈，充满欣喜却又时常惶恐。喜的是这是我个人的第一部学术专著，算是我从接受陕西师范大学历史学系统的训练以来，能够拿得出手的研究成果，也算是我一直以来想要追寻先贤、成一家之言的梦想果实，却又害怕自己初出茅庐，学术水平不够，导致错误过多，背离了自己的初衷与学术著作应有的功能与意义。所以，若行文之中确有不当之处，还请批评指正与谅解。

从我进入陕西师范大学以来，时近十年，回想往事，早已物换星移，人去楼空。多年来的坚持与摸索使自己与他人的距离越来越远，也经常陷入自我怀疑与迷茫之中，所幸历史文化学院的诸位先生言传身教，授业解惑，引导我走上了学术研究之路。学院在隋唐史方向有着悠久的历史渊源与优秀的师资力量，每每聆听这些名师大家的讲课与授业，都令人如沐春风，收获良多。首先，感谢我的硕博导师李宗俊教授，他对学生比较严格，经常询问学生的学习进度，督促学生读书写作，并能够在关键时刻指点迷津，导引方向，使学生能够专心学习，常年不怠。而且，经常指导学生研读经典，熟悉古籍，培养研究生的学术兴趣，并非一味地强求学生跟随旧业，而是积极鼓励学生自己开辟研究方向，这种精神与作为在如今的学术环境下，尤为难能可贵。其次，感谢从本科入学以来给予我兴趣与知识的诸位老师，如王双怀、于赓哲、杜文玉、黄寿成、王雪玲、卢中阳等，通过不断地鼓励与教导，指引我走上了学术研究的道路，我想，这种潜移默化的影响应该就是最具魅力的历史文化传承脉络吧!

我要感恩我的父母,虽然他们文化水平不高,却在力所能及的范围内给我营造了最好的学习环境,虽然不善言谈,但总是默默地支持我继续学习,不干扰我的个人决定,让我能够顺利地进入博士阶段的学习生涯。家里的条件不好,经济负担比较重,使得他们常年奔波在外,身心受累,对于他们的亏欠实在太多,作为父母曾经的骄傲,我想,我要一直坚持下去,直到学成归家,才能从行动上和精神上回馈他们,让他们的生活更加充实幸福。同时也要感恩我的妻子杜晓蓉女士,我们从高中开始认识恋爱,直到2019年顺利完婚,组建新的家庭,其间的波折与坎坷是其他人难以想象的,由于大学分隔两地,本科毕业以后她参加了工作,而我又要继续读书,就造成了长达十年的异地恋。都说异地恋难以长久,也没人会相信我们能够一直坚持下来,但事实上,我们做到了,并证明了爱情的真正内涵,两情若是久长时,又岂在朝朝暮暮。在她美丽又柔弱的外表下,隐藏着一颗坚韧、有毅力的心,她对我无条件地信任,并理解包容我的所作所为。正是在她的奉献之下,我们没有辜负彼此,坚定地实践了我们年轻时候的诺言。这本书的出版,她也积极支持,并帮助良多,我也想将这本书作为送给她的一份礼物,让同是历史教师的她感受到我的认真和态度。而在此过程中,岳父、岳母也欣然接受了我这个还在读书、前途未知的女婿,对于他们,我也是万分感恩。我还要感谢我的姐姐、姐夫以及可爱的小外甥女,是他们使我的生活更加丰富多彩。

成长就意味着不断地选择与放弃,并在每一个关键时刻都找到自己想要坚持的方向与目的地。说实话,博士阶段的学习过程略显挣扎,它并不是那种干脆直接的压力,而是一直蔓延在身边的无奈与恐惧,在这个阶段,它会改变你之前关于博士学习的所有美好幻想,令你短时间地陷入崩溃与无所适从。而且,又在前途与未知的领域层层设限,让你根本无法看透最终的结局,就仿佛你费尽力气掷出的骰子,永远不知道它会显示几点,迷茫、压抑、困顿,甚至会让你怀疑自我,彻夜难眠,我想,这种经历只有亲身体会过的人才能真正了解吧!但是,所有的不利因素都是自己的选择,也是美好与幸福生活的负面衍生，成长的路上会不断地教会你如何面对这些阻碍，会让你品尝到选择之后的所有苦痛，同样地，当你拨开迷雾，看见蓝天白云的那一刻，那种幸福也只有你自己才能懂得。人生就是在不断地经历与摸索中度过的，根本没有一条笔直不拐弯的路，只有经历过这些，你才能懂得如何做出选择，也会明白选择之后所要付出的代价，也会明白最终的选择结果，才会让你不断地做出新的选择，从此坚定努力与奋斗的最终方向。在此过程中，你的心态与想法也会发生变化，趋于平淡，内心也会变得越来越强大，这段经历将会成为人生赐予你的宝贵资产。

受2020年年初疫情的影响，我被迫在家待了将近八个月，以至于寒假与暑假相连，这种景象前所未有。居家期间，除了日常的阅读之外，我开始就军礼方面的材料进行搜集整理，并开始撰写相关章节，逐渐形成了本书的基础内容。同时，随着家乡疫情的消散，父母也不得不外出工作，妻子也到工作单位开始上班，只剩下我一个人自力更生，好在平时也喜欢美食和烹饪，倒不至于饿肚子。独居的环境略显单调，却也能激发自己的思考与辩证，不断地在原文基础上进行叠加，但大都零散，而且没有对照原始资料，直到学校开始返校，我就穿着短袖回到了夏天的西安，并一一对照原文，进行补充论证，完成初稿。之后向老师递交了原文，并表达了想要集结出版的想法，老师也很支持，并主动联系出版社的老师，开始处理相关事宜。因此，本书的出版离不开老师的关心与支持，我也想以此书献给老师，感恩他在学业与生活上对我的关心与照顾。

就我自己学习隋唐史的经历来说，每天都要阅读足够的史料与文献，并从中发掘并撰写具有研究价值的学术论文，还需要及时了解当前学术界研究的热点与重点问题，掌握学术前沿动态。学习生活比较单调，而且也很难从那些已经被众多前辈学者翻阅过的文献之中再发现新的内容；在各个学科都强调创新的如今，历史学的研究者大都显得力不从心，我也每天为此辗转反侧，在新旧之间徘徊思索，也期待学界能够产生更新的成果。

此外，还要特地感谢在本书出版过程中付出辛劳的中国社会科学出版社的宋燕鹏先生，正是他以及出版社其他工作人员的努力才使得本书能够更快、更好地呈现于读者面前。

陈飞飞谨记
2020年11月陕师大博二宿舍